中小学新手教师培训系列教材

U0646479

中学地理
新手教师教学能力修炼

ZHANWEN JIANGTAI
ZHONGXUE DILI
XINSHOU JIAOSHI JIAOXUE NENGLI XIULIAN

李春艳　曾早早 ◎ 主编

站稳讲台

北京师范大学出版集团
BEIJING NORMAL UNIVERSITY PUBLISHING GROUP
北京师范大学出版社

图书在版编目（CIP）数据

站稳讲台：中学地理新手教师教学能力修炼/李春艳主编．—北京：北京师范大学出版社，2024.8

中小学新手教师培训系列教材

ISBN 978-7-303-29351-3

Ⅰ．①中…　Ⅱ．①李…　Ⅲ．①中学地理课－教学研究－师资培养－教材　Ⅳ．①G633.552

中国国家版本馆 CIP 数据核字（2023）第 151906 号

图 书 意 见 反 馈	gaozhifk@bnupg.com　010-58805079
营 销 中 心 电 话	010-58802755　010-58800035
北师大出版社教师教育分社微信公众号	京师教师教育

出版发行：北京师范大学出版社　www.bnupg.com
　　　　　北京市西城区新街口外大街 12-3 号
　　　　　邮政编码：100088

印　　刷：鸿博睿特（天津）印刷科技有限公司
经　　销：全国新华书店
开　　本：787 mm×1092 mm　1/16
印　　张：20.5
字　　数：285 千字
版　　次：2024 年 8 月第 1 版
印　　次：2024 年 8 月第 1 次印刷
定　　价：78.00 元

策划编辑：郭　翔　陈红艳	责任编辑：申立莹
美术编辑：焦　丽	装帧设计：焦　丽
责任校对：陈　荟	责任印制：马　洁

中小学新手教师培训系列教材编委会

▶总　序

　　强教必先强师。习近平总书记强调，要把加强教师队伍建设作为建设教育强国最重要的基础工作来抓，大力培养造就一支师德高尚、业务精湛、结构合理、充满活力的高素质专业化教师队伍。当前，首都基础教育现代化建设进入快速发展的新阶段。构建高质量基础教育体系，对首都建设首善一流的基础教育教师队伍提出了更加紧迫的要求。在教育强国建设过程中，推进教师教育高质量发展，必须进一步加强战略谋划与顶层设计，基于教师生涯发展与终身学习的视角，对教师职前培养、资格认定与入职教育、在职培训进行系统考量和一体化设计。

　　新任教师(一般指取得正式合格教师资格之后，任教年限为1～3年的教师)的适应期是教师专业发展中的重要阶段，是教师教育不可或缺的重要环节，是决定教师日后专业发展方向与质量的关键期。新任教师培训在职前培养与在职发展之间起到关键的桥梁作用。因此，我国教师政策对新任教师培训予以高度关注。

　　教育部明确指出：新任教师培训是"为新任教师在试用期内适应教育教学工作需要而设置的培训。培训时间应不少于120学时"。近年来，为应对首都基础教育发展对教师队伍建设提出的更高要求，北京市新任教师培训政策不断完善。《中共北京市委 北京市人民政府关于全面深化新时代教师队伍建设改革的实施意见》(2018年)、《北京市教师教育振兴行动计划实施办法(2018—2022年)》、《"十四五"时期北京市中小学干部教师培训工作方案》(2021年)等文件相继提出要实施新任教师规范化培训计划，完善新任教师培训制度(后简称"新教师")。2022年7月，市教委印发《北京市中小学新教师规范化培训指导意见》《北京市幼儿园新入职教师规范化培训指导意见》，进一步强化了全市中小学幼儿园新教师培训制度化、规范化建设。新教师规范化培训政策的出台，旨在通过提高培训的针对性和实效性，确保每位新教师都能在专业发展上有均衡的起点、获得高质量指导。

在北京市新教师培训政策逐渐完善的同时，培训的实践探索亦日益深化。自 2015 年开始，北京教育学院根据部分区域提出的需求，开始承担新教师培训工作。为进一步提升培训的专业性和科学性，项目组基于问题导向和需求导向，通过调研了解新教师在入职之初面临的困难与问题，有针对性地设计培训项目。北京教育学院相关专业团队对参加"启航杯"教学风采展示的新教师进行调研，研究数据表明，部分新教师的专业准备不足，主要体现在对所教学科的内容等方面准备相对较好，但在课程思政、理解新课程标准、应用信息技术、班级管理、根据学生个体差异进行教学设计与评价等方面需要进一步学习。

基于新教师专业学习需求的多元特点与课程改革要求，参考借鉴研究领域关于新教师在职业生涯发展早期所呈现的特点，北京教育学院注重以精准培训提升项目的实效性与针对性，以切实帮助新教师解决教育教学工作情境中面临的问题。基于近十年的实践探索，北京教育学院组织实施的新教师培训已形成五个方面的特色经验。一是加强项目顶层设计。根据市教委指导意见，学院注重加强项目整体系统设计，通过制定高标准的培训要求确保培训的专业性。二是强化课程内容设计。聚焦新教师专业发展核心素养和教育教学基本能力，中小学新教师培训内容涵盖思想政治、师德与教育法规、教学基本功与教学实践、学生学习与身心发展、班级管理与班主任工作、教育研究与生涯发展等模块，非师范专业毕业教师增加"教育理论与教师教育"模块，从而完善教师教育专业知识结构。三是优化培训模式。项目采用市区校三级联动的方式，确保培训的实践性与系统推进。在三年递进式培训中，第二年和第三年的培训基于市教委印发的《进一步加强中小学校本研修工作指导意见》，主要采用实践取向的校本研修方式进行，贴近新教师的工作情境，着力解决新教师日常工作情境中面临的实际问题。

四是加强资源共享。在项目实施过程中，通识课、必修课等课程资源实现共建共享，并在"北京教师学习网"上发布新教师教学风采展示活动优秀课例，为教师提供更加丰富多元、可选择的数字学习资源，满足教师个性化发展需求。五是坚持研训一体。学院组织相关专业团队定期对新教师专业学习需求和培训效果进行调研，在组织实施培训的同时，同步进行新教师工作现状与专业成长的追踪研究，为全市新教师培训政策的进一步优化与有效实施提供数据支撑与实证依据。

北京教育学院在新教师规范化培训方面取得了显著的成效，有效提升了新教师的专业素养，受到了相关区域学校及教师的肯定，为首都基础教育质量提升做出了积极贡献。北京市新教师规范化培训作为一项制度创新，亦为全国教师教育改革提供了新的思路和模式。

为帮助新教师从站上讲台到站稳讲台、站好讲台，北京教育学院组织相关专业教师，与各区教师培训机构、一线优秀教师等携手合作，共同编写了"中小学新手教师培训系列教材"。本套教材共计 14 册，除 1 册通识类教材之外，其余 13 册则分别为不同学科和不同学段的新教师提供具体的教育教学指导和实践策略。

本套教材的编写出版，是北京教育学院加强内涵建设、推进培训高质量发展的成果体现，反映了学院在新教师培训实践与研究领域的新举措、新发展。本套教材从新教师的视角出发，以培育新教师须具备的思想政治素养、师德修养、专业知识与能力为主线，严格按照教师教育相关专业标准，以新教师专业发展的基本理论、教育教学问题解决为核心板块，结合当下我国教育改革的重要问题，为新教师等群体进行专业学习和实践研究提供新视角与新思路。本套教材基于问题导向，结构清晰，可操作性强，并强调理论与实践相结合。

本套教材在编写过程中，得到北京市各区教师培训机构及广大中小学校、教师的大力支持，他们为教材贡献了丰富多元的具体案例和实践智慧。

本套教材的出版得到北京师范大学出版社的大力支持，郭翔、陈红艳等编辑团队的专业付出，确保了本套教材高质量出版。期望本套教材为优化新教师培训制度和新教师专业发展有效机制、加强高质量教师队伍建设、推进教育强国建设做出积极贡献。

肖韵竹（北京教育学院党委书记）

张永凯（北京教育学院党委副书记、院长）

2024 年 6 月

▶ 前　言

教师是专业性很强的职业。如何走好专业发展之路是教师职业的永恒话题，也是新教师(新手教师①)入职之初所要面临的重要问题。本书是一本为初登讲台的中学地理教师量身定制的能力修炼指南，力求帮助新手教师顺利适应教师工作岗位，助力新手教师站稳讲台，走好专业发展的第一步。

本书以《中学教师专业标准(试行)》为依据，参照其中的"专业知识"和"专业能力"两大维度，选取了与学科教学及教师发展相关的教学设计、教学实施、教育教学评价及反思与发展四个领域构架起了这本新手教师培训教材。每个领域作为一个单元。第一单元"地理教学设计"力求帮助新手教师理解教学设计是一个复杂的系统，如何设计出具有整体性的教学设计，如何制定教学目标，如何选择教学方法、教学手段和教学策略，以及如何设计教学过程。第二单元"地理教学实施"主要围绕着课堂教学的管理与调控、教学内容的组织与呈现、地理实践活动的设计与开展等课堂教学技能提供修炼指导。第三单元"地理教学评价"重在对新手教师常态化教学工作中的课堂学习评价、课后作业布置及阶段测试的开展提供实践指导。第四单元"教师教学反思与教师专业发展"重在指导教师如何进行教学反思，如何观课、议课、说课，如何制定专业发展规划助力新手教师的专业能力成长。

本书具有四个主要功能。一是构建知识体系。本书为新手教师构建了一个全面的地理教学知识体系，从教学设计的理论基础、教学实施的实践策略、教育教学评价的具体构思到反思与专业发展的具体路径，这有助于新手教师快速掌握地理教学的基本知识框架和核心知识要点。二是提升实践能力。本书通过案例分析、问题聚焦、教学策略及实践建议，帮助新手教师将理论知识转化为实际教学能力，鼓励新手教师在实践中不断尝试、

---

① 本书采用"新手教师"的说法。

反思和改进，从而逐步提升自己的教学实践能力。三是引导自我反思。本书在单元学习目标、单元导读、问题聚焦、实践操练等处设置了多个教学反思点，引导新手教师在阅读本书及在教学过程中主动思考、反思总结、形成经验。这种自我反思的习惯有助于新手教师形成批判性思维，不断发现自身不足并寻求改进方法。四是促进专业发展。本书不仅关注新手教师当前的教学需求，还着眼于他们的长远发展。书中提供了关于教师专业成长、教育理念更新、阅读等方面的指导，鼓励新手教师不断追求专业进步和职业发展。此外，本书还可用作各个发展阶段的中学地理教师及其他学科教师的教学指导用书，同时对于教学研究者、教师培训者及学校管理者均适用，在学科教学、教师培训、教学研究、教学管理中有较强的借鉴价值和指导作用。本书既可以用作教师培训教材，也可以用作课堂教学改进的指导用书。

本书具有以下特色。一是针对性。本书针对新手教师在教学过程中可能遇到的各种问题和困惑，提供了具体、详细的解答和指导，具有很强的针对性和指导性。二是系统性。本书围绕新手教师备课、上课和反思几个关键任务来展开，能系统性地支撑新手教师站稳讲台。三是实用性。本书紧贴中学地理教师的教学实践，提供了大量来源于一线教师的教学实践案例，这些真实的实践经验能为新手教师提供可以直接模仿的样例，具有很强的实用性和可操作性。四是启发性。本书不仅提供了助力新手教师站稳讲台的基本技能要领，而且提供了高站位的专业引领和指导，为新手教师的持续专业发展指明方向并启发新手教师在教学实践中勇于探索、不断创新。

本书在使用上建议做到以下几点。一要系统阅读。建议新手教师首先通读全书，对地理教学有一个整体的认识和把握。然后根据自己的教学需求和实际情况，有选择地深入阅读相关章节。二要结合实践。在阅读过程中，新手教师要注重将所学知识与教学实践相结合。在教学过程中，通过模拟教学、课堂观察、教学反思等方式，不断检验和提高自己的教学能力。三要主动反思。建议新手教师利用书中所提供的教学策略进行自我实践、自我反思和总结。同时，也可以与其他教师进行交流讨论，分享经验和教训，共同促进专业成长。四要持续学习。本书只是为新手教师专业成长之初提供指导，建议新手教师保持持续学习的态度，关注地理教育领域的最新发展动态和研究成果，不断更新自己的教育理念和教学方法。

本书由北京教育学院地理教研室团队合作编写。李春艳、曾早早任主编，尹卫霞、洪祎君任副主编。其中，李春艳负责本书第一单元的编写，曾早早负责本书第二单元第三讲及第四单元的编写，尹卫霞负责第二单元第一讲和第二讲及第三单元的编写，洪祎君负责书中实践案例的打磨优化，张素娟参与指导。全书由李春艳统稿。书中的教学实践案例多为北京教育学院各个教师培训项目中的教学案例，书中的所有案例均被注明了出处。

本书在编写过程中得到了时任北京教育学院数学与科学教育学院院长顿继安教授、党总支书记王艳艳的大力支持；得到了数学与科学教育学院各位系主任的全力指导和帮助；得到了数学与科学教育学院新教师培训项目团队的鼓励和支持。多年来参加北京教育学院各培训项目的教师学员们提供的优质案例，使得书中的内容更具可读性和实用性。在此一并表示感谢！感谢北京教育学院对本丛书的统筹规划，感谢学院教务处闫耀东老师的组织协调，感谢北京师范大学出版集团郭翔、陈红艳两位编辑的大力支持和帮助。

本书在编写过程中引用了大量专家、学者的研究成果，若读者发现有引用未标明出处或出处错误，请及时指出，以待改进。书中难免还有其他不足之处，敬请同行、学者批评斧正。

李春艳
2024 年 7 月

第一单元　教学设计

1. 设计出一份体现整体性特征的教学设计方案。
2. 针对特定的教学内容制定可操作和可测评的教学目标。
3. 基于教学目标、内容、学情合理选择并灵活运用教学方法。
4. 设计出确保教学目标达成且符合学生认知逻辑的教学过程。
5. 设计出体现知识间有机联系的结构式板书。

单元导读 ……▶

　　没有教学，学习也会自然地发生。有了教学，学习能有目的地发生。有了精心设计的教学，学习将按照目标方向更加有效地发生。因此，一个有效的教学设计是帮助学生学习成功的基础。但是任何教学设计都是由多个要素构成的复杂系统，教师在进行教学设计时，不能仅仅关注多个要素中的某一个要素，而应该整体把握教学设计中各个要素之间的关系。本单元将结合教学设计中的教学目标制定、教学方法选择、教学过程设计三个关键要素的内涵和设计策略进行系统阐释，对教学设计各个要素之间的关系进行全面梳理，以帮助新手教师尽快提升地理教学整体设计水平。

单元导航 ……▶

```
                    如何设计教学                    如何认识和整体
                      过程                           把握教学设计

  如何创设教学情境                                       如何理解教学设计

  如何优化教学过程                                       如何把握教学设计的基本原则
                           教学设计
  如何设计学习活动                                       如何设计出具有整体性的教学设计

  如何构思教学板书
                    如何选择教学方法、              如何制定教学
                    教学手段和教学策略                目标

  如何选择适合的教学方法                                 如何理解与落实课程标准

  如何选择有效的教学手段                                 如何阅读教科书与分析教学内容

  如何确定恰当的教学策略                                 如何进行学情分析

                                                      如何制定和表述教学目标

                                                      如何确定教学重难点
```

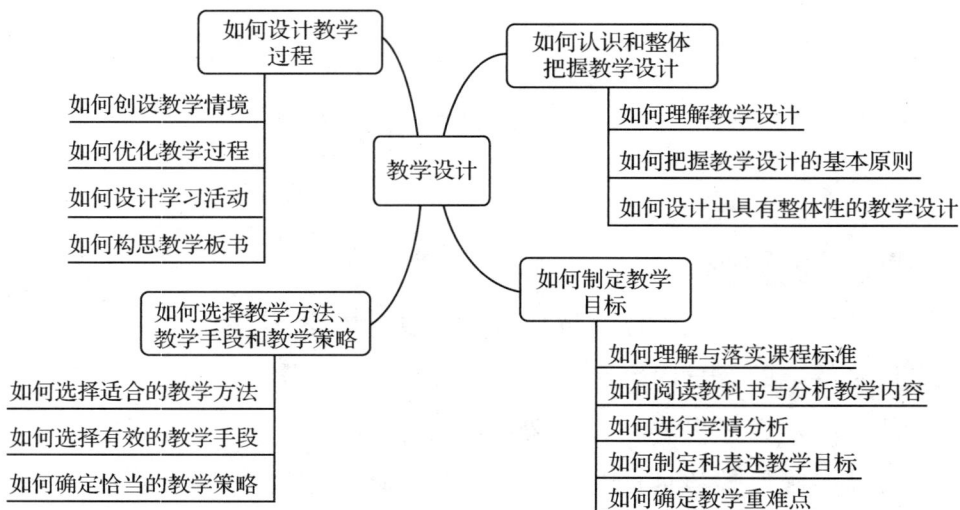

设计工作的复杂性往往被低估。许多人认为自己知道很多关于设计的知识。他们没有意识到想要做出独特、精致和完美的设计，还需要知道更多。

——约翰·麦克林

新手教师应该花更多时间和精力进行教学设计。这是因为新手教师的教学经验不足、对学生了解不足、教学信心不足，课前精心做好教学设计能给新手教师带来安全感、自信心，甚至带来教学激情。相反，如果新手教师不愿意在教学设计上多花心思，那么，其教学将意味着照本宣科，教科书将成为其学生的教师。如果离开教学设计的规范，在课堂教学中随意发挥，那么，对于缺少授课经验的新手教师来说，往往具有潜在的风险。可见，教学设计对于新手教师顺利执教意义重大。它不是装点门面，而是良好教学行为的重要组成部分。新手教师必须练好教学设计的基本功。

▶ 第一讲
如何认识和整体把握教学设计

✎ | 案例 1-1 |

"中国的地形"教学设计①

一、指导思想与理论依据

本课的指导思想是：地理价值观是学生在深刻理解地理知识、具备地理学科技能的基础上，通过体验、感受、内化等过程形成的。该指导思想依据的是美国教育家约翰·杜威"做中学"的教育思想，是其"知行合一"思想的集中体现。他认为，学校应当把单纯以知识为中心的教育转移到儿童的活动上来，鼓励儿童在探究活动中获取知识和经验。本课在该理论思想的指导下，让学生通过动手制作中国地形沙盘及小组讨论进一步理解中国地形、地势特征及地形对我国自然环境、对人们生产和生活的影响。该活动过程一方面有利于帮助学生建立地理空间感知，另一方面有利于提高学生的语言表达能力和地理思维能力。另外，学生的沙盘制作过程也能成为其他学生学习的课程资源，让课堂学习更具有生成性，有利于学生进一步形成地理素养。

二、课程标准要求解读

本课拟落实的课程标准要求是：运用地图和相关资料，简要归纳中国地形的特征。根据该课程标准要求设计为由三个课时构成的教学单元。

第一课时：能够依据地形图中的陆高海深表，初步在中国地形图上找出我国地势的第一、第二、第三级阶梯；能够读出第一、第二级阶梯，第二、第三级阶梯的分界山脉，并描画在中国政区空白图上；借助沙盘的制

---

① 本案例由北京市房山区琉璃河中学的李雪松老师提供，收入本书时有改动。

作，从感官的角度理解地势的第一、第二、第三级阶梯，结合剖面图的判读，归纳出我国的地势特征。

第二课时：能够从中国地形图中，找出我国的主要山地、高原、盆地、平原和丘陵，说出我国主要山脉的走向，以及山脉与四大高原、四大盆地、三大平原等地形区的位置关系，建立起我国地形分布的空间格局概念。

第三课时：通过小组讨论，理解地形、地势特征对我国自然环境、对人们生产和生活的影响。

三、教学内容分析

认识中国的地势特征是从宏观上感知中国的地形大势、认识中国的地形特征的基础，也是认识中国自然环境特征的基础，更是学习中国分区地理的基础。从学科核心能力的角度来看，本单元的学习重在帮助学生建构空间思维能力，使其能够初步进行空间感知和描述。空间定位离不开地图，因此，本单元将结合地形图、经纬网地图、中国政区图等进行空间思维的加工和提升。

四、学情分析

学生学习了地形图后，能够初步在地形图上进行五种主要地形类型的判读，但空间思维能力仍然较弱，难以将三维的地形类型与二维的地形图有机结合起来。依据中学生的认知规律，本课采用借助地形沙盘制作和对立体地形模型感知的策略，让学生在玩中、做中提升空间感知能力和空间描述能力。

五、学习目标

通过在地图上查找，动手制作中国主要山脉分布沙盘，感知我国山脉分布的大势；能够在地图上填写昆仑山、阿尔金山、祁连山、横断山脉、大兴安岭、太行山、巫山、雪峰山等三级阶梯的界山；能够借助沙盘和地形剖面图归纳我国地势特征。

本课学习重点：归纳、概括我国的地势特征。

本课学习难点：概括我国地势特征的空间思维过程。

六、教学过程

表 1-1　教学过程

教学环节	教师活动	学生活动	设计意图
情境唤醒	播放视频：秦岭的造山运动	观看视频，体会山脉是地形的骨架	唤起学生的空间立体感知
感知中国地势	明确学生学习活动要求，提醒学生如何看分层设色地形图及地图上的注释	1. 在图中找出并描绘出三级阶梯；2. 在图中阅读并圈画出阶梯间界线处的山脉：第一、第二级阶梯处的昆仑山、阿尔金山、祁连山、横断山脉；第二、第三级阶梯处的大兴安岭、太行山、巫山、雪峰山	强化陆高海深表的使用，明确三级阶梯及界线处的山脉。使学生尝试利用省区界线来记忆山脉
制作中国三级阶梯沙盘	指导学生依据陆高海深表进行三级阶梯的海拔判断和沙盘模型比例的确定，完成地势第一级阶梯的堆制	1. 先将阶梯界线处的山脉用沙土标识出来；2. 依据陆高海深表，初步估计三级阶梯的海拔，设计模型的高度比例；3. 进行任务分工，确定位置，用沙土堆制地势第一级阶梯	使学生明确三级阶梯的界线，依据陆高海深表，堆制地势第一级阶梯，初步感受中国地势的西高
	指导学生分小组制作沙盘，并录制学生活动视频	学生阅读教材，依据第二、第三级阶梯的海拔，设计模型的高度比例，用沙土堆制第二、第三级阶梯，书写界线山脉名称并将其插在相应位置上	使学生在动手实践中建立空间感知，提升空间定位能力
制作地形剖面图	指导学生定位30°N线，绘制地形剖面图，利用多媒体，师生归纳地形剖面图的判读方法，引导学生归纳中国的地势特征	在沙盘上画出30°N线，将纸板沿30°N线插入沙盘，绘制地形剖面图，归纳出中国的地势特征，并请每个小组在全班展示说明并达成共识	培养学生的空间想象能力和语言表述能力

续表

教学环节	教师活动	学生活动	设计意图
概括中国的地势特征	引导学生运用示意图进行本课小结	1. 画出三级阶梯间的界线，将第一、第二、第三级阶梯标注在图上；2. 在图中标出阶梯界线上的山脉；3. 写出我国的地势特征；4. 找出其他的山脉并填在图中 **阶梯界线：**昆仑山、阿尔金山、祁连山、横断山脉 第一级阶梯 **阶梯界线：**大兴安岭、太行山、巫山、雪峰山 第二级阶梯 西 东 西高东低，大致呈梯状 第三级阶梯	巩固前面学习过的政区知识，训练学生的空间定位能力，建立空间感知，形成地理概念

七、教学反思(略)

问题聚焦

Q1：新手教师怎样才能设计出一个简单完整的教学设计？

Q2：案例 1-1 可以被借鉴的设计策略有哪些？

一、如何理解教学设计

（一）教学设计的定义

教学是一种有着明确目标的教与学的活动。设计则是指在进行某件事之前所做的有系统的计划过程或为了解决某个问题而拟实施的计划。教学设计是运用系统方法分析教学问题和确定教学目标，建立解决方案、评价试行结果和对方案进行修改的计划过程。[①] 地理教学设计就是在地理教学过程具体实施之前，地理教师依据相关的教学理论和学习理论，以现代教学理念为引领，以促进学生有效地理学习为目的，针对具体的教学内容，系统计划教学的各个环节，为学生的地理学习创设最优环境而进行教学目标

---

① 乌美娜：《教学设计》，12 页，北京，高等教育出版社，1994。

的制定、教学方法的选择、教学媒体的运用、教学效果的评价、系统规划与安排地理教学活动的过程和程序。[1]

（二）教学设计的要素与结构

加涅认为，教学系统设计是创建教学系统的过程。[2] 因此，教学设计需要站在整体的角度上综合考虑教学设计中的各个要素及其相互关系，并进行统筹规划。由于教学系统的复杂性，教学设计的模型并不唯一，而是有多少设计者与设计情境，就有多少设计模型。因此，教学设计有多种模式，不同教学设计模式的要素及图形表征各不相同。但大多数教学设计的模式都有类似的构成要素，并且各要素之间相互作用构成整体结构（图1-1）。

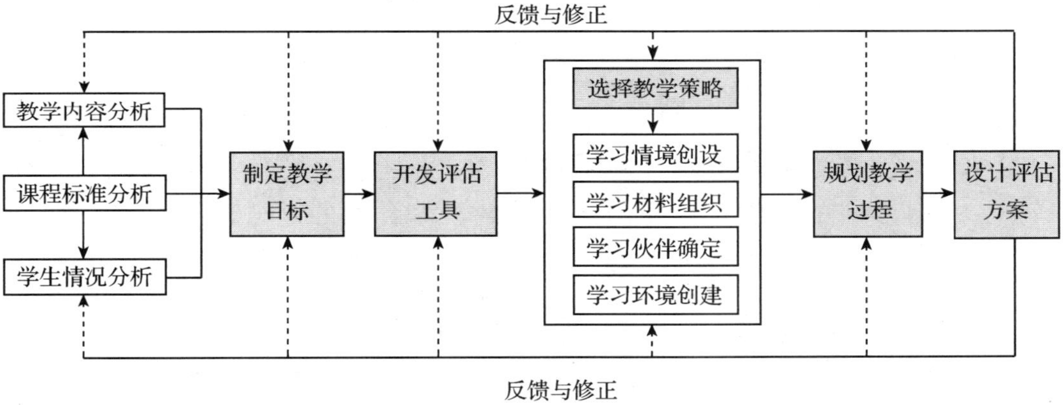

图1-1　教学设计的基本要素及整体结构

（三）教学设计的修正过程

广义的教学包括如下主要环节。环节一是设置目标，即尽量用可观察和可测量的行为术语，对学生预期获得的学习结果进行设置与陈述。环节二是分析任务，即分析从学生原有知识水平到达成教学目标之间，需要的知识、理解与技能，并确定其相互间的关系。环节三是确定原有水平，即确定学生达到教学目标所需要的起点知识和能力。环节四是设计教学策略，

---

[1]　段玉山：《中学地理课程与教学》，124页，上海，华东师范大学出版社，2018。

[2]　［美］R.M.加涅、W.W.韦杰、K.C.戈勒斯等：《教学设计原理》第5版修订本，王小明、庞维国、陈保华等译，18页，上海，华东师范大学出版社，2018。

即根据任务分析中所确定的知识、理解与技能，选择适当有效的教学手段和活动。环节五是实施教学，即将上述设计的教学策略付诸教学实施。环节六是评估教学，即对照确定的教学目标，评估教学目标的完成情况：如果教学目标已完成，则完成了一次完整的教学过程；如果教学目标未完成，则需查找原因，提出相应措施或者修改设计方案，重新进行任务分析。[①] 可见，只有将教学设计纳入广义的教学范畴中，并加以反复实践和修正，才能完成一个好的教学设计。

二、如何把握教学设计的基本原则

教学设计虽然体现了不同设计者对课程的不同理解，但是仍然有一些共同的原则。

（一）突出学科性原则

任何一门学科都有其独特的学科特点。因此，教学设计也要遵循学科特点。地理学科的教学设计要凸显地域性、综合性的学科内容特点，突出地理空间的表达和地理野外实践的学科方法特点等，而不能设计成缺少地理学科特点的课堂教学。教师只有把握地理学科的基本特点，了解地理学科对学生个体发展的价值优势，才能设计出体现本学科特点和规律的课堂教学。任何脱离学科特点的教学设计，其有效性都会受到影响。

（二）遵从系统性原则

教学设计中的系统性主要表现在两个方面：一是把教学设计看成由多个要素构成的系统；二是运用系统方法来设计和处理教学问题。[②] 一个教学系统中至少要有教与学两个要素。教与学两个要素之间的联系与作用形成教学活动。教与学又分别是两个子系统："教"这个子系统包括教师、目标、内容、方法、媒体等要素；"学"这个子系统包括学生、学习态度、学习内容、学习行为、认知发展等要素。各子系统中的各个要素之间也相互联系、相互作用构成一个整体，具有一定的功能。

---

① 皮连生：《教育心理学》第 3 版，439～440 页，上海，上海教育出版社，2004。
② 皮连生：《教学设计——心理学的理论与技术》，5 页，北京，高等教育出版社，2000。

（三）体现主体性原则

一般来说，教学设计体现的主体性是双主体，教师是主体，学生也是主体。但是，因为教学设计的初心是为了保证学生的学习获得成功，所以我们更加强调指向学生主体性的教学设计，将学生有效参与作为教学设计体现主体性原则的基本内涵。教学设计中的学生主体性主要体现在三个方面：一是班级所有层次的学生都能积极主动参与到教学的各个环节中；二是学生能够有效地参与到不断发展和变化的学习过程中；三是学习活动设计的质与量关系着学生参与的广度、深度与频度，也关系着学生的学习效果。

三、如何设计出具有整体性的教学设计

（一）将系统理论作为教学设计的方法论

教学设计是教师在实施教学之前，以获得优化的教学效果为目的，依据现代教育理论，用系统论观点和方法对教学的诸多要素进行分析和筹划的过程。教学设计的方法论之一是系统理论，即系统解决教学问题的方法。系统理论认为系统具有以下特点：集合性，即任何系统都是由要素组成的；相关性，即系统中各要素是相互关联的；整体性，即系统中各要素之间按照一定的结构组成一个整体，并产生新功能，结构不同则整体的功能不同；动态性，即任何系统都是变化的，且系统中的一个要素发生变化，其他要素也随之改变；开放性，即任何一个系统都可以按照一定规则分解为子系统，也同时归属于一个或多个更高级别的系统。

教学设计也是一个系统，教学设计中各个要素之间相互关联构成整体，各要素在相互作用的过程中产生新的功能。比如，根据课程标准分析、教学内容分析和学情分析，制定教学目标；依据教学理念、教学目标设计教学过程等。教学设计中的一个要素做了调整，其他要素也要跟着调整。比如，设计了学生的学习活动，就要随之调整教师的教授活动、时间分配、教学资源等。教学设计是一个开放的系统，其本身存在更小的子系统，如教学目标系统、提问系统、任务系统、材料系统、活动系统、评价系统等；教学设计还同时归属于更高级别的系统，如课时教学设计也需要纳入单元

教学设计、模块教学设计、学段教学设计等更大的系统中做整体把握。

（二）整体把握教学设计中的教与学系统

在教的系统中，构成要素之间相互联系、相互作用的方式不同，形成的教学过程结构不同，也就带来不同的教学功能，产生不同的教学效果。因此，教学设计的一个重要内容就是根据教学目标设计最优的教学过程方案。在学的系统中，学生的学习实际上是"教的系统"对"学的系统"进行信息输入，"学的系统"再对"教的系统"做出信息输出的反应过程（图 1-2）。[1]因此，学习过程是一个开放的系统，也是一个动态的过程。教学设计要遵循系统性原则，就是要将教与学的系统、教的系统、学的系统都作为一个整体，各个环节相互关联，缺一不可，否则这个系统就不能有效地运转，教学设计也将形同虚设。目前，教师在教学设计中关于教师教的系统设计有余，而关于学生学的系统设计不足。具体表现在：教师的教学内容、教学方法、教学技术手段等的系统设计十分周全，而对学生的已有知识与能力基础、个性化学习需求、差异性及学习动机唤醒等的系统设计还远远不够。

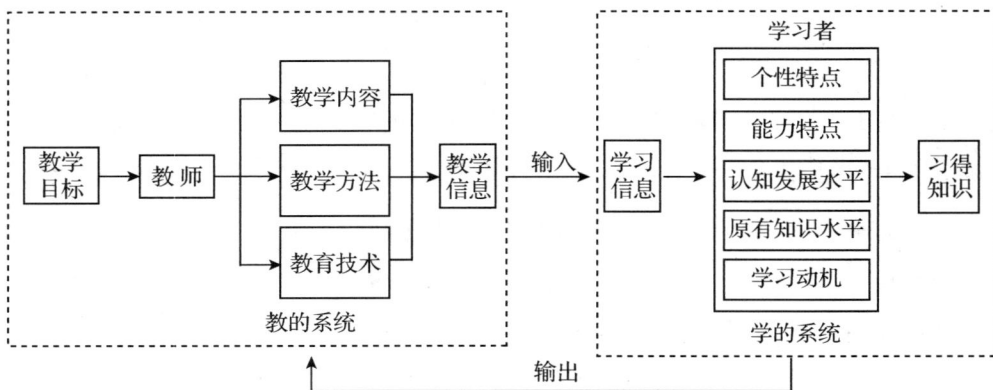

图 1-2　教与学的系统

（三）明确教学设计中各要素之间的整体结构

建构主义学习理论视域下教学设计的组织逻辑包括以下方面。一是确

---

[1]　皮连生：《教学设计——心理学的理论与技术》，12 页，北京，高等教育出版社，2000。

定教学目标。即基于对课程标准要求、教学内容特点和学生认知需求等的综合分析，明确课程标准要求与学生实际情况之间的真实差距，以此确定教学目标。这是一种体现"以学定教"教学理念的教学设计，是指向学生学习获得成功的教学设计，旨在设计教师希望学生在学习之后能够做什么。二是根据教学目标确定评估标准。即设计出证明教学目标达成的有效的评估内容、评估方式、评估指标，并将它们开发成评估工具。三是基于教学目标和评估标准选择教学策略。特别是要设计为学生学习建构所需要的学习情境、学习材料、学习环境等。四是规划教学过程。即整体规划围绕教学目标和评估标准的一系列富有逻辑的学习活动，以增加学生的体验并促进其意义建构。五是设计教学评估。设计检测学生达到教学目标程度的评估方案，并根据评估方案得到的反馈信息对上述教学设计中的某一个或某几个环节做出必要的修正或调整。

为了体现教学设计各要素间的整体结构，下面呈现一个基本的教学设计参考模板（表 1-2）。

表 1-2　初中（高中）地理"×××××"第×课时教学设计参考模板

×××××（单位）　×××（姓名）

指导思想与理论依据
指导思想： 理论依据：
教学背景分析
【课程标准分析】 【教学内容分析、教学重点确定及教学策略】 【学生情况分析、教学难点确定及教学策略】

续表

教学目标与教学方法

【教学目标】
总目标：
阶段目标：
1.
2.
3.
【教学方法】

教学结构

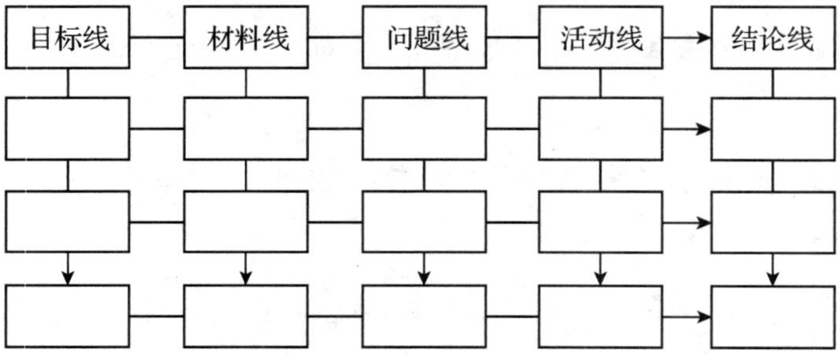

教学过程				
学习目标	学习材料	问题任务	学习活动	学习结论

续表

教学板书
教学评价
教学问题聚焦与反思改进

案例分析

案例 1-1 教学设计中的各要素紧密联系、相互统一，构成了一个有机整体，具体表现在以下方面。

一、指导思想在教学过程中有具体体现

本课的指导思想建立在"做中学"教育思想的基础上，力求使学生在体验活动中建构知识并实现对知识的理解与应用。因此，针对本课，教师设计了一系列的学生学习活动。比如，在地图上查找我国地势的第一、第二、第三级阶梯；读出第一、第二级阶梯，第二、第三级阶梯的分界山脉；动手制作中国主要山脉分布沙盘；在空白地图上填写昆仑山、阿尔金山、祁连山、横断山脉、大兴安岭、太行山、巫山、雪峰山等三级阶梯的界山；借助沙盘和地形剖面图归纳我国地势特征。这些活动的设计都体现了本课的指导思想。

二、依据课程标准要求、教学内容特点和学生学习特点制定教学目标

本课从空间的视角归纳、概括中国的地势特征，学生虽然能够在地形图上判读五种主要地形类型，但是空间思维能力较弱，对整体空间特征的判断和表述能力还偏低。因此，本课教学目标的制定将所有的教学过程与

方法都和空间思维紧密相连，使学生借助中国地形图和中国地形剖面图来建立整体的空间感知，充分体现了前面的背景分析对教学目标制定的影响。

三、教学目标与教学过程的高度自洽

从本课的教学目标中可以看到教学过程的全貌。本课教学过程的四个环节（感知中国地势—制作中国三级阶梯沙盘—制作中国地形剖面图—概括中国地势特征）是对教学目标的具体化、细化和程序化，保证教学过程为教学目标的完成提供有力的支撑。

四、在教学重难点处设计专门的学习活动

本课设计了两组学生的学习活动：一是制作三级阶梯地形沙盘，二是沿 30°N 线制作地形剖面图。这两个学习活动为落实教学重点——归纳、概括我国的地势特征打下了良好的认知基础，为突破教学难点——概括我国地势特征的空间思维过程提供了可靠保障。

五、学习过程符合学生的认知规律

学生的学习经历了看（秦岭的造山运动视频）—听（学习活动要求和阅读分层设色地形图及地图上注释的读法）—做（地势沙盘堆制、地形剖面图的绘制）—归纳（中国地势特征）的主要过程，这个过程是学生思维逐步展开的过程，也是思考逐步深入的过程，符合学生的认知规律，有利于建构地理概念。

六、板书的组织结构符合教学目标的要求

本课采用图文结合的结构式板书，板书的内容既有中国地势三级阶梯的空间位置关系，也有阶梯界线，还有中国地势特征的呈现。这样的板书与教学目标及教学重难点高度一致，也体现了教学设计的整体性。

七、教学评价指向教学目标并兼顾重难点

本课的评价设计采用表现性任务的形式进行，通过学生在完成任务中的行为表现来评估学生学习目标的达成度，表现性任务直指教学目标和教学重难点，是一种比较可行、可靠的评估办法。

✎ │ **实践操练** │

　　请根据对教学设计整体性的理解，构思并完成一课时的整体教学设计简案，要求能体现课程标准要求—教学目标—教学过程—教学评价的一致性和整体性特点。

　　在完成上述任务的过程中，请同步思考：在中学地理教学设计中，如何体现整体性；体现整体性需要处理好教学设计要素间的哪些关系；在考虑教学设计整体性的同时，如何体现教学设计中的学科性和主体性原则。

▶ 第二讲
如何制定教学目标

　　教学目标是教学活动结束后对学生学习行为与结果的预期，是教学活动的出发点与归宿，在教学过程中制约着教学策略的选择和教学评价的设计，起着提纲挈领、纲举目张的作用。[①] 教学目标有不同的层次，即课时教学目标、单元教学目标、课程教学目标等。本书所指的教学目标制定是适合于新手教师的地理课时教学目标的制定，是目标系统中最具体且可操作的单位，强调教学预期结果的可见性和可测量性。

　　教学目标具有强大的导学、导教、导测评的功能，因此，制定教学目标是一项复杂的工作，需要兼顾对课程标准的把握、教学内容的分析、学生学习情况的诊断三个主要方面进行综合分析。本讲将结合案例讨论教学目标的制定过程、教学目标的规范表述及教学目标在教学设计中的运用。教学目标制定的相关要素及各要素之间的关系如图 1-3 所示。

---

① 段玉山：《中学地理课程与教学》，154 页，上海，华东师范大学出版社，2018。

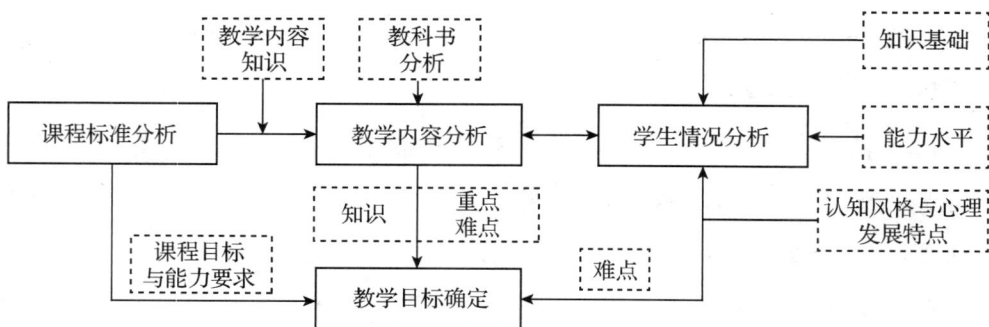

图 1-3　教学目标制定的相关要素及各要素之间的关系

一、如何理解与落实课程标准

地理课程标准是由国家教育行政部门制定和颁发的，反映国家在一定时期内对地理课程基本规范和质量要求的纲领性文件，也是地理教材编写、地理教学实施、地理学习评价以及地理测试命题的重要依据。[①] 帮助新手教师准确理解课程标准的整体结构、内部关联、内容要求及评价要领等，是帮助新手教师平稳实现角色转变，尽快适应地理教学工作，成为合格地理教师的关键任务之一，也是合理制定教学目标的重要前提。

◇| 案例 1-2 |

高中地理"地貌景观的主要特点"的课程标准解析[②]

本课拟落实的课程标准点是：通过野外观察或运用视频、图像，识别3~4 种地貌，描述其景观的主要特点。

本课程标准点是《普通高中地理课程标准(2017 年版 2020 年修订)》中的新要求，比较难把握，在教学中教师通过设置亲身经历的旅游情境，提供在旅游中所见的景观图片信息，让学生采用分组讨论、撰写图片游记的方式，帮助学生归纳、概括出地貌景观特点，主要从位置、坡度、形态、物质组成、色彩、层理等几个方面得出描述地貌景观特点的一般方法，并将

---

① 李晴：《中学地理课程标准与教材分析》，1 页，北京，科学出版社，2014。
② 本案例由北京市房山区交道中学的张学蕾老师提供，收入本书时有改动。

此方法类比迁移到其他同类地貌特征的描述中。以此提升学生的综合思维能力和区域认知能力。

问题聚焦

Q1：怎么解读初、高中地理课程标准？

Q2：怎样使用初、高中地理课程标准？

Q3：案例1-2可以被借鉴的课程标准解析策略有哪些？

对地理课程标准进行解读，是地理教师深刻理解地理课程标准要求，准确把握地理课程标准特点，并依据课程标准有效实施地理课堂教学的必要环节。

（一）理解课程标准

1. 理解初、高中地理课程标准的整体构成

初、高中地理课程标准在整体结构上具有一致且连贯的特点，它们都明确地阐述了地理课程改革的背景、课程性质、课程理念、课程目标、课程结构、课程内容及学业质量要求，并对教学评价、教材编写、课程资源开发与利用、教师培训与教学研究等方面做了具体分析，提出了明确的建议。[①] 初、高中地理课程标准强调通过核心素养的培育来落实立德树人的根本任务。初中阶段依据义务教育培养目标，凝练了地理课程培育的核心素养，高中阶段提出了地理学科的核心素养，二者在定义、内涵和表述上是一致的，但在程度上是有差异的，突出了核心素养在初、高中地理课程中贯通培养的基本思路，也反映了初、高中地理课程的整体育人特点。为了落实核心素养的培育，初、高中地理课程标准都重视将课程内容结构化，初中地理课程内容结构强调基于核心素养的发展要求，遴选重要观念、主题内容和基础知识，设计课程内容，增强内容与育人目标的联系，优化内容组织形式。高中地理课程内容结构强调重视以学科大概念为核心，使课程内容结构化，以主题为引领，使课程内容情境化，促进学科核心素养的落实。初、高中地理课程标准都对学业质量提出了明确要求，并凸显了初中学业的基础性和高中学业水平的分层性。初、高中地理课程标准的整体结构比较如表1-3所示。

---

① 段玉山：《中学地理课程与教学》，48页，上海，华东师范大学出版社，2018。

表 1-3　初、高中地理课程标准的整体结构比较

《义务教育地理课程标准(2022 年版)》	《普通高中地理课程标准(2017 年版 2020 年修订)》
➤ 前言 ➤ 课程性质 ➤ 课程理念 ➤ 课程目标 ➤ 课程内容 ➤ 学业质量 ➤ 课程实施	➤ 前言 ➤ 课程性质与基本理念 ➤ 学科核心素养与课程目标 ➤ 课程结构 ➤ 课程内容 ➤ 学业质量 ➤ 实施建议

可见，初、高中地理课程标准的整体结构具有高度的一致性，优化各个阶段的内容结构，并在初、高中地理教学中贯彻和体现素养指向与评价导向的地理教学是新时期地理教育改革的主要方向。

2. 理解初、高中地理课程性质和课程理念

课程性质描述课程的基本定位、基本特征，课程理念强调的是课程设计与实施中所体现的课程的价值定位。因此，认识并理解初、高中地理课程性质和课程理念是解读课程标准的第一步。初、高中地理课程性质与课程理念比较如表 1-4 所示。

表 1-4　初、高中地理课程性质与课程理念比较

项目	初中地理	高中地理
课程性质	义务教育地理课程以习近平新时代中国特色社会主义思想为指导，引领学生认识人类的地球家园。本课程与小学科学、小学道德与法治等课程有关内容相衔接，与初中其他课程部分内容相关联，为高中地理课程的学习奠定坚实基础	高中地理课程是与义务教育地理课程相衔接的一门基础学科课程，其内容反映地理学的本质，体现地理学的基本思想和方法

续表

项目	初中地理	高中地理
课程理念	①坚持育人为本，确定基于核心素养培育的地理课程目标 ②优化课程结构，搭建基于地理空间尺度的主题式内容框架 ③活化课程内容，优选与学生生活和社会发展密切相关的地理素材 ④推进教学改革，倡导以学生为中心的地理教学方式 ⑤发挥评价功能，促进学生学业进步和全面发展	①培养学生必备的地理学科核心素养 ②构建以地理学科核心素养为主导的地理课程 ③创新培育地理学科核心素养的学习方式 ④建立基于地理学科核心素养发展的学习评价体系

从课程性质上看，一方面，初、高中地理课程都是具有综合性的基础课程；另一方面，初中地理课程为高中地理课程奠定基础，高中地理课程是对初中地理课程的衔接。初中地理课程重在体现与小学科学、小学道德与法治等课程有关内容的衔接、初中其他学科的关联及与高中地理课程的进阶关系。高中地理课程重在体现地理学的基本思想和方法，着力培养学生的地理学科核心素养，其学科性、综合性及本质性更为突出。

从课程理念上看，初、高中地理课程在育人上具有整体一致性和衔接递进性的特点。初、高中地理课程理念站在学科核心素养培育的立场上，更加系统地描述了核心素养培育的目标—内容—方式—评价的完整结构，是具有起点和终点的、可操作的、整体的学科核心素养的落实路径。

教师在使用课程标准时需要从整体上把握初、高中课程标准，将理念与实践紧密结合起来，想办法将课程性质和课程理念体现在教学实践中，发挥课程性质和课程理念对初、高中地理教学的整体引领作用。

（二）解读课程标准

1. 解读初、高中地理课程目标

课程目标是课程改革的基点，具有十分重要的功能和价值。[①] 初、高中

---

① 段玉山：《中学地理课程与教学》，60页，上海，华东师范大学出版社，2018。

地理课程目标具有以下特点。一是初、高中的课程目标都是多维目标整合的素养目标，结合每一个地理学科核心素养的内涵描述为明确的素养目标，每一个素养目标中都包含知识、能力、方法、态度、观念等，是对三维目标的整合表达。因此，对于初中地理课程目标和高中地理课程目标来说，多维的课程目标是其共同的特征，这就要求教师在进行教学设计时不能仅将关注重点放在基本的地理知识和地理技能上，学生获取知识的过程与方法，形成的情感、态度与观念等方面也同样要考虑在教学设计中，能够从多维的角度全面、完整、统一地体现学生地理学习的目标，有效地弥补以往过于强调知识与技能的缺陷，为学生的全面发展而设计。二是初、高中地理课程目标是衔接递进的关系。教师需要在教学中整体把握初、高中地理课程目标的要求，按照学生的学习进阶设计初、高中地理教学的目标、内容、过程和评价。初、高中地理课程目标的对比如表 1-5 所示。

表 1-5　初、高中地理课程目标的对比

初中地理课程目标	高中地理课程目标
学生能够初步认识地理环境是人类生存的基础，人类活动深刻影响着地理环境，协调人地关系是人类社会可持续发展的必然选择；能够运用所学的知识、方法和工具，面对世界、中国、家乡出现的人口、资源、环境和发展问题，作出初步的分析和评价，并具有遵守相关法律法规的意识；能够立足家乡、胸怀祖国、放眼世界，初步树立人与自然和谐共生的观念	学生能够正确看待地理环境与人类活动的相互影响，深入认识两者相互影响的不同方式、强度和后果，理解人们对人地关系认识的阶段性表现及其原因，认同人地协调对可持续发展具有重要意义，形成尊重自然、和谐发展的态度
学生能够初步理解地理事物和现象是由地理要素在不同时空条件下相互作用形成的；能够通过观察、比较、分析等方法，说明地理事物和现象的自然、人文特征及其时空变化特点，初步形成从地理综合的视角看待和分析问题的意识和能力；能够初步具备崇尚真知、独立思考、大胆尝试等科学品质	学生能够形成从综合的视角认识地理事物和现象的意识，对地理各要素之间的相互作用关系有较强的分析能力，并在一定程度上解释地理事物和现象发生、发展的过程，从而较全面地观察、分析和认识不同地方的地理环境特点，辩证地看待地理问题

续表

初中地理课程目标	高中地理课程目标
学生能够初步理解地球上有不同尺度、不同类型的区域，每一个区域都有各自的特征，不同区域之间会产生联系；能够运用多种地理工具获取区域信息，认识区域特征、区域差异和区域联系，初步形成从空间—区域的视角看待和分析问题的意识和能力；能够增进热爱家乡、热爱祖国的情感，形成人类命运共同体意识	学生能够形成从空间—区域视角认识地理事物和现象的意识，对地理事物和现象的空间格局有较强的观察力，并运用区域综合分析、区域比较、区域关联等方法认识区域，简要评价区域现状和发展
学生能够初步掌握地理实验、社会调查、野外考察等地理实践活动的基本方法；能够在校内、校外的真实环境下，运用所学知识和地理工具，通过地理实践活动，观察和感悟地理环境及人们生产生活的状态，尝试解决实际地理问题，增强信息运用、实践操作等行动力；能够养成在实践活动中乐于合作、勇于克服困难等品质	学生能够运用所学知识和地理工具，在室内、野外和社会的真实环境下，通过考察、实验、调查等方式获取地理信息，探索和尝试解决实际问题，具备活动策划、实施等行动能力

对比发现，初、高中地理课程目标在认知内容、认知方法、认知水平等方面都做了整体构思和具体区分。以第一个课程目标为例，初中地理重在运用已学的知识、方法和工具，从空间的视角结合不同尺度的区域初步认识人与地理环境之间的相互影响关系，初步建立人地协调观。高中地理则从方式、强度和后果的角度加深对人与地理环境相互影响的认识，并从时间的视角，综合分析不同发展阶段的人地关系及其原因，形成正确的人地协调观并转化为自我的态度和行为。此外，初中地理课程目标在每一条表述上，前面部分都是关于地理学科核心素养的描述，后面部分都是关于中国学生发展核心素养的描述。

2. 解读初、高中地理课程结构

课程结构能反映课程内容的全貌。初中地理课程结构从空间尺度的视角对课程内容进行组织，引导学生认识人类的地球家园。这与高中地理空间—区域的视角是一脉相通的，初中阶段更加强调区域的尺度划分，为高中阶段不同类型区域发展的分析打下基础。从内容结构看，初中地理先以地球为研究对象，按着宇宙—地球—地球的表层的由远及近的逻辑顺序组织起来，重在认识地球表层的地理环境；再以区域为研究对象，在划区思想下，将地球表层（世界）划分为大洲、地区、国家、分区、家乡等不同尺度的区域，从空间的视角及不同尺度的区域视角初步认识人与地理环境间的相互影响关系，初步建立人地协调观。这与高中地理分析特定尺度区域发展进程中人类活动与地理环境间的相互影响关系也是一脉相通、相辅相成的，高中地理重在加深对人地协调观的理解、内化与转化，对能体现价值观、良好的思维品质及关键能力的行为格外重视。在教学组织上，初中阶段将运用地理工具和参与地理实践这两条线索贯穿于认知地球家园的全过程，形成一个将学科知识和学科活动融为一体的课程内容结构。可见，地图的学习不是仅学习地图本身的知识，而是重在运用地图的相关知识以及将地图作为地理学习工具去分析认识人类的地球家园。地理实践活动的开展也不仅仅是为了在实践活动中提升学生初步掌握地理实践方法、运用地理知识与工具观察和感悟世界的能力，更是为了使学生在实践活动的问题解决中养成善于合作、克服困难等优秀品质，并在未来现实世界中表现出强有力的地理问题的解决能力。将学生使用地理工具、参与地理实践的体验纳入课程实施过程，大大增强了课程的育人功能。

高中地理课程结构由必修、选择性必修、选修三类课程构成。必修课程是全体学生必须修习的课程，选择性必修课程是学生根据各项发展和升学考试需要选择修习的课程，选修课程是由学校根据实际情况统筹规划开设、学生自主选择修习的课程。三类课程有不同的定位，构成了既相互独立又相互关联的课程结构。[①] 可见，初中阶段和高中阶段的地理课程是一个整体，两者之间既有分工又密切联系。[②] 在课程内容设计上，初中地理课程原则上不涉及较深层次的成因问题，高中地理课程注重与实际相结合，要求学生在梳理分析地理事实的基础上，逐步学会运用基本的地理原理，探究地理过程、地理成因及地理规律。初中地理课程结构和高中地理课程结

---

① 韦志榕、朱翔：《普通高中地理课程标准（2017年版）解读》，63～67页，北京，高等教育出版社，2018。
② 段玉山：《中学地理课程与教学》，60页，上海，华东师范大学出版社，2018。

构分别如图 1-4 和图 1-5 所示。

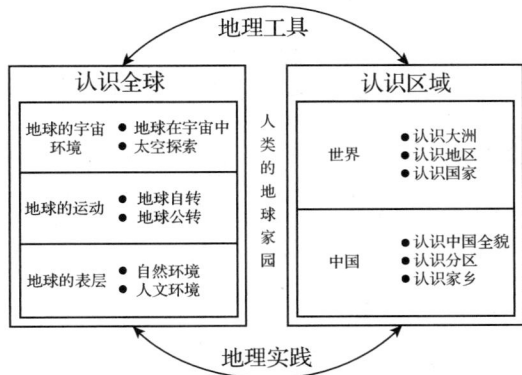

图 1-4　初中地理课程结构　　　　图 1-5　高中地理课程结构

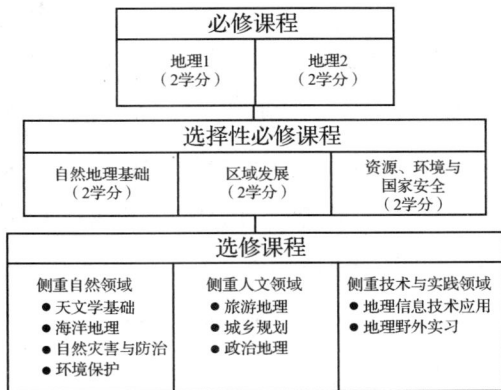

　　教师需要整体把握初、高中地理课程的内容和结构，做好初、高中地理教学内容的有效衔接，寻找初、高中地理课程内容中的共通概念，设计好初、高中地理学习的进阶过程，真正发挥初中地理教学的基础作用，实现初、高中地理学科核心素养培育的课程目标。

3. 解读初、高中地理课程内容

　　课程内容是初、高中地理课程标准的核心，具体规定了学生在每部分内容学习结束后应达到的基本水平。教师只有清晰、准确地把握课程内容的基本构成及内容标准的表述特点，才能做好基于课程标准要求的教学设计。

　　初中地理课程标准中的课程内容采用主题分级式的陈述方式，依次出现四级内容主题。例如，认识全球（一级内容主题）—地球的宇宙环境（二级内容主题）—地球在宇宙中（三级内容主题）—具体的内容标准（四级内容主题）；又如，认识区域（一级内容主题）—认识世界（二级内容主题）—认识大洲（三级内容主题）—具体的内容标准（四级内容主题）；等等。共有一级内容主题 2 个，二级内容主题 5 个，三级内容主题 12 个，内容主题数量不多，但是通过内容主题整合的基础知识不少，这凸显了以主题来整合内容的特点，突出了课程内容的综合性。由此可见，初中地理不仅强调跨学科主题学习活动，而且强调学科内部以主题为引领，将内容结构化的整合性学习，凸显了课程的综合性以及实践性。高中地理课程标准中的课程内容采用三级内容领域的方式进行逐级表述，如必修课程（一级内容领域）—地理1（二级内容领域）—具体的内容要求（三级内容领域）。每级内容领域针对该领域学习内容进行总体说明，并提出一系列具体的内容要求、教学提示和学业要求。初、高中地理课程标准中的课程内容要求，对教、学、评的指导作用更加明确，教学提示不是提出十分具体的活动方式或教学方法，而是偏于上位、宏观的指导建议，既有知识与技能，也有过程与方法，还有态度与价值观，指向育人质量的整体提升，更加强调学生的主体性及多种多样的教育技术和媒体资料在教学中的应用，初中地理课程标准中的教学提示也会有相对详细的学习活动建议。

初、高中地理课程标准中的内容标准在文字表述上具备以下特点。第一，行为主体是学生而不是教师，在表述上采用了省略主语"学生"的表述方式。例如，"运用示意图，说明水循环的过程及其地理意义"这一内容标准在表述时省略了主语"学生"。第二，都是对学生学习结果的典型行为特征的描述。例如，说出、举例说明、比较、分析等。又如，"以某地区为例，分析地区产业结构变化过程及原因"。第三，用行为动词来描述"标准"，意味着最终检验的是学生有没有达到学习结果（行为动词＋教学内容），而不是评价教师有没有完成教学任务（教学内容）。第四，"标准"是学生学习地理课程后必须达到的基本要求，以行为目标的方式陈述，如"运用地质年代表等资料，简要描述地球的演化过程"。需要特别提出的是，初、高中地理课程标准在课程内容中都设有学业要求栏目，教师在进行教学设计时需要将这部分内容有机地整合到课程标准的解读中，将"学业要求"作为最终教学所要达到的学习结果，以终为始，逆向构思课程内容要求和教学设计思路。

4. 解读初、高中地理课程标准中的学业质量评价

美国教育家布卢姆在《教育评价》的序言中写道："在运用得当时，评价应该使得教师能够促成其学生的学习显著改进。"地理学业评价具有诊断、

导向、调控、激励学生学习的功能。因此，初、高中地理课程标准都有专门的关于学业质量的内容板块。

初、高中地理课程标准都阐述了学业质量的概念，解释了其内涵，提出了多元的学业质量评价方式。初中地理课程标准明确提出了每个内容主题的学业质量要求；高中地理课程标准针对每个地理学科核心素养，分别提出了由低到高逐渐递进的、表征地理学业质量的四级水平。

（三）运用课程标准

课程标准是教学设计、教学实施及教学评价的依据。在教学设计中，课程标准直接指导教学目标的设计、教学内容的组织、学生认知过程的设计以及学习效果评估的设计。这里将重点讨论课程标准对教学目标设计的指导作用。具体做法如下。

1. 区分课程目标与教学目标

就内涵而言，课程目标是教育目的、教育目标的下位概念，是教学目标的上位概念，具有承上启下的作用。正是因为处于这样一个特殊的位置，地理课程目标成为教育目的、教育目标实现的重要影响因素，也成为地理教师制定地理课堂教学目标的纲领。[①] 课程目标与教学目标的关系如图 1-6 所示。

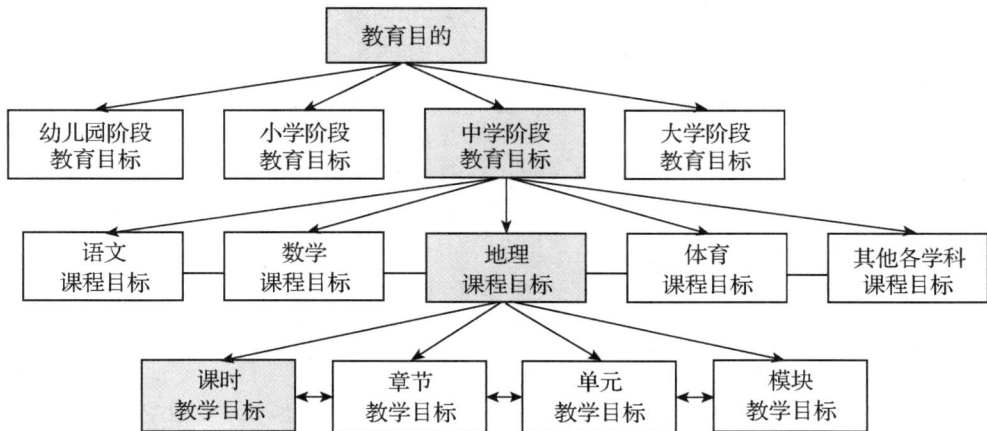

图 1-6 课程目标与教学目标的关系

① 段玉山：《中学地理课程与教学》，60～61 页，上海，华东师范大学出版社，2018。

教育目的是国家对培养的人的期望和要求，常常写在教育方针中，具有导向、指导、激励和评价功能，是上位概念。教育目标是为了达到教育目的，对所要培养的人的质量与规格提出的总要求，不同教育阶段、不同类型学校的教育目标会有所差异，它是教育目的的下位概念。课程目标是教育目标的下位概念，在课程标准中处于非常明显的位置，它因学科课程不同而不同。教学目标是课程目标的下位概念，是对教学活动实施方向及预期学习结果的描述，是一切教学活动的出发点和最终归宿，需要有明确的实现路径。教学目标是对课程目标的具体实施，根据教学内容的范畴，教学目标有课时教学目标、单元教学目标、模块教学目标等。新手教师重要的是能做好课时教学目标的制定。

2. 选择拟落实的课程标准要求

一节课要落实课程标准中的哪些内容要求，是地理教师将教学内容放在中学地理课程的范畴内进行全盘考量、整体把握课程标准要求而反复筛选、确定的。具体的筛选方法有两个。

(1)整体把握特定内容主题或单元的内容要求。

将与某特定内容主题直接相关的课程标准中的内容要求与特定章节内容进行有机联系、整体把握，以便从中发现在什么内容板块落实课程标准中的哪些内容要求最恰当，以此帮助教师更有效地确定教学目标。下面以"认识中国"中"认识分区"内容板块为例，来谈谈如何整体把握课程标准中的内容要求与章节内容之间的关系(表 1-6)。

表 1-6　中国地理"认识分区"部分的内容要求及教学中的整体把握

课程标准中的内容要求	教学中的整体把握
运用地图、图像等资料，说明秦岭—淮河等重要自然地理界线在地理分区中的意义	本课程标准点重在"区划"思想方法的学习。区划思想既是"认识区域"的通用学科方法，也是"认识中国"和"认识分区"两个内容板块的衔接与过渡，既要关联前面的总论部分，又要指导后面的分论内容的学习，并在各部分的学习中运用地图这一工具深化理解区划的学科方法

续表

课程标准中的内容要求	教学中的整体把握
运用地图和相关资料，说出某区域的地理位置和自然地理特征，说明自然条件对该区域经济社会发展的影响，认识因地制宜的重要性	本课程标准点重在"区域自然地理特征"的主题学习。需要在"认识分区"内容板块中以进阶的方式建构和理解。将区域自然地理特征的学习依次纳入区域地理位置—区域自然地理特征—区域自然条件—区域社会经济发展—因地制宜发展社会经济的逻辑框架中。教学不仅要按照这样的学科逻辑逐步深化对区域自然特征的理解，而且要关注地图的综合运用并嵌入一定的地理实践活动，在此基础上突出学科重要观念的形成
结合实例，描述不同区域的差异，说明区域联系和协同发展对经济社会发展的意义	本课程标准点重在"区域经济社会发展"的主题学习。建议整体把握"认识分区"各个章节的内容，整合前面课程标准点中区域因地制宜发展经济的内容，选择在区域差异方面最具代表性的区域进行学习，特别关注区域之间的差异和区域内部的差异。教学不是为了比较差异而比较，而是要在区域差异的基础上阐述区域联系与区域协调发展，树立正确的区域协调发展观，不必在所有分区的学习中都去落实这一内容要求，而是要选择有代表性的区域进行学习。可以考虑嵌入乡土地理的实践考察，感知家乡内外的区域差异，了解家乡的发展
运用地图和相关资料，描述某区域城乡分布和变化，推测该区域城乡发展图景	本课程标准点重在"区域城乡发展"的主题学习。建议整体把握"认识分区"各个章节的内容，选择在城乡分布与变化方面最具代表性的区域进行学习，特别要关注美丽中国建设、生态文明建设背景下的典型案例分析与理解
进行野外考察或运用相关资料，说明自然环境与地方文化景观之间的关系	本课程标准点重在"地方文化"的主题学习。建议结合学生的已有经验或者地理实践活动，结合家乡案例开展案例教学，深化学生对地方文化概念的理解，并综合分析地方文化景观与自然环境的关系

续表

课程标准中的内容要求	教学中的整体把握
运用地图和相关资料，说明北京的自然地理特点、历史文化传统和城市建设成就，认识首都职能	本课程标准点重在"北京"的主题学习。从时空两个视角认识北京作为首都的职能与发展
运用地图和相关资料，说明香港、澳门的自然地理、历史文化传统和经济建设特点，以及港澳与内地经济发展的相互促进作用，增强区域联系的意识	本课程标准点重在"香港和澳门"的主题学习。从时空两个视角认识香港和澳门的历史文化传统与经济建设特点，深化理解香港和澳门与内地之间的联系与发展关系。也可以将本部分内容纳入区域经济发展主题单元进行案例学习
运用地图和相关资料，说明台湾的自然地理、历史文化传统和经济建设特点，认识台湾自古以来就是祖国不可分割的领土，以及促进海峡两岸经济社会融合发展的意义	本课程标准点重在"台湾"的主题学习。从时空两个视角认识台湾自古以来就是祖国不可分割的领土，深化理解促进海峡两岸经济社会融合发展的意义以及国家统一的战略意义。也可以将本部分内容纳入前面各主题的学习中，作为一个深化理解的案例

基于上述考虑，每个单元或者每个课时教学目标的设计就会各有侧重、有的放矢。教师如果能将所讲课时的内容放在单元范畴内进行内容要求的整体分析的话，就会解决教学目标设计低效的问题。

（2）将同一主题的内容放在课程的范畴内进行整体定位。

教师要通览课程标准中同一内容主题的全部课程标准要求，并梳理出这些课程标准要求间的逻辑关系，在完整的逻辑链条中找到本节课的教学定位。比如，"地理位置"是贯通初中和高中地理学习的同一内容主题，如何做好初、高中全学段的学习进阶设计，确定好每个阶段地理位置的教学定位，避免简单、重复地描述地理位置，不断加深对地理位置概念的理解，我们可以从学习进阶的角度对学习内容和认知过程做整体思考（表1-7）。[①]

---

① 李春艳：《中学地理课程中的概念建构与学习进阶》，载《课程·教材·教法》，2016(4)。

表 1-7　初、高中地理全学段对地理位置学习内容和认知过程的整体把握

学段		学习内容	认知过程
初中	认识大洲	描述地理位置，判断地理分布	通过归纳，建立概念及方法
	认识地区	描述地理位置，归纳区域自然地理特征	
	认识国家	说出地理位置和范围，比较位置差异，描述国家独特的自然地理特征	
	认识中国	描述地理位置与疆域特征，增强国家版图意识和海洋权益意识	
	认识分区	说出地理位置和自然地理特征，说明自然条件对区域经济社会发展的影响	
	认识家乡	描述家乡典型的自然和人文地理事物与现象，归纳家乡地理环境特点举例说明其形成过程及原因	
高中	新课讲授	利用位置关系，解释地球上各种地理事物的分布模式，如昼夜长短变化分布规律、世界气候分布、世界洋流分布、陆地自然带分布、世界人口分布等	通过演绎，分析、解释地理问题
	复习备考	通过位置理解本地、区域、国家和全球等不同尺度区域间的相互依存关系，从而认识区域差异与区域联系，灵活解释地理现象。例如，通过相邻位置的描述，将张家口与华北地区建立起联系，比较张家口与华北其他同等级地区间的差异与联系；通过海陆位置的描述，将华北地区与中国建立起联系，比较华北地区与中国其他同等级地区的差异与联系；通过经纬度位置的描述，将中国与同纬度其他国家联系起来，比较它们之间的差异与联系等	

　　一旦将地理位置这一内容主题放在中学地理课程的范畴内进行整体定位，与以往教学相比，地理位置的教学内容就会更加丰富、深刻、有层次，学生对地理位置的理解将不断加深，运用地理位置分析解决地理问题的能力将会不断提升，将会体会到伴随而来的学习的乐趣，这样的学科教育才更有意义。中学地理课程中贯穿初、高中全学段的内容主题有很多，教师有必要对其做整体的学习进阶设计，使课程内容的组织更有层次。

3. 解析课程标准并将其转化为教学目标

教学目标主要是对课程标准中内容要求的具体化。因此，在制定教学目标前，教师需要对内容要求做清晰的解析。课程标准中内容要求的表述一般由四部分组成：主体是学生，在表述上一般被省略；内容是核心，一般在句式的后半部分表述出来；认知水平是对学生学习后的行为标准的描述，一般与内容整合在一起表述；过程或方法一般在句式的开始表述。比如，《普通高中地理课程标准（2017年版 2020年修订）》地理1中的内容要求："运用示意图等，说明大气受热过程与热力环流原理，并解释相关现象"。其中，主体是学生，内容是大气受热过程与热力环流原理、相关现象，认知水平是说明、解释，过程或方法是运用示意图。

将内容要求解析成具体教学目标实质上是回答要经过几步才能达到课程标准中的这一要求，那么就要为每一步设计一个教学目标，需要几步达到就设计几个教学目标。因此，教学目标是从学生学习可能性的视角，遵循最近发展区理论，对内容要求的分解和有序组织，要具有很强的可操作性、可观测性和可达到性。按照这样的思路，本课程标准点可以分解为如下教学目标：一是以小组为单位观察、演示实验现象，基于实验现象及过程绘制大气受热过程示意图，并说明大气受热过程的环节和形成原因，在此基础上归纳、概括热力环流的基本原理；二是运用热力环流的基本原理解释海陆风、城郊风、山谷风以及其他相关的生活现象，并从时空综合的角度分析大气冷热不均与大气运动之间的关系。

可见，解析课程标准采用分解、揭示、选择、开发等策略，将课程标准中的内容要求具体化，使其成为课堂教学中易于达到并可检测的教学目标和教学内容。为了避免将课程标准中的内容要求细碎化，也可以先将某特定的课程标准要求转化为一个总目标，再将总目标分解为几个阶段目标，这样可以保证在完成阶段目标的过程中兼顾总目标的完成，起到整合统领的效果。

案例分析

案例1-2对课程标准的理解和分析体现了教师对课程、学科和教学的理解。教学的本质是促进学生对知识的理解，教学中的矛盾和活动均是以理解为中心构建的，理解是可以借助外显行为表现的。地理学科核心素养导向下，依据内容标准的要求对本节的内容标准进行分解和细化，厘清学生应该理解什么，学生应该经历怎样的学习过程才能理解，怎样证明学生学习之后真的理解了等问题，从而确定具有情境化、可观测与可测量的逻辑递进的教学目标，为学生的学习提供支持，充分体现学生的主体地位。

对课程标准进行解析的过程，也是发挥课程标准在教学中的导向作用的过程。首先，教师全面把握课程标准中的内容要求，将本节课的落脚点放在了"通过野外观察或运用视频、图像，识别3~4种地貌，描述其景观的主要特点"这一课程标准要求上，将其作为本节课教学设计的逻辑起点是非常准确的，也发挥了课程标准的宏观指导作用。其次，从情境再现环节不难看出，教师理解了该课程标准旨在通过野外观察或运用视频、图像的教学过程与方法，针对地貌景观的主要特点这一教学内容，达到识别的认知水平。这也体现了课程标准在中观层面的指导作用。最后，为了落实该标准的要求，教师将本节课学生的学习结果定位在会描述上，学生如何能达到会描述的学习效果，教师将教学定位在方法的学习上，也就是教师依据课程标准的要求厘清了学生要学什么的问题。学生如何学能把方法学会呢？教师采用了材料感知景观—小组讨论景观游记—全班分享交流—师生概括方法—迁移应用解释的学习过程来保证学生达到学会描述的学习效果，并在迁移运用中评价学生是否已经学会，这也体现了课程标准的微观指导作用。

二、如何阅读教科书与分析教学内容

阅读教科书与分析教学内容需要区分教科书与教学内容有何不同。教科书是每位教师手里都有的、备课时采用的最重要的参考资料，有时也被称为狭义的教材。教学内容是教师根据教学目标要求及学生学习需求实际组织起来的，教学中所使用的所有资料及内容，有时也被称为广义的教材。解读教科书和整合教学内容的目的是实现教师从教教材到用教材教的转变。如果将教学内容等同于教科书，教学将陷入照本宣科的境地。新手教师进行教学内容分析最重要的是对教科书内容进行深度理解与二次开发，其目的在于确定教学目标和教学重点，并根据对教学内容的分析来选择和确定教学方法、教学手段、内容组织策略等。以下重点围绕教科书的阅读与使用来理解教学内容的分析，这是新手教师入门阶段的一个基本功。

📎 | 案例 1-3 |

初三地理复习课"等高线地形图的判读与应用"一课的教学内容分析[①]

本节教学内容属于"地图"部分。地图是学习地理的基本工具，识图用图是学习地理的基本技能。等高线地形图是等值线图中最典型的代表之一，它能够将三维立体的地表起伏形态转化到二维平面地图上，是用二维手段表示三维地表事物的常用方法。它的直观性和方便性使其成为制图学历史中一项重要的发明，也充分展示了古人在制图上的智慧。另外，它还可以反映不同空间尺度地形状况，不受景观图、模型的限制，广泛应用于各种地图和地理信息系统中。

各类等值线图的阅读方法和步骤具有共性，学会等高线地形图的判读将会起到触类旁通的作用，因此，等高线地形图的判读与应用是学生认识地球表层，学习世界地理和中国地理必备的基础知识和基本技能，既是初中地理教学的重点，也是高中地理教学的基础。

本节课是复习课，不同于新授课的认知水平要求。等高线地形图的判读与应用在新授课时一般要求达到识记（海拔、相对高度、等高线、地形部位等概念），理解（等高线的一般特点、地形部位的判读方法），应用（在简单的等高线地形图上判读地形部位及应用）的认知层次即可，属于低阶认知水平。但在复习课中需要达到应用、分析（归纳描述不同地形部位等高线形态特征及数值变化情况）、综合和评价（在真实情境中综合地图和等高线知识设计登山路线与观景活动等）的认知层次，属于较高阶认知水平。

问题聚焦

Q1：怎么阅读教科书？教科书中有哪些内容？这些内容都有哪些功能？

---

① 本案例由首都师范大学附属云岗中学的王秀菊老师提供，收入本书时有改动。

Q2：教科书中的内容是如何组织起来的？对教学内容分析有何启发？

Q3：如何进行教科书的二次开发并有效组织成教学内容？

Q4：如何依据教学内容确定教学重点？

（一）读懂教科书中不同类型的内容

中学地理教科书中有不同类型的内容，最基本的是文字内容、图示内容和图文结合内容三种类型。其中，文字内容部分又包括正文文字内容和辅助文字内容两种类型，图示内容部分又包括不同类型的图示内容和不同组合方式的图示内容(图 1-7)。

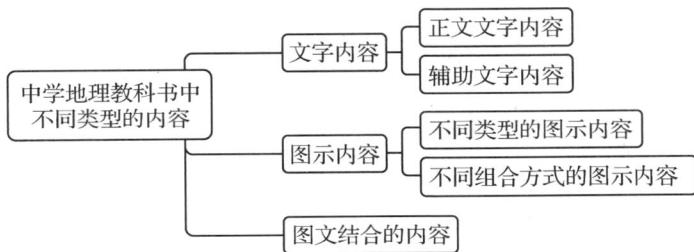

图 1-7　中学地理教科书中不同类型的内容

1. 区分教科书中的文字内容

教科书中不同类型的内容其教学功能不同，新手教师需要先读懂、读透教科书，准确区分教科书中不同类型的内容，并挖掘其恰当的教学功能，为教学设计服务。一般来说，教科书中的正文部分是教学内容的主体，辅助部分的文字多用于解释、说明、支撑或补充拓展正文内容。比如，初中地理教科书中的活动、阅读、拓展学习等，高中地理教科书中的读图思考、活动、案例、阅读、问题研究、知识拓展等多是辅助性内容。

从属性的角度看，教科书的正文可以分成两种属性的内容：一种是知识点，比如，初中地理教科书中的地球是一个球体；另一种是支撑知识点的各种事实性材料，比如，初中地理教科书中认识地球形状的过程所使用的信息，描述地球大小的平均半径、赤道周长和地球表面积等信息是支撑地球是一个球体的事实性材料。从知识分类的角度看，布卢姆把知识分为事实性知识、概念性知识、程序性知识和元认知知识四种类型。[①] 事实性知识是"是什么"的知识，如人造地球卫星从太空获取的地球影像、地球的平均半径约 6371 千米等。概念性知识是对事实性知识进行提炼和符号化，揭示关系和原理的知识，如地球是个球体等。程序性知识是关于如何做的知识，如用什么来证明地球是个球体等。元认知知识包括策略性知识、认知任务的知识和关于自我的知识。比如，怎样理解用地球半径、赤道周长和地球表面积三个数字大小来描述地球是个球体；认识到不同的形状采用不同的描述大小的办法，如果是球体的话，将用半径、周长、表面积大小来描述，如果是立方体的话将用边长来描述等。教科书的阅读也是一样的，要将教科书中的内容进行分类，明确哪些是支撑概念的事实性知识，哪些是概括出来的概念性知识，甚至还要认识到如何将概念性知识转化为程序性知识或者元认知知识。只有这样，教科书的阅读才能为教学内容的分析、组织及教学设计服务。

2. 区分不同类型的图示内容

地理教科书中的图示也是重要的教学内容，不能忽视、弱化，要深入挖掘其功能与价值，其背后的地理深意常常是提升地理思维的重点所在。地理教科书中的图示可以分为不同的类型，如地图、卫星影像图、景观图、示意图、统计图和结构图等。不同类型图示的抽象程度不同，教师在教学中可挖掘的地理意义和使用方法就不同。相比较而言，地图、卫星影像图和景观图等是相对直观的图示，以提取信息为主，并使读图的人在信息提取的基础上概括出结论。而示意图、统计图和结构图等相对抽象，读图的人不仅要从图中提取信息，而且要挖掘信息背后的地理内涵，建构地理思维，形成地理结论。比如，初中地理教科书中人造地球卫星从太空中获取的地球影像图属于卫星影像图，具有直观性的特点，读图的人可以直接从图中获取信息并归纳出结论；在地球的大小一图中，读图的人除了能读出平均半径、赤道周长、地球表面积分别是多少等基本信息外，还要在这些信息的基础上挖掘出如下

---

① ［美］安德森等：《布卢姆教育目标分类学：分类学视野下的学与教及其测评》修订本，蒋小平等译，21页，北京，外语教学与研究出版社，2009。

信息：一是地球是一个巨大的球体，二是描述球体的大小可以通过半径、周长、表面积等方面来进行。这些信息是不能从图中直接获取的，却是图示所要揭示的，需要读图的人将其挖掘出来，并将其转化为教学重点内容。

可见，区分教科书中内容的类型有利于确定教学重点内容。对于学生学习和发展而言，概念性知识比事实性知识更重要，揭示具体概念之间关系的上位概念比具体概念更重要，挖掘出地理图示背后的地理规律和地理思维比地理图示本身更重要。因此，阅读好教科书，区分好内容的类型，建构好内容的结构，挖掘好背后的深层理解，是阅读教科书、分析教学内容、确定教学重点的关键所在。

（二）读懂教科书中内容的不同组织方式

教科书中不同类型的内容是以不同的方式组织起来的，内容的组织方式不同，教学中对内容的开发和使用也就不同。地理教科书中的内容主要有以下三种组织方式。

1. 文字内容的组织

教科书中的文字内容在组织方式上主要有两种。一种是按照学科逻辑将内容组织起来。比如，地球在宇宙中—地球的形状与大小—地球仪—纬线和纬度—经线和经度—确定某地点的经纬度—地球的自转—地球的公转—地球运动对人类生产、生活的影响，按照上面几个内容主题展开的正文内容能很好地体现学科逻辑，也就是前面学习的学科知识能为后面学科知识的学习打下基础。另一种是按照学生学习的逻辑将内容组织起来。比如，学习目标、问题引领、活动、阅读、拓展学习等栏目的设计都是为了将学生的体验与要学习的知识之间建立起有机联系，让学生基于体验提升对知识的理解水平。教师在阅读教科书时需要把两种组织方式的内容进行有效的加工和处理。

2. 图示内容的组织

地理教科书中的图示资料有很多是组合在一起出现的，这样极大地提升了图示系统的教育价值。下面呈现几种教科书中比较典型的图示组织形式。

一是图像关联组合。即由于存在因果关联、时空关联等关系而组合在一起的图像。比如，初中地理教科书将"人类认识地球形状的过程"四组图文组织在一个版面空间中，其用意在于将四幅图整合在一起来思考问题，而不要处理成四个各自独立的地理图示。

二是子母图示组合。即子图嵌套在母图之上成组出现。比如，将四幅景观图与喀斯特地貌示意图组合在一起构成子母图（图1-8）。这种图在使用的时候需要将子图放在母图的背景中去理解，只有这样才能找到子图背后的地理道理。

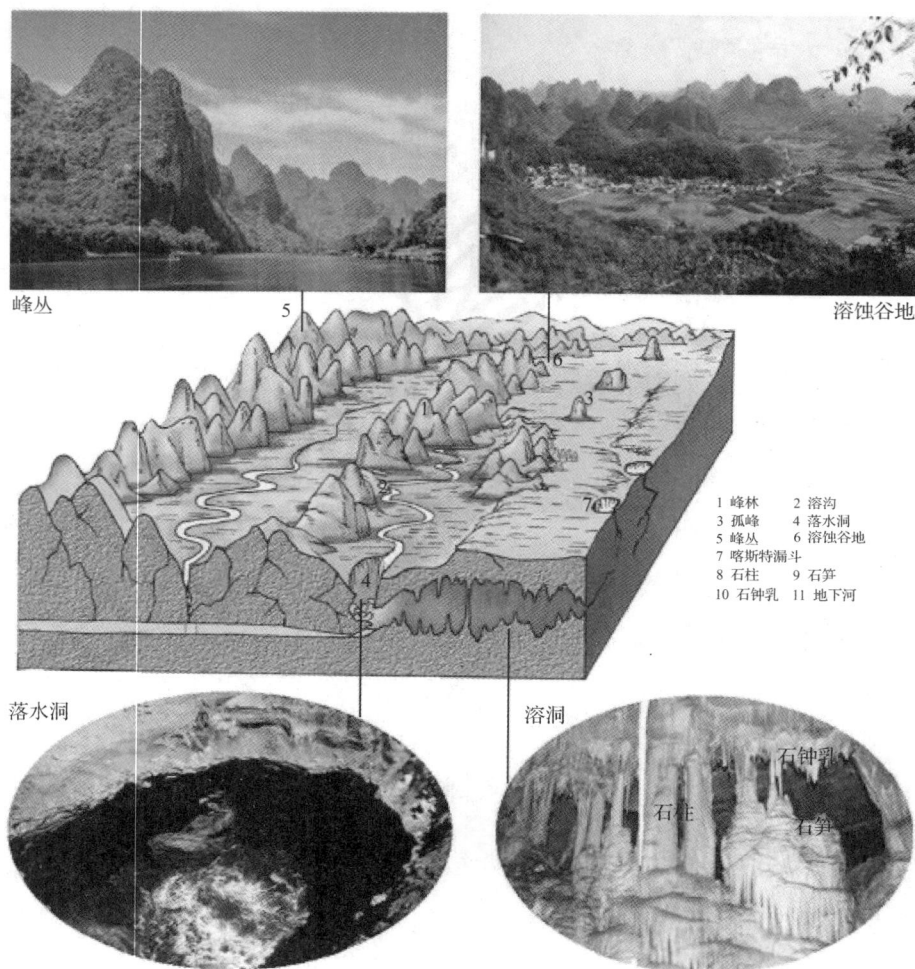

图 1-8 子母图示组合示例

（资料来源：2019年人教版普通高中教科书《地理》必修第一册第35页）

三是对比图示组合。即将相似的图像放在一起，通过比较来加深理解的图像组合。比如，将太平洋与大西洋、高纬度与中低纬度、表层海水与深层海水之间的海水平均盐度通过对比的方式进行组合呈现(图 1-9)。这种图的用意是使学生在比较、推理的过程中构建对知识的理解，在整体阅读比较的基础上实现理解，追求一加一大于二的效果，而不是把图示组合分解开来处理，那样就违背了图示之间对比组合的初衷，难以读出其背后深层的地理问题。

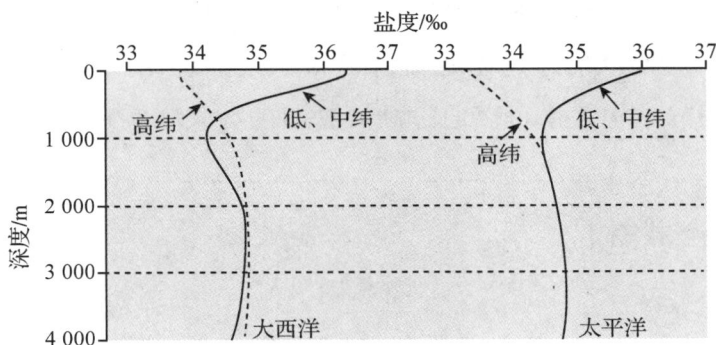

图 1-9　对比图示组合示例

(资料来源：2019 年中国地图出版社普通高中教科书《地理》必修第一册第 60 页)

四是不同类型图示的组合。也就是将不同类型的图示组织在一起进行呈现。这样有利于学生变换视角，从多角度分析地理问题，提升学生的地理思维水平，加深其对地理知识原理的理解。比如，将图 1-9 与 8 月世界海洋表层海水盐度的分布图组合在一起，学生不仅能获得海水盐度的垂直变化特点的信息，而且能获得世界海水盐度的水平变化特点的信息。多角度分析世界海水盐度的分布规律将有利于学生加深对所学知识的理解。

3. 文字与图示的组织

地理教科书中文字与图示常常组织在一起。几乎没有只阅读文字忽略图示，或只阅读图示舍去文字的时候，二者是相辅相成、互为补充的关系。教师在指导学生阅读文字时需要将其转化为图示来理解，在阅读图示时需要对其加以概括或解释，以文字或语言的形式表达出来，只有这样，才能使学生形成对地理事物的总体的、有理有据的认识。

（三）读出概念性知识之间的横纵结构关系

将教科书中的知识进行类型区分，实际上是在建立不同类型知识之间的联系。一般来说，可以从事实性知识中概括出概念性知识，将概念性知识转化为程序性知识，在此基础上通过反思形成元认知知识。

在概念性知识间建立起有机联系，有利于学生形成地理思维、加深理解地理概念并逐步形成对地理大概念的建构。因此，教师在阅读教科书时将概念性知识区分出来并建立起概念性知识之间的结构关系十分必要。概念性知识之间的结构关系可以通过画概念图的方式来实现。

✎ ｜理论书签｜

概念图

概念图由节点、链接和文字标注三部分构成。节点由几何图形、图案、文字等表示某个概念，每个节点表示一个概念，一般同一层级的概念用同种符号（图形）标识。链接表示不同节点间的有意义的关系，常用各种形式的线链接不同节点，表达了构图者对概念的理解程度。文字标注可以表示不同节点上的概念的关系，也可以详细阐述节点上的概念，还可以对整幅图进行说明。

比如，根据概念图的内涵和绘制方法，教师绘制了关于地球的形状与地球的大小两个概念之间的概念图（图1-10），进而形成了一个更大的、更具迁移功能的概念：依据物体的形状选择描述物体大小的方法。可见，概念图是教师和学生整合知识点、逐步形成大概念的有效途径。

依据物体的形状选择描述物体大小的方法

地球的形状	依据地球的形状 描述地球的大小	→	地球的大小
（地球是一个球体）			（地球体积巨大）

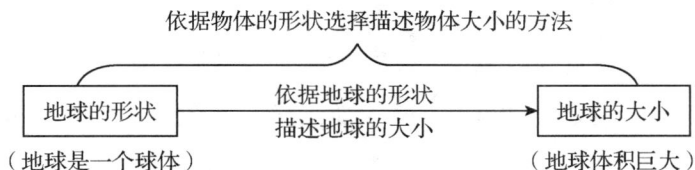

图 1-10　认识地球的形状与大小的概念图

在图 1-10 中，地球的形状和地球的大小是两个概念节点，箭头线是一个连接符号。"地球是一个球体"是对地球的形状这一节点的文字标注，"地球体积巨大"是对地球的大小这一节点的文字标注，"依据地球的形状描述地球的大小"是对地球的形状与地球的大小两个概念间的关系的文字标注，"依据物体的形状选择描述物体大小的方法"是对整个概念图的文字标注。这幅概念图不再出现地理事实性材料，而全部由概念性知识和程序性知识构成。

通过概念图建立概念性知识之间的结构关系对于新手教师来说有重要的意义。一是有利于新手教师整体把握教学内容、分出主次，找到概念图中的核心和关键概念，进而准确地确定教学重点。比如，在地球的形状与大小的概念图中，显然能看出地球的形状是关键，是教学重点。二是绘制概念图的过程能帮助教师和学生有意识地建构概念之间的纵向联系和横向联系，不仅利于揭示知识之间的逻辑关系及转化关系，而且利于建构不同内容之间的横向联系，发现不同内容之间的同一本质，进而建构出更上位的地理概念。比如，依据物体的形状选择描述物体大小的方法是一个程序性知识，是位于地球的形状和地球的大小两个概念之上的，是揭示二者本质联系的上位的概念，有了这个上位的概念，学生就能将地球的形状与大小同其他描述物体的形状与大小的实例横向联系起来，优化学生的认知模式。

（四）读出学生学习特定内容时的困难和特点

不同类型的教学内容特点不同，学生学习的困难程度也就不同。比如，事实性知识具有显性、感性、直观、真实等特点，学生理解事实性知识的难度很小；概念性知识具有抽象性、本质性、客观性等特点，学生学习难度增大，不易理解；方法性知识在教科书中常常是隐蔽的，需要特别地注意发现、提炼和概括，对学生来说是间接的学习内容，需要教师帮助挖掘并引导运用；元认知知识具有主观性、个性、差异性等特点，需要教师在教学中创造适当的教学条件和环境来引导。教师只有读出学生学习不同类型内容时遇到的不同困难和特点，才能有效地确定学生学习哪些内容是容易的，学习哪些内容是有困难的，进而准确确定教学难点和教学策略。比如，大气受热过程是一个宏观、抽象难懂、难以直接体验的原理性知识，学生对此缺少感性认知、整体体验和经验储备，为此，教师可以采用一些真实报道、阅读材料、演示实验等地理事实性知识等来创设学习情境，丰富学生体验，拉近学生经验与地理原理之间的距离，让宏观又抽象的地理过程和地理原理的学习变得易懂易会。相反，如果教学内容比较简单易懂，教师在选取教学策略时可以从丰富性和深刻性的角度入手，聚焦学生的实际获得。可见，教师在阅读分析教学内容时，掌握学生学习的特点是确定教学难点和教学策略的关键环节。

（五）进行教学内容开发与教学内容分析

新手教师需要基于对教科书的阅读与理解及学生的学习特点将教科书中的内容转化为教学内容，转化的过程实质上是教师结合学生的学习需要对教科书的内容进行二次开发和再次组织的过程。

1. 教学内容的开发

如果教科书中的事实性材料不足以帮助学生建构地理概念原理，教师就需要补充事实性材料，特别是针对教学重难点的学习补足事实材料十分必要。如果教科书中的事实性材料过多，教师需要有取舍、分主次地删减或重组，删减的基本原则是基于事实建构概念时，事实够用、恰当并有效。如果教科书中的结论不够充分，教师需要概括出结论，并挖掘隐性知识，或者补充、延伸相关的知识内容。

除了删减、补充和挖掘以外，教学内容的开发还包括更加宽泛的教学资源的开发和使用。教学资源是教师在教学过程中选择的各种材料，包括学习内容和学习资料，以及人、媒体、策略、方法和环境条件等所有能够改善并促进学与教的要素。教学资源包括教学环境、教学材料和教学支持系统三大部分。不同教学资源之间的关系决定了教师处理问题的难度、方法、策略，同时也会产生不同的教学效果。[1] 因此，合理地选择教学资源并细心地呈现教学资源是有效教学的基本要求。

教学资源本身没有优劣之分，但教学资源的选择有优劣之别。为教学服务是教学资源选择的基本原则。中学地理教学中有多种类型的教学资源需要进行合理的选择，如地理教学情境、地理教学案例、地理图表资料、地理课堂练习等。但不论哪种类型的教学资源在选择时都要遵循以下原则。

(1)精准切题原则。

可用于地理教学的资源非常多，生活中的现象、媒体中的信息等都可以作为中学地理教学资源，这就要求教师在筛选教学资源时要精准切题并且力求少而精。教学资源的基本功能不在于资源本身，而是要透过教学资源看到地理学科的概念、原理、规律、方法等。只有将地理知识融入情境之中，才能更容易被学生理解和掌握。因此，教师在选择教学资源时不是以数量取胜，而是以质量取胜。一个资源或一组资源就能支撑地理学习的话，就不必考虑增加资源的数量。

(2)真实有效原则。

教师在课堂教学时所选取的教学资源要真实有效。真实的教学资源要源于生活并贴近学生的生活经验，也只有真实的教学资源才会引发学生真实的思考，引发课堂真实的对话，让课堂讨论落到实处。有效的教学资源是指所用的教学资源能为学生建构知识、实现教学目标服务，能与教学内容相宜，与教学过程相融。在实际教学中，服务于教学目标的达成是情境使用的最基本原则，再鲜活的情境如果不能与教学目标建立联系，那么，这个情境也是不可取的。相反，如果一个教学情境能支撑教学目标的实现，那么，这个情境就是有效的。

(3)从"新"选择原则。

在教学资源非常丰富的情况下应该从"新"选择。教学资源本身也是一

---

[1]　周照鹏：《合理选择教学资源有效提升教学效果》，载《中国教育学刊》，2017(S1)。

种知识资源，最新的教学资源不仅能让学生学习到最新的知识，而且能激发学生学习的愿望，吸引学生深度投入情境的分析中来，带来良性的课堂生成，实现对教学资源背后的地理道理的深刻理解。教师为了能有效运用最新的教学资源，应自觉关注时事新闻、官方网站的数据等，提升捕捉资源背后地理意义的敏感度，从而提升自身专业素养。

(4)适合学生原则。

教学资源要适合学生的实际水平。因此，资源本身的难度要合适，可以略高于学生的认知水平，最好在学生的最近发展区进行资源的选择。比如，情境就其本义来说，是一个比较感性化的教学环境，一般不需要教师专门去解释。但如果情境的设置远离学生的生活经历，感性的情境有时就会变成更难理解的事物而需要教师专门加以解释。这样的情境设置，不仅没有帮助学生理解，反而增加了学生的认知负荷，甚至成了学生学习的障碍。这也是教师在为学生设置教学情境过程中可能会遇到的困难之一，即学生缺乏感知情境的生活经验，会使教师的精心设计前功尽弃。

此外，在教学资源的选择上还要遵循科学性、适量性、经济性、安全性等方面的原则。建议教师从权威的网站、学术著作及学术期刊中查阅相关的教学资源，并结合教学目标进行有目的的筛选和合理的组织，最终形成能有效支撑学生学习的教学内容。

2. 教学内容的结构

将教学内容组织在一个结构里有利于学生理解，如果教科书中的某个内容与其他内容不在一个结构中表述，则需要教师以基本问题的思路将内容整合到一个完整的结构中。比如，2019年人教版普通高中教科书《地理》必修第二册第二章第二节"城镇化"一节的最后一个标题——"地理信息技术在城市管理中的应用"与教材前面的内容表象上不在一个体系中，我们结合前面的内容，将其整合在一个基本问题体系中加以理解，就会变得更加清晰。前面的几部分内容分别阐述了什么是城镇化，为什么要城镇化，城镇化是一个怎样的过程和有什么特点，城镇化过程会对人们的生产生活带来怎样的影响。一旦这样结构化之后，我们就会发现，地理信息技术在城市管理中的应用的内容应该在城镇化过程会对人们的生产生活带来怎样的影响的问题下加以思考和分析。

由此不难理解，为什么在进行教学内容分析中，常常会将特定的教学内容纳入宽泛的内容范畴中，并找到内容的整体结构，从中确立本节课的教学地位和作用了。这样做就是为了在整体的内容结构中区分内容类型，进行教学内容取舍，把握教学重点，分析学习特点，确定教学策略。所以，教学内容分析常常要整体把握特定内容在学段中、单元中与其他内容之间的结构关系，从中确定本课内容的地位和作用；还要分析本课各个内容间的结构关系，目的就是在厘清内容结构关系的基础上确定教学重点。

案例分析

案例 1-3 中的教学内容分析主要体现了以下特点。一是等高线地形图属于抽象程度比较高的地图，需要深入挖掘其内涵。案例在等高线地形图的基础上深入挖掘了等值线地图的功能和育人价值，不仅将等高线地形图的判读与使用定位在基本的地理知识和地理技能上，而且体现了等值线地图判读对学生地理思维的培养，以及在地理学科中作为一种学科方法的价值。二是站在初中地理课程的视角，整体把握等高线地形图的判读与应用的地位和作用，站在知识的整体结构视角确定本课内容的重要性。三是对同一知识点的新授课与复习课做了学生认知水平的进阶分析，这样的分析，为合理确定本课的教学目标、教学重难点都提供了有力支撑。

三、如何进行学情分析

美国教育心理学家奥苏伯尔指出：如果我们不得不将教育心理学还原为一条原理的话，我将会说，影响学习的最重要因素是学生已经知道了什么，我们应当根据学生原有的知识状况进行教学。因此，准确把握学生的学习起点情况，对确定教学目标至关重要。但是，新手教师还没有更多的教学经历，摸清学生情况并非一件易事。因此，这里主要帮助新手教师掌握课前学习起点的实证分析方法，以便能基于学情的实证分析，确定合理的教学目标和恰当的教学策略。

📎 | 案例 1-4 |

初中地理"地方文化特色"一课的学情分析①

在初中地理"地方文化特色"一课的教学中，授课教师拟以北京市的四合院为例，让学生探讨四合院与自然地理环境之间的关系，进而使其认识到传统民居与自然地理环境的关系以及各类地方文化景观与自然地理的关系。然而，教师从教学开始前对学生进行的课前访谈调研中发现，虽然自己的学生都是生活在北京的孩子，但是实际上他们对四合院知之甚少，学生对四合院的理解仅仅停留在：四合院的平面布局是方形的，四合院是封闭的。其他的就说不出来什么了。对于什么叫文化、什么是地方文化，学生更是分辨不清。显然，这种情况已经成了学生学习本课重点内容——地方文化景观与自然环境的关系的障碍，是学生在本课学习中需要突破的教学难点。教师只有清楚地知道自己的学生对所学新知识知道什么，知道到什么程度，才能有的放矢地选择合理有效的教学策略进行教学，帮助学生更加顺利、高效地学习。由此，授课教师采用了看北京文化的相关视频、设计北京典型四合院的实地考察任务记录单、进行分组实地考察、制作四合院模型、编制地理考察及学习思考的视频短片等教学策略，帮助学生充分描述北京四合院这一地方文化景观的特征，并分析文化景观形成的地理原因。

问题聚焦

Q1：什么是学情分析？

Q2：为什么要进行学情分析？

Q3：怎样进行学情分析？

Q4：如何基于学情分析确定教学目标？

学情是指学习者在某一段特定时间内或某一项学习活动中的学习状态，它包括学生已有的地理知识，学生已有的生活经验和生活常识，学生的年

---

① 本案例由北京市大成学校的张舜英老师提供，收入本书时有改动。

龄和学习心理特征，特定的内容与学生学习能力的偏差，学生学习风格、习惯、兴趣的差异等诸多要素。它具有客观性、动态性、可知性、多样性、可变性等特征。学情分析是一个包括课前学习起点分析、课中学习状态分析、课后学习效果分析的连续体，是一个基于循证不断更新、循环往复的过程。教师在这个循环往复的过程中，实现学情的分析与教学过程的整合，实现教学策略与评价诊断的有机融合。[①] 可见，全面且有针对性的学情分析是教学目标设定的基础，是教学内容把握的依据，是教学策略选择和教学活动推进的有力抓手。没有实证性的学情分析，教学目标会是空中楼阁，教学内容组织会无的放矢，教学策略会是教师的一厢情愿。没有掌握系统的学情分析的方法，教学设计就会陷入经验主义的束缚。

（一）掌握常用的学情分析方法

进行学情分析时，运用多元分析方法与多维分析视角，得到的分析结果会更为可靠，对教学目标的制定也更有指导价值。下面分别介绍几种常用的学情分析方法。[②]

1. 经验分析法

经验分析法是教师基于已有的教学经验对学情进行分析与研究的方法。一般来说，教师自身的教学经验越丰富、全面，对自身教学经验的反思与总结越深入，对学情的分析就越易于进行，易于深入，其分析结果也更有教学价值。因此，经验分析法是进行学情分析的常用方法之一，但仅仅依靠经验分析法进行学情分析是远远不够的，还需要有一定的教育教学理论作为支撑，只有这样，才能使学情分析不至于陷入经验主义和主观主义的泥潭中而不能自拔。

2. 自然观察法

自然观察法是在自然条件下对学生个体的言谈、举止、表情等进行有目的、有计划的观察，以了解其心理活动的方法。教师在课上、课下要多注意观察学生在学习过程中各种外在的行为表现及学习情绪、学习态度等的自然

---

① 李宝荣：《英语学科学情分析的内容与方法》，载《中小学外语教学（中学篇）》，2016(6)。
② 马文杰、鲍建生：《"学情分析"：功能、内容和方法》，载《教育科学研究》，2013(9)。

流露，以便对学生的学习情况和学习态度等有较为深入而全面的了解。[①]

3. 资料分析法

资料分析法即教师基于已有的文字记载材料（包括档案袋、笔记本、作业和试卷等），间接了解、分析学生基本情况的一种研究方法。通过查阅相关资料，教师可以比较系统地了解学生的学习、生活、思想、个性以及家庭背景等方面的基本情况，这对全面了解学生的学习情况具有重要价值，对教学定向与教学预设具有重要指导作用。[②]另外，教师还可以通过专门设计的试题、作业或任务对学生已有知识储备进行检测与分析。

4. 调查法

调查法即教师通过选用或设计相关的问卷对学生的已有学习经验、学习态度、学习动机和学习期望等进行较为全面、深入的了解，并通过多元的统计分析，为教学活动提供更进一步的量化与质性数据的一种研究方法。问卷的设计要满足科学性与有效性的基本要求，问卷中的问题要能客观、准确、全面地反映研究对象的实际状况，并与教学目标直接相关。问题的表述要客观、准确、简洁、通俗易懂，避免在问题中带有任何暗示性或倾向性的表述。一个问号前只能设置一个问题，不能在一个问号前设置多个问题。整个问卷应该主题突出，简明扼要，便于学生回答，便于教师进行统计与分析。[③]

5. 访谈法

访谈法即通过教师与学生口头谈话的方式从学生那里收集第一手资料的一种研究方法。通过一定深度的访谈，教师可以深入地了解学生的已有知识储备、已有学习经验及其学习态度、学习动机等方面详细、深入的信息，为教学活动的有效开展提供更进一步的信息。另外，运用多元分析方法对访谈资料进行全面深入分析，并进行科学合理的深度解读，也是访谈资料发挥其应有作用与价值的重要环节。

---

① 吴银银：《高中生物学教学设计的学情分析：价值、内涵与方法》，载《教育探索》，2011(2)。
② 吴银银：《高中生物学教学设计的学情分析：价值、内涵与方法》，载《教育探索》，2011(2)。
③ 钱军先：《学情分析：有效教学的核心和关键》，载《教育研究与评论（中学教育教学）》，2009(8)。

学情分析的方法并不唯一，且常常是多种方法结合在一起进行的，但不论采用哪一种方法或者几种方法，最为关键的是教师要从中获得真实的学生学习的情况，并对照课程标准要求确定学生学习特定内容的学情起点。教学设计也要基于学情分析中的实证来展开，教学的起点也一定是学生学情的实际。比如，教师计划在课上讲解气温曲线和降水量柱状图的绘制及气候特征的判读，那么，课前就应该请学生基于资料绘制气温曲线和降水量柱状图，并让学生概括其气候特征，教师上课时就要基于学生绘制的图示中暴露出的学习基础和问题开展新课的授课。再如，高中地理教师在讲授"交通运输布局对区域发展的影响"一课时，课前设计了学生对本地交通运输布局及发展情况的实践调查，那么，课上所有知识的学习都要基于学生实践调查过程中的认识和理解以及实践调查的结果来展开，帮助学生澄清概念、解决问题，这样的教学才是基于学情实证的有效教学。

（二）明确基本的学情分析内容

在进行学情分析时，教师应根据地理课程标准要求、教学内容特点，从学生已知、想知和怎么知三方面出发[①]，实证性地分析学生学习特定内容时的具体情况（表 1-8）。

表 1-8　地理教学设计中学情分析的主要内容

主要内容		具体内容
已知	已有的生活经验	与特定学习内容相关联的生活中的地理现象、地理问题、生活经验和生活常识等
	已有的知识储备	学习特定内容所需要的地理事实性知识、地理概念性知识及地理技能与方法的知识等
	已有的认知水平	学习特定内容时已有知识的认知结构和认知水平
想知	学习能力与学习动机	认知习惯、认知能力、学习能力以及学习特定内容的好奇心、兴趣度、学习态度与学习需求等
怎么知	学习风格	学生的认知风格、认知差异等

---

① 温绣娟、刘建平：《中学地理教学设计中学情分析的问题与优化策略》，载《中学地理教学参考》，2015（12）。

因此，学情分析要围绕所学知识确定学生的已有经验和能力、学习动机和学习风格，寻找学生的最近发展区和教学生长点。

（三）掌握学情分析的操作方法

1. 摸清学生已有知识经验和认知水平，恰当定位教学起点

前面的课程标准分析和教学内容分析是分析学生需要学什么、学到什么程度；这里的学情分析是分析学生学习这些内容、达到这些标准还差什么，差到什么程度。如果没有学情分析，教学目标的制定将会是教师预想的教学目标，目标的实现有较大的风险。因此，学情分析的本质功能就是改变教师预想的教学目标。只有这样才能避免与学生实际水平不匹配的高起点教学和低起点教学所带来的教学低效和无效现象，才能避免教师不自觉地以自己的认知水平来衡量教学内容的难易导致教学效果不佳的问题。总而言之，只有从学生的实际学情出发，恰当定位教学起点，地理课堂教学才能是高效的。

然而，现实中很少有教师能够在课前拿出有目的、有方法的学情调查的实证数据。很多教师所呈现的学情分析大多是学情介绍，如学生的基本情况、年龄特点、整体学习状况等，缺少对学生针对具体学习内容所具备的地理知识、地理技能、地理观念等的具体分析，缺乏对学生学习特定内容所遇到的困难、障碍的具体分析，导致教学目标和教学过程的针对性不足。比如，在学习初中地理"地方文化特色"一课之前，学生对四合院知之甚少，如果教师不了解这个学情，将教学定位在以北京四合院为例认识地方文化景观与自然环境的关系，学生的学习就会困难重重，所学知识仿佛是空中楼阁，教学目标的完成度就会受到影响。因此，运用一定的学情分析方法，摸清学生的实际知识储备和已有生活经验，能帮助教师确定恰当的教学起点，帮助学生有效构建新的认知结构。

2. 找准现实学情与理论学情间的"落差"，灵活处理教学内容和目标

学情包括理论学情和现实学情。理论学情是指学生按照教学进度应该具有的知识基础和能力水平，它是课程专家根据教材的逻辑结构和大多数学生的学习状况而预设的一种标准，是静态的、封闭的。现实学情是指学

生通过学习实际具备的知识基础、学习能力、思维水平等，它是学生真实的学习所得，是动态的、开放的。理论学情与现实学情的关系比较复杂，可能是一致的，也可能是理论学情的水平高，还可能是现实学情的水平高。[①]

要构建高效地理课堂，就要摸清理论学情与现实学情，将两者进行比照，在此基础上制定恰当有效的教材处理策略和课堂教学应变策略。若现实学情与理论学情一致，就要把握好教材，引导学生找到新旧知识的联结点，找准新知识的生长点，将教材的知识结构转化为学生的认知结构。当现实学情低于理论学情时，应该灵活处理教材，适当降低教学难度，放慢教学节奏，或者借助辅助性材料帮助学生理解教材内容，还要对教材进行合理的加工、改造，重组出具有参与性、思考性的教学活动。当现实学情高于理论学情时，教师要尊重学生基础，适当提高教学目标定位，拓展教学内容，加快节奏，注重思维训练，尤其要研究哪些内容少讲或不讲，并做出果断的取舍，还可从其他地理资料中筛选或补充内容，帮助学生深化或升华对所学内容及思想方法的理解。

因此，在学习新知识前，教师要分析不同班级学生理解掌握新知识的能力如何、学习新的操作技能的能力如何，当特定学习内容与学生学习能力有较大偏差时，教师可帮助学生搭建学习支架，设计一组连贯递进的教学目标；也可以把难度、思维跨度较大的内容转化为问题并将问题进行分解，降低思维难度，使之成为一系列循序渐进的小问题，形成问题链，把学生的理解逐步引向深入，从而突破难度大、思维跨度大的内容的学习困难；还可以搭建联系旧知识的支架，帮助学生顺利构建新的认知结构。例如，对高一学生来说，学习"大规模的海水运动"有一定的困难，因为该学习内容比较抽象，对空间思维、知识储备要求较高，教师需在学生容易出现理解瓶颈的地方搭建支架，可寻找学生前面已经学过的大气环流、地转偏向力、海陆轮廓等，借助已有发展区寻找学生的最近发展区，巧妙设计、搭建教学支架，将学生觉得复杂且难以理解的地理问题简化，帮助学生达

---

① 李金国：《基于学情分析的高效地理课堂构建策略》，载《地理教学》，2013(7)。

到最近发展区，从而促进教学目标的完成。

3. 根据学生的认知风格和心理年龄特点，调整教学方法和教学策略

学生的认知风格和心理年龄特点是不容忽视的一个问题。认知风格也称认知倾向，指学习者在认知即信息加工和组织过程中，表现在认知方式方面的稳定的独特倾向。具体表现在学习者个体对外界信息的感知、注意、思考、记忆和解决问题的方式上。具有不同认知倾向的学习者对于信息的加工、处理方式是有差异的。例如，有些班级思维活跃、反应迅速，群体思维外显，但往往思维深度不够、准确性相对欠缺，教师可以通过问题冲突的形式引导学生经历学习的过程，并注意个体的思维提炼；有些班级群体思维内敛、较为沉闷，但可能具有一定的思维深度，教师要多鼓励学生进行思维的交流，引导学生在建构和协同中内化知识、方法，优化知识结构。

心理学研究表明，学生个体的认知主要表现为依存型与独立型、沉思型与冲动型等。依存型的学生喜欢在有人际交流的集体环境中学习，较依赖于学习材料的预先组织，学习中需要有较明确的指导和讲授。独立型的学生喜欢独立思考、个人学习，独立对事物做出判断，对信息材料加工、处理得较好。沉思型的学生在有几种可能解答的问题情境中，往往会在深思熟虑后才做出判断，且较为准确。冲动型的学生则往往会迅速地对问题做出反应，且常常出现错误。所以在教学活动中，教师应结合学生的认知倾向，根据学生的认知差异不断改进教学方法和教学策略，调整教学内容和教学目标，努力做到因材施教。例如，对依存型的学生，注意培养其独立思考的能力；对冲动型的学生，注意培养其有条理地、细心地分析问题和解决问题的能力等。另外，在组织学习小组时，教师如能根据学生情况，将具有不同认知倾向的学生组合在一起，让他们在小组学习中，依据各自不同的特点去研究分析问题，相互取长补短，可以帮助学生更深入、全面地分析问题和解决问题。在这样的小组活动中，具有不同认知倾向的学生相互影响，也有助于认知倾向的培养和调整。[1]

---

① 李金国：《基于学情分析的高效地理课堂构建策略》，载《地理教学》，2013(7)。

　　具有不同认知风格的学生也会采用不同的学习风格。比如，独立型的学生在自习时遇到不理解的问题，会坚持自己思考并最终给出自己的答案，思考自己的学习步骤并找到自己感觉最合适的学习方法，在课堂上一遇到问题就立刻打断教师并提问；而依存型的学生在自习时，遇到不懂的问题就向同伴求助，注意教师说过的每一句话并按照教师要求的方法学习，严格遵守课堂纪律。因此，教师需要通过课堂观察、作业或访谈了解学生的认知风格，采用有针对性的教学策略。

　　心理年龄特点也是需要教师关注的。根据皮亚杰的认知发展阶段理论，中学生逐渐从形象思维向抽象逻辑思维转变，不仅能对具体的现实进行推理，而且可以对假设和抽象的可能性进行推理。教师要注意学生心理发展特点的差异性，有的学生可能抽象思维能力较好，但很多学生仍然需要借助直观材料来理解和推理。

　　当下比较成熟的教育理论与学习理论，如认知发展阶段理论、当代社会建构主义理论、多元智能理论等，可以为学情分析提供基本的分析依据、分析视角与分析方法。在进行学情分析的过程中，教师结合具体的学习对象、学习内容、学习环境以及学习过程等进行更加具体而深入的分析，从而揭示学生的个性化学习特征与心理特征，为教学活动提供更为具体、更有针对性的指导信息。

　　案例分析

　　案例 1-4 的教学设计是基于学生已有的经验基础的。教师在开始备课时，调查学生对什么是文化、什么是地方文化、什么是四合院的认知，调查结果让教师大吃一惊，学生虽生活在北京，但对北京四合院了解甚少。学生普遍说不清楚什么是文化和地方文化；很多学生不知道什么是四合院，他们能说出来的是四合院的平面布局是方形的，四合院是封闭的，仅此而已。

　　不解决什么是文化、什么是地方文化、什么是四合院的问题，谈何以四合院为例探讨地方文化景观与自然地理环境的关系呢？这些成为学生学习本课的障碍点。基于这样的学情诊断，教师有针对性地设计了以下几个教学策略。

　　首先，让学生在课堂上分组区分文化现象与非文化现象，区分地方文化现象与非地方文化现象（图 1-11）。学生在讨论中不断地澄清概念的内涵和外延，便于对两个概念的理解，而不是满足于记下两个概念的定义。

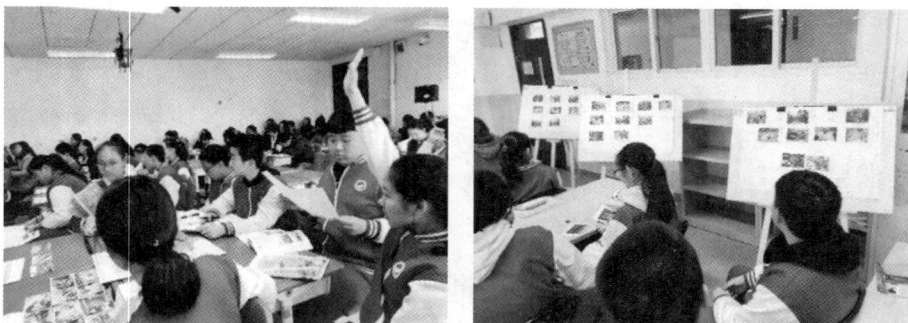

图 1-11　学生在课堂上进行概念区分的现场

　　其次，关于对四合院的认识，教师采用了多种形式、多个步骤帮助学生充分理解什么是四合院，为后面的教学重点打下基础。学生先观看了关于北京四合院的纪录片，然后分小组选择北京典型的四合院制定路线，对四合院景观进行初步观察、记录和分析，并制作了四合院的模型及四合院实地考察的宣传短片（图 1-12）。在这个过程中，学生从多个角度了解了北京四合院，并对其产生兴趣且能发现四合院的很多特点，从而产生很多有价值的问题，这对学生参与本节课的学习具有很强的吸引力，极大地调动了他们学习的主动性。

图 1-12　学生的课前实践活动

　　最后，让学生在实地考察的基础上发现问题、解决问题，展开本课的学习。学生在实地考察的过程中都有一个考察记录单，他们要把真实看到的内容记录在记录单上，并从记录单上提取信息在课堂教学中进行研究，破解地理原因（图 1-13）。

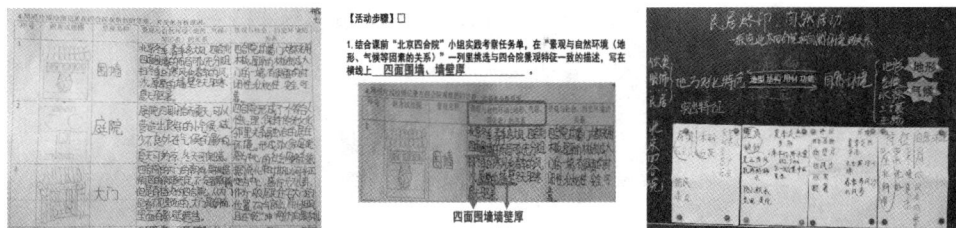

图 1-13　学生的实践记录单及基于记录单的课堂学习

可见，本课的每一个学习环节的设计及展开都是基于学生的已有经验进行的，而不是教师觉得应该讲什么。按照学生的认知基础展开深度思考，学习指向了目标的完成方向，是"以学生为本"教学的显著特征之一。

四、如何制定和表述教学目标

课程标准明确了教学的内容范围与能力要求；读懂教科书确定教什么知识以及知识的类型与层次，确定了教学重点和由内容本身带来的难点；分析学生的认知基础、学习风格与年龄特点可以帮助教师进一步明确学生的学习起点、学习难点，以确定教学目标。那么下一步需要做的是制定和表述出可操作、可实现、可测评的教学目标。

案例 1-5

同样是"日本"一课，教学目标怎么差别这么大？

"日本"是初中地理的教学内容，下面是来自不同教师关于"日本"一课的教学目标设计。同样的一节课，教学目标的设计怎么差别如此之大？哪一个教学目标的设计更合理呢？

第一个案例

（一）知识与技能

1. 在地图上指出日本的地理位置、领土组成和首都。

2. 根据地图和其他资料概括日本自然环境的基本特点。

3. 运用地图和其他资料，联系日本自然环境的特点，分析日本的工业发展特点及成因，理解日本如何因地制宜发展经济。

4. 根据地图和其他资料说出日本的人口和民族构成，以及文化的特点；了解中国和日本的文化交流。

（二）过程与方法

1. 以 2015 年意大利米兰世博会招募志愿者的情境贯穿始终，每一个问题都在该情境中巧妙设置，学生在不知不觉中开阔了视野，在轻松的氛围中学到了知识。

2. 通过阅读地图、描图、析图等形式，学生初步认识一个国家的自然环境、经济发展状况等，在不断的读图分析中积累知识和方法，形成理性的认识。

3. 通过独立思考、小组讨论等形式，学生把零碎知识系统化，把难理解的问题易懂化。

4. 通过自我评估，建立知识网状结构，学生对知识形成更为系统的认识，从而达到自我提升的目的。

（三）情感、态度与价值观

1. 通过情境设计，营造良好的学习氛围，激发学生的学习兴趣。

2. 通过小组合作学习的方式，培养学生的探究意识，提高其合作解决问题的能力。

3. 通过对日本防震减灾方面知识的学习，增强学生珍视生命的意识。

4. 使学生从日本工业发展过程中认识科学技术对经济发展的促进作用，增强学习的自觉性。

5. 使学生通过对日本的学习，感受日本经济、文化等方面的发展与其他国家的密切关系。

第二个案例

通过阅读地图和资料，分析日本的地形和气候等自然环境方面的特点，使学生初步学会用比较法和综合法概括日本的自然环境特征。

第三个案例

1. 了解日本的地理位置、领土组成及首都等重要城市和海港的位置。

2. 概括日本的地形特点、气候特点、文化特点以及日本的交通运输特点。

3. 举例说明日本与我国在经济、贸易、文化等方面的联系密切。

问题聚焦

Q1：怎么撰写一份规范的教学目标？

Q2：怎样设计一份合理的教学目标？

Q3：如何将教学目标运用到教学设计中？

◉ | **体验活动** |

理解教学目标的三个维度

体验目标：

感受目标及目标完成过程中包含的目标要素。

体验准备：

一杯装满热水的杯子，一个钥匙包（或其他物品），有桌椅的教室。

体验过程：

1. 请两位学员教师分别将教室前面的某物品放到教室后面的桌子上，其中一位教师要将钥匙包放到教室后面的桌子上，另一位教师要将装满热水的杯子放到教室后面的桌子上，放的过程中水不能洒出来。

2. 其他人观察、思考两位教师的目标是什么，目标完成情况如何，促使目标完成的基本要素有哪些。

（一）理解教学目标的表述规范

教学目标是教学活动后的预期结果状态，这种结果状态往往通过行为变化得以体现。规范的教学目标应该能清楚回答学生在一段特定的时间内要学什么、怎么学、学到什么程度。在教学目标中清楚表述出以上三个问题，可以从下面三个策略入手。

1. 规范的教学目标需要将三维目标整合表述

任何一个目标的完成都要由任务完成者，具体任务内容，任务完成的过程与方法，任务完成的情感、态度和价值观四个要素组成，缺一不可。比如在上面的体验活动中，手端热水杯的人需要掌握端水杯走路的基本知识与技能，需要端着水杯走过去（或者挪过去，或者跑过去等）的过程与方法，更需要有慢一点、稳一点，尽可能不要让水从杯中洒出去的基本态度和价值观支持，才能很好地完成将一杯装满热水的杯子放到教室后面的桌子上的任务目标。教学目标也是如此。由此，我们提出了撰写一份规范的教学目标需要将知识与技能，过程与方法，情感、态度与价值观三个维度整合在一起进行表达，而不是像前面第一个案例那样分开表述。分开表述的教学目标脱离了目标完成时本身的客观特点，也会由目标数量过多导致教师授课前难以做到心中有数。

2. 规范的教学目标要由 ABCD 四部分信息构成

教学目标应规定学生在教与学活动结束后能表现出什么样的学业行为，并限定学生学习过程中知识、技能的获得和情感态度发展的层次、范围、方式及变化效果的量度。

> **理论书签**
>
> #### 马杰的 ABCD 教学目标表述法
>
> 行为观的代表马杰(R. F. Mager)将教学目标的表述发展为 ABCD 教学目标表述法。[1] A(audience)即主体，意为学习者，教学目标的主体一定是学生，是目标表述句中的主语，但在表述上常常被省略；B(behavior)即行为，意为通过学习期待学习者能做出的行为，是目标表述句中的谓语和宾语，也是教学目标表述中最核心的内容，不能省略；C(conditions)即条件，意为上述行为在什么条件或情况下产生，在精细化的课时教学目标设计中往往会非常明确、具体地表述出来，但在比较宏观的单元教学设计中有时也可以省略表述，直接表述出行为目标 B 即可；D(degree)即程度，意为学习者在学习后必须表现出来的熟练程度或正确程度，一般是一种百分数的量度，是目标完成的最低表现水平的数量刻画。

---

[1] ［美］唐纳德·R. 克里克山克、德博拉·贝纳·詹金斯、金·K. 梅特卡夫：《教师指南》第 4 版，祝平译，167～169 页，南京，江苏教育出版社，2007。

在 ABCD 教学目标表述法的指导下，一个规范的教学目标表述应该是下面这样的：

本节课结束后：①全体学生（100％）能借助北京视频宣传片、文字资料等归纳并概括出北京的城市职能；②大部分学生（约 80％）能通过古都选址与当今首都北京选址的比较，初步分析北京城市职能的地理条件；③部分学生（约 70％）能在广泛了解北京城市发展成就的基础上，大胆提出未来北京市的发展设想。

其中，全体（100％）、大部分（约 80％）、部分（约 70％）是 D，指目标完成的熟练程度或正确程度；学生是 A，指目标的主体；借助北京视频宣传片、文字资料等，通过古都选址与当今首都北京选址的比较，在广泛了解北京城市发展成就的基础上是 C，指学生在什么条件下发生预期的行为；归纳并概括出北京的城市职能、初步分析北京城市职能的地理条件、大胆提出未来北京市的发展设想是 B，指通过该学习期待学生能做出的行为，常用谓语＋宾语的形式表述，是教学目标表述中的核心内容。

很多教师在制定教学目标时常常忽略对程度（D）这个要素的考虑和设计，导致教学目标缺乏真实性。有些教师明明知道每个教学目标在一个课时的时间段内的可完成度不可能都是 100％，有些教学目标需要在一段时间内逐步完成，需要经历一个螺旋上升的课程学习过程，但在进行教学目标设计时不去做学习效果程度上的区分设计，这一点还是比较遗憾的。

依此，第二个案例中的教学目标"通过阅读地图和资料，分析日本的地形和气候等自然环境方面的特点，使学生初步学会用比较法和综合法概括日本的自然环境特征"存在以下需要优化的地方：第一，"使学生"的表述使得行为主体不是学生而是教师。第二，"通过阅读地图和资料"的行为条件不够明确，通过什么地图和什么资料来学习日本自然环境特征需要在教学目标中呈现出来。第三，缺少行为程度的设计，比如，学习之后，有多大比例的学生能正确或熟练地分析日本的地形、气候特征，有多大比例的学生能概括日本的自然环境特征，也是需要设计的。第四，分析日本的地形和气候特征与概括日本的自然环境特征的行为效果层次不当，地形和气候特征是自然环境要素特征的描述，运用地图等资料归纳、概括即可，但是认识日本的自然环境特征却是综合各个自然要素并找到主导要素后的思维过程，因此用综合法分析更为恰当。

基于以上思考，将第二个案例按照 ABCD 教学目标表述法进行修改后表述如下：

本课学习结束后，有 100%（D）的学生（A）能从日本地形图和日本气候图中（C）归纳、概括日本的地形和气候特征（B），大约有 80%（D）的学生（A）能运用比较法和综合法（C）分析日本的自然环境特征（B）。

可见，制定和表述教学目标时要慎重考虑主体、行为、条件、程度四个要素。也就是说，一个规范的教学目标要清晰地回答出：学生在何条件下将何内容以何行为学到何种程度。制定详细具体的教学目标，能让新手教师在初期授课阶段更有安全感，意识到学生的存在，想清楚将让学生掌握什么知识，完成什么操作。因此，对于新手教师来说，撰写规范的教学目标具有重要的意义。

3. 规范的教学目标要用行为动词来确保其可观察和可测评

ABCD 教学目标表述法强调用行为动词来表达学生学习后所能表现出的学业行为。布卢姆教育目标分类法列出了认知领域中不同认知层次的教学目标可使用的行为动词（表 1-9）。

表 1-9　布卢姆教育目标分类法中不同认知层次的教学目标可使用的行为动词

认知层次	可用动词	教学目标举例
识记	列出、标出、指出、画线、匹配、再现、告诉、说出、背诵等	在中国地图上指出首都北京市的位置
领会	说明、阐述、描述、简述、详述、理解、概括、举例说明、解释、重写、转化等	归纳、概括出北京市的城市职能
应用	展示、运用、使用、选择、操作、分类、调整、构建、解决、产生等	运用描述区域地形特征的方法，说出北京市的地形特征

续表

认知层次	可用动词	教学目标举例
分析	区别、归纳、推导、分析、用图示显示、比较、联系、推演等	通过古都选址与当今首都北京市选址的比较，初步分析北京城市职能的地理条件
综合	计划、设计、编辑、整合、组织、重建、创建、发展等	整合北京市城市发展成就的相关信息，组织出北京市城市发展的基本思路
评价	讨论、推断、认为、标准、主持、决定等	大胆提出未来北京市的发展设想

基于以上分析，第三个案例中"了解"一词不是行为动词，很难通过观察发现学生是否达到了教学目标，该目标的表述不可评测。由此可见，用行为动词表述教学目标是教学目标设计的关键之一。而行为动词的筛选过程反映着教师对该教学内容理解的合理性及定位把握的准确性，是教师在进行教学目标设计时需要慎重选择、反复推敲、站在整体把握课程的视角进行不断优化的过程。

（二）梳理教学目标间的逻辑关系

心理学认为，学生在有逻辑的内容中最容易发现和理解问题。因此，一份合理的教学目标应该是符合学生的认知特点，易于学生理解，为学生搭建连贯递进的学习支架的子目标连续体。这个连贯递进的逻辑关系既要体现学习内容的展开逻辑，也要符合学生的认知提升逻辑。制定合理的教学目标可以从以下三个策略入手。

1. 合理的教学目标要有准确的定位

美国教育心理学家、认知心理学家杰罗姆·布鲁纳提出，任何学科都可以用某种正确的和有用的形式，教给任何年龄的任何人。根据这种思想，学校和教师的任务就是把知识转变成各种年龄的学生都能够理解的结构，并以一种最佳的呈现顺序去呈现这些结构。实际上，我们的许多知识都是以这种不断循环上升的方式学来的。

比如，"地理位置"是初、高中地理教学中都要学习的重要地理概念。

但是在不同学习阶段，学生对地理位置内涵的理解程度是不同的。在初一上学期，学生主要在经线、经度、纬线、纬度、经纬线、经纬度等概念的基础上建立起经纬度位置的概念，在海洋、陆地等概念的基础上建立起海陆位置的概念，进而建立起天文地理位置、自然地理位置、经济地理位置、政治地理位置的概念。在初一下学期，学生开始分析地理位置、范围与自然环境间的关系，概括区域地理特征等。初二，学生要基于地理位置和范围分析区域差异与区域联系。高中阶段，学生将利用地理位置来描述地表事物的分布模式，建立地理模型等。可见，相同的主题内容在不同阶段的教学目标定位是不同的，各阶段之间是螺旋递进、深化理解的过程，也就是合理的教学目标应该在整体把握中学地理教学的基础上，按照学习进阶来进行准确的目标定位。

2. 合理的教学目标要能体现学习内容的展开逻辑

教学目标需要回答学生学什么的问题，而学生每节课要学习的内容往往不是唯一的，所学的多个内容是有机联系的整体，因此有必要按照内容的展开逻辑来设计教学目标，需要先学习的内容制定为目标 1，根据内容的展开顺序制定目标 2、目标 3。这样，目标完成的过程也是知识关联的过程，学生只有将散落的知识点进行实质性关联才能学明白，学习才变得简单容易。

下面是关于高中地理"洋流"一课的教学目标，请观察、对比几个教学目标设计的不同。

案例 1

1. 运用所学的气压带风带知识，分析洋流形成的动力。

2. 阅读世界海洋表层洋流分布图和世界洋流模式图，归纳世界洋流的分布规律。

3. 阅读地图，绘制世界洋流模式图并识别世界主要洋流。

案例 2

1. 根据洋流特征，说出洋流的概念并识别洋流性质。

2. 运用所学的气压带风带知识，分析洋流形成的动力，绘制洋流模式图。

3. 阅读世界海洋表层洋流分布图和世界洋流模式图，归纳世界洋流的分布规律。

案例 3

1. 运用世界海洋表层洋流分布图，观察太平洋、大西洋海域的洋流分布情况，归纳世界洋流的分布规律，绘制世界洋流模式图。

2. 结合全球风带分布图和世界洋流模式图，分析世界洋流的形成原因及过程。

3. 借助世界洋流分布规律和洋流的性质说明洋流对地理环境的影响。

案例 1 中三个教学目标的内容展开逻辑是：分析洋流形成的动力—归纳世界洋流的分布规律—识别世界主要洋流。案例 2 中三个教学目标的内容展开逻辑是：说出洋流的概念并识别洋流性质—分析洋流形成的动力—绘制洋流模式图—归纳世界洋流的分布规律。案例 3 中三个教学目标的内容展开逻辑是：观察太平洋、大西洋海域的洋流分布情况并归纳世界洋流的分布规律—绘制世界洋流模式图—分析世界洋流的形成原因及过程—说明洋流对地理环境的影响。不难发现，前面两个案例的内容展开逻辑从抽象到具体，这种内容逻辑不利于学生理解，甚至会增加学生学习的困难，制约学生的学习和思考，目标难以完成。案例 3 中三个教学目标的内容展开逻辑是从事实感知入手，逐步归纳、概括规律，建立模型，分析原因，在深刻理解的基础上再探讨影响，这样的内容展开逻辑构成的目标连续体容易将学习一步一步引向深入，学生很容易理解，目标的完成度也会比较高。

3. 合理的教学目标要能体现学生认知水平的提升过程

布卢姆教育目标分类法将学生的认知水平分为六个层次：识记、领会、应用、分析、综合、评价。而某些特定的认知层次和认知过程常常伴随着相应的知识类型，比如识记与事实性知识、领会与概念性知识、应用与程序性知识等常常联系在一起。如果一节课中，很多内容的学习都停留在低认知水平上，学生就没有机会在高层次认知水平上思考，高阶思维就难以形成，这样显然是不能满足高思维水平学生的学习需求的。因此，教师需

要在教学目标的制定上考虑学生认知层次差异并设计出由低认知水平到高认知水平层层提升的教学目标。

这个案例是高中地理"自然环境对人类活动的影响——以冰与火的国度为例"一课的教学目标设计。①运用图片、地图、视频等材料，感知冰岛是一个冰与火的国度；利用冰岛国旗概括冰岛的主要自然环境特征。②运用图文资料，通过合作探究，分析冰岛独特的人类活动背后的自然原因。③在案例分析的基础上，综合认识自然环境对人类活动影响的一般规律。④形成评价不同区域自然环境对人类活动的影响的能力。

该教学目标的设计体现了连贯递进的特点。第一，每个目标的完成过程就是知识内容的衔接递进过程。第二，每个目标的完成过程也是学生认知水平的逐步提升过程，如教学目标中感知、概括、分析、综合认识、评价等几个行为动词的表述，清楚地阐述了学生学习后的行为递进效果。在教学设计中，教师如果关注学生的认知差异和认知需求的话，就可以将一节课中的几个教学目标设计成有认知层次的教学目标链，从而打破教学目标永远以"说出"为主的低认知水平的怪圈。

（三）基于学生情况制定教学目标

合理制定教学目标，是为了学生学习的成功。因此，基于学生的学习情况及特点来制定教学目标十分必要。

1. 教学目标要关注学生的原有经验

学习科学告诉我们，学生的原有知识会促进或阻碍其学习。[①] 学生进入任何学习时，头脑中都会有从其他课程与日常生活中获得的知识、信念和态度。当学生带着这些知识进入课堂时，这些知识会影响他对所学内容的过滤和解释。如果学生的原有知识充分、准确，并且在适当的时间被激活，那么它就为获得新知识奠定了坚实的基础，有利于教学目标的完成；如果学生的原有知识不充分、不准确或者没被激活，那么它就不能满足当前学习任务的要求，还会干扰甚至阻碍新的学习，不利于教学目标的完成。因

---

① ［美］苏珊·A.安布罗斯、米歇尔·W.布里奇斯、米歇尔·迪皮埃特罗等：《聪明教学7原理：基于学习科学的教学策略》，庞维国、徐晓波、杨星星译，3页，上海，华东师范大学出版社，2012。

此，在教学目标确定前，教师先要找准学生对于新的学习任务的原有知识基础，这也就是前面分析的为什么在制定教学目标之前要做好学情分析，特别是学生原有知识基础与新的学习任务之间的差距的实证分析。

一方面，要分析前后知识联系，寻找学生的原有知识基础。从学习的角度看，教师不能过高估计学生运用旧知识来建构新知识的能力。教师在课程开始之初有意识地采用帮助学生建立新旧知识联系的教学策略，会对学生的学习产生积极的影响。这就要求教师在备课时，先分析学生之前学习了哪些相关知识，这些已学知识与即将学习的知识之间有怎样的联系，为新课教学目标的制定找到起点和衔接点。

另一方面，要外显学生的思维过程，诊断学生的原有认知水平。学习科学告诉我们，学生组织知识的方式会影响其学习和运用知识的方式。[①]那么，知识在学生的头脑中是如何组织起来的？这对精准设计教学目标非常有帮助。让学生的思维可视化，有利于诊断学生头脑中的知识内容及知识的组织方式。

小组合作制作世界海陆分布模型是学生在学习完"世界的海陆分布"一课之后的作业，在模型制作过程中，学生将更多的注意力放在七大洲和四大洋的名称、形状上，而忽略了各大洲和大洋在地球表面的纬度位置，导致整个非洲都画在了赤道以北，其他大洲的纬度位置也出现了明显的错位。其实，未必是学生就认为非洲位于赤道以北，而是学生在头脑中没有将前面学习的半球、经纬度的知识与各大洲、大洋的位置的知识组织在一起，因此，当学生有机会将内隐的思维外显时，教师就会很容易发现学生是怎么想的，知识是如何在头脑中组织起来的。在此基础上，教师针对学生的具体认知情况而精准地将教学目标设计为：用半球及重要的经纬线概括大洲与大洋在地球表面的位置特征。这样的教学目标设计更能有针对性地帮助学生学习。

---

① ［美］苏珊·A. 安布罗斯、米歇尔·W. 布里奇斯、米歇尔·迪皮埃特罗等：《聪明教学 7 原理：基于学习科学的教学策略》，庞维国、徐晓波、杨星星译，27 页，上海，华东师范大学出版社，2012。

2. 教学目标要体现学生的认知层次差异

教学目标可以设计成不同的认知层次，而不同认知层次对学生的思维水平的要求是不同的。布卢姆教育目标分类法将识记、领会、应用界定为低阶思维，将分析、综合、评价界定为高阶思维。那么，针对高阶思维层次的教学目标有多少学生能达到呢？这是一个需要思考的问题，如果说教师期望每节课的每一个教学目标都百分之百完成，那是不现实的。实际上，一节课中，对于低认知层次的教学目标可以实现百分之百的完成，但是对于较高认知层次的教学目标，在一节课中的完成度可能会较低，需要用多节课来不断提升完成度。这是不争的事实，我们需要客观看待。将一节课的教学目标放在课程的视角下去考量，我们就会发现，很多教学目标不是一节课能完成的，而是需要多次反复学习才能完成。因此，一节课的教学目标可以设计成不同的完成度，较低完成度的教学目标需要在一段时间的教学中持续关注，从而持续使学生加深理解，最终实现完全完成。比如，上面的教学目标可以设计为：

①全体学生(100%)能运用图片、地图、视频等材料，感知冰岛是一个冰与火的国度，利用冰岛国旗概括冰岛的主要自然环境特征。②大部分学生(约90%)能运用图文资料，通过合作探究，分析冰岛独特的人类活动背后的自然原因。③大部分学生(约70%)能在案例分析的基础上，综合认识自然环境对人类活动影响的一般规律。④部分学生(约50%)能形成评价不同区域自然环境对人类活动的影响的能力。

这样设计教学目标，意味着教师承认学生学习不同的内容时有不同的难度，承认学生学习相同的内容时有个体间的差异。只有这样，教师才能站在课程的视角整体把握学生的学习进程，让更有难度的课程目标在一节课一节课的教学中逐步完成。

（四）将教学目标运用到教学设计中

当教学目标按照上面所描述的方式确定下来后，教师在设计教学时就要运用这些目标。教师在教学设计中怎样运用这些教学目标呢？

1. 将教学目标与教学设计的相关内容建立起联系

教学目标是教学设计的灵魂。教学目标确定后，教师需要基于教学目标思考教学设计中的各个要素，具体可以思考以下几个问题：第一，这些教学目标是否充分体现了设计者最初的设计目的；第二，这些教学目标是否权衡了本节课的预期表现结果；第三，这些教学目标是否体现了怎样进行教学；第四，如何基于这些目标对学习进行评价。由此可见，教学目标在教学设计中的重要程度。

2. 要在多个教学目标之间进行权衡

一节课的教学目标往往有多个，但总会有本课最主要的一个教学目标，教师需要在整体权衡的基础上将其明确出来。这个最主要的教学目标往往是本课的终极目标，如果没有它，这节课就似乎没有完成任务或者缺失价值。除了这个最主要的目标以外，还会有一些目标先于预期的主要目标而被完成。甚至还需要认知策略，情感、态度与价值观等的支持，进而构成稳定可行的教学目标链。

3. 将教学目标放在更大的系统中构建单元教学

将一节课的教学目标放在更大的系统中进行权衡，是系统设计单元教学的途径之一。在单元系统中进行各个课时的主要教学目标的权衡，将有机会整合出单元教学目标。将一节课的教学目标放在更大的内容范畴内，一方面，能使一节课的目标与单元的目标保持整体性和结构性；另一方面，可以在单元范畴内对各节课的教学目标进行整体把握，还可以将新旧知识有机地联系起来。

4. 借助教学目标进行教学评估

教学目标除了导教和导学外，还可以导评价。教学目标是对预期的学习结果的描述，具有可操作、可观察、可测评的特点。因此，教学目标的制定和表述对评估学生的学习效果有直接的指导作用。教师可以利用教学目标的陈述来设计一些情境以观察学生的行为表现，证实特定的学习结果确实已经发生。比如，教师给出一张美国地形图及关于盛行风的信息，让学生在相应位置上画出阴影来表示高降雨量区的位置，这既是一个学习情境，也是一个学习任务。教师可以借助学生在绘图的过程中所外显出来的行为表现，评估学生是否理解了地形雨这个目标的内涵，借助学生在完成目标时的行为表现来评估学生的目标完成情况。可见，借助教学目标，配置恰当的学习情境和合适的学习任务，有利于在教学目标的指导下开展教学评估。同时，教学目标还可以作为教师编制测试题的基础，这些测试题又可以用来评价学生的学业水平。

五、如何确定教学重难点

（一）什么是教学重点和教学难点

教学重点是指教学内容中关键性的知识，如基本概念、原理、定理、公式等。教学重点取决于该部分内容在整个知识结构中的地位和作用，是学生必须掌握的基础知识和基本技能。前面所述的概念图就可以用来找到教学重点。教学重点的确定需依据教学目标，不可与之脱离。

教学难点是学生在学习过程中遇到的难以把握的学科知识、学科方法和学科能力等。要熟悉学生的教学难点在哪里，教师就要对学生的学情有一个清晰的认识，需先考虑学生已有的认知水平、对新知识的接受能力、对于地理学科是否有学习兴趣及学习风格等，再确定学生的学习难点在哪里，应该帮助学生解决哪些困难。一般来说，地理的教学难点一是抽象的地理知识，二是对学生的综合思维能力要求高，三是学生的地理空间觉察能力、空间感知能力及空间分析能力不够等。总之，教学难点是学生学习特定内容时所遇到的困难点和障碍点。

（二）如何区分教学重点和教学难点

教学重点是教学内容系统中的核心内容和起支撑作用的内容，教学难点是学生学习系统中的学习困难点。二者是两个不同的概念，但有时在特定的教学设计中，教学重点内容是抽象难懂的内容，教学重点与教学难点就会重合，也就是说，一节课的教学重点恰巧也是这节课的教学难点。但在通常情况下，教学重点与教学难点并不重合，因为它们所在的系统不一样，描述教学重点和教学难点的方法也不一样。教学重点常用具体的教学内容就可以界定出来，而教学难点常常是描述学生的学习困难点。比如，初中地理"中国的地势特征"一课，教学重点是概括中国的地势特征，而教学难点是地形图的二维空间与真实地表起伏状态的三维空间之间的空间思维转换，显然，二者描述的视角是不同的。因此，一节课中的教学重点和教学难点常常要区分对待。

（三）如何确定教学重点和教学难点

确定教学重难点是教学设计中的关键之处，教学设计在很大程度上是设计保障教学重点的落实和突破教学难点的可行、合理、有效的教学策略。如何确定教学重难点呢？

1. 区分教学重难点的主体

很多教师认为教学重难点的主体是教师，认为教学重点是教师要着重去教授的内容，教学难点是教师难教的内容，这是不对的。教学重点应该是学生在学习上需要把握的重点内容，教学难点是学生学习中可能会遇到的困难和障碍。

2. 理解教学重难点的内容

教学重难点不仅仅是指地理知识，有些时候，地理过程、地理方法、地理情感和价值观的掌握与形成也是教学重难点。尤其是在重视素养培育的今天，教学重点可能是地理大概念，可能是地理知识的结构，可能是地理思维过程，可能是地理学科的思想方法，当然也可能是重要的地理知识点。

3. 基于教学目标确定教学重难点

基于教学目标确定教学重难点先要区分教学目标和教学重难点间的关系。教学目标更多地是从教和学的视角来确定的，教学重难点是从学生学习的视角来确定的。二者是密切相关、紧密联系的。教学重难点应该是从教学目标中挖掘出来的，无论是教学内容的重要程度和难易程度，还是学生认知水平高低，都要结合学生学习的基础及特点进行有机转化。教学重难点实现的过程也是教学目标实现的过程。

🖉 | **实践操练** |

请按照本讲所学的制定教学目标的要求和方法，选择中学地理某一课时的特定教学内容进行教学目标的优化设计，并与原设计进行比较，说明改进过程中运用了本讲内容中的哪些理论观点或策略方法。

在完成上述任务的过程中，请同步思考以下问题。

1. 在中学地理教学中，如何正确处理好教育目标、课程目标、专题或模块目标及课时目标之间的关系？

2. 如何依据课程标准、教学内容和学生情况制定教学目标？

3. 依据课程标准要求、内容分析和学生情况，独立制定一节地理课的教学目标，并结合本讲内容的学习进行自我评价和修正优化。

▶第三讲
如何选择教学方法、教学手段和教学策略

一、如何选择适合的教学方法

教学中必须采用一定的教与学的方法才能达到教学目标。选择有效的教学方法能保证教学结果可靠。

🖉 | **案例 1-6** |

初中地理"半岛"这一概念的教学过程[①]

第一步，教师请学生在世界地图中，根据图例和注记，找到斯堪的纳维亚半岛、阿拉伯半岛和阿拉斯加半岛，思考什么是半岛。学生讨论回答后，教师给出一个清晰的定义，描述概念的特征：半岛是一块通过地峡和

---

① ［美］唐纳德・R. 克里克山克、德博拉・贝纳・詹金斯、金・K. 梅特卡夫：《教师指南》第 4 版，199 页，南京，江苏教育出版社，2007。收入本书时有改动。

大陆相连，几乎全部被水环绕的陆地。

第二步，教师结合概念的内涵，列举一系列的实例，帮助学生理解半岛的关键特征是什么，并将例子和定义联系在一起：看这幅地图，阿拉伯半岛和阿拉斯加半岛是世界上面积较大的两个半岛；印度也是一个半岛，它和大陆的连接部分很大；位于加利福尼亚南部的巴哈半岛也是一个典型的半岛；佛罗里达也是半岛。这些半岛都与大陆相连但又几乎被水环绕。

第三步，教师再给学生提供反面的例子：墨西哥不是半岛，它的两边都和大陆相连；澳大利亚也不是半岛，它的四周全都是水。

第四步，教师检查学生的理解情况，提问：下面(朝鲜、土耳其、意大利、斯堪的纳维亚、纽芬兰、格陵兰)哪些是半岛？为什么？

问题聚焦

Q1：中学地理教学中有哪些常用的教学方法？

Q2：怎样选择恰当有效的教学方法？

Q3：地理教学中典型的教学方法如何使用？

（一）什么是教学方法

方法是指向特定目标、受特定内容制约的有结构的规则体系。教学方法是引导、调解教学过程的规则体系。地理教学方法是在地理教学过程中，教师和学生为实现地理教学目标，根据特定的地理教学内容而采取的教与学相互作用的一系列活动方式、步骤、手段和技术的总和。[1]

（二）教学方法的分类

认识教学方法的类型和功能特点，有利于恰当地选择教学方法，为达到教学目标服务。按照教学方法的外部形态和这种形态下学生认识活动的特点，地理教学方法可分为以下几大类和若干小类(图 1-14)。[2] 近年来，随着教学改革的深入，新的教学方法不断涌现出来，如问题式教学法、议题中心教学法、案例式教学法等。

---

① 陈澄：《新编地理教学论》，68 页，上海，华东师范大学出版社，2007。
② 陈澄：《新编地理教学论》，72～122 页，上海，华东师范大学出版社，2007。

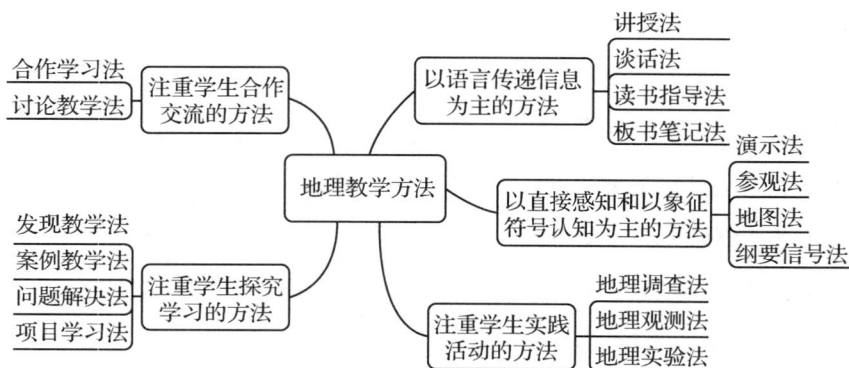

图 1-14　地理教学方法分类

地理教学方法与其他学科的教学方法有很多相通之处。但由于地理学科的研究对象具有鲜明的区域性和综合性，以及地理学科将探寻地理事物的发展变化规律，以可持续发展思想指导阐明人地关系为教学的重要任务。因此，地理教学方法虽然没有空间性和区域性，但是渗透着"地理的气息"。例如，地理教学中的讲授法更侧重区位、景观，不同于历史教学中的讲授法侧重时间、人物；地理教学中的演示法更重视地图和模型，不同于物理、化学、生物等学科的教学依赖于实验；地理教学的野外实习法更关注分布，不同于生物学科的野外实习法更关注分类；等等。此外，地理教学中的地图教学、地名教学、地理图表分析、地理野外实践等方法，都深深地打上了地理的烙印。

（三）怎样选择适合的地理教学方法

选择教学方法的直接目的在于促进学生的学习，激发学生的学习动机，维持学生的兴趣和注意，以学生可接受的方式来帮助他们解决学习障碍。

教学方法多种多样。各种教学方法的作用、特点、适用范围和选用原则不尽相同。不同的教学方法本身没有优劣之分，选择怎样的教学方法，取决于这种教学方法能否在促进达到教学目标及帮助学生学习上发挥好的作用。在教学中，教学方法的选择与运用，对教学效果、学生智力的发展乃至素养和人格的形成都具有重大影响。因此，教学方法的选择与运用是一项复杂而综合的思维活动，需要教师付出巨大的创造性劳动。对于新手教师，其教学方法的选择除了前面说的要体现地理学科的特点外，还可以选择以下几个操作策略。

1. 依据课程标准的要求选择教学方法

地理课程标准是对地理教学活动的总体要求。课程标准对地理教学方式、方法提出了指导性建议。地理课教学方法的选择，必须在地理课程标准的总体指导下进行。[①] 这是教学方法选择的基本要求。《普通高中地理课程标准(2017 年版 2020 年修订)》提出："创新培育地理学科核心素养的学习方式。根据学生地理学科核心素养形成过程的特点，科学设计地理教学过程，引导学生通过自主、合作、探究等学习方式，在自然、社会等真实情境中开展丰富多样的地理实践活动；充分利用地理信息技术，营造直观、实时、生动的地理教学环境。"

2. 依据教学目标的要求选择教学方法

任何教学方法的选择都必须指向教学目标的实现，这是目标导向教学设计的重要思想。但是，同一种教学方法可以为多个教学目标服务，同一个教学目标也可以采用多种教学方法来实现。因此，依据教学目标选择教学方法具有相对性。教学目标的核心是学生学完之后能做什么。如果教学目标是学生能比较差异，那么教学就要选择比较的方法；如果教学目标是学生能归纳、概括特征，那么教学就可以通过案例教学、实验教学、情境教学、合作学习等方式进行归纳、概括。

3. 依据教学内容的特点选择教学方法

教学内容的性质、类型、特点不同，教学方法的选择就不同。没有一门学科的教学只选择和使用一种教学方法。当然，相同的内容可以采用不同的教学方法，不同的内容也可以选择相同的教学方法，最关键的是教学方法选择恰当。

---

① 段玉山：《中学地理课程与教学》，184～185 页，上海，华东师范大学出版社，2018。

◉ | 体验活动 |

　　你认为在让学生学习下面特点的教学内容时应该选择怎样的教学方法呢？请把想法填在表 1-10 中。

表 1-10　不同特点的教学内容选择教学方法的基本思路

教学内容	选择教学方法的基本思路
自然地理内容	
人文地理内容	
区域地理内容	
难度大的内容	
抽象的内容	
枯燥的内容	
已经了解得比较多的内容	
直观形象又简单的内容	
地理事实	
地理概念	
地理原理	

　　（1）依据教学内容本身的特点选择教学方法。

　　自然地理、人文地理、区域地理是具有不同特点的教学内容。自然地理多是学习自然地理规律，运用归纳或演绎的方式进行讲解，对宏观的地球表层及动态的自然地理过程等进行模拟演示，或用多媒体演示地理的时空变化等。因此，自然地理关注的多是地理规律模型的建构，可采用讲授法、演示法、地理观测法、发现教学法等教学方法。

　　人文地理主要研究人类活动及人类与地理环境的关系，人类活动的复杂性、变化性及不确定性更适合采用对特定资料的阅读理解的教学方法，如情境教学法、案例教学法、谈话法、地理调查法等。

　　区域地理是为了方便地认识地球表层，将其划分为若干大小尺度不同的区域来加以认识。地理学习不可能把所有的区域都学习到、学习好，因此，地图教学法、案例教学法、参观法等更适合区域地理的教学。

（2）依据学生学习特定内容的特点选择教学方法。

教学内容的特点不仅指内容本身的特点，而且指特定内容对于学生学习而言的特点。从学生学习的角度看，内容特点不同，教学方法就不同。难度大的内容需要采取降低难度、搭建学习支架的教学策略。比如，大气环流的内容对于学生学习来说是困难的，教师可以选择演示实验的方法来降低难度以更好地实现教学目标。抽象的内容需要增加感性认知，使学生在感知的基础上逐步概括抽象。比如，产业转移是地理原理知识，对于学生而言比较抽象，教师可以通过典型案例来增加学生的感性认知，并基于案例逐步归纳、概括，达到剖案取理的教学效果等。枯燥的内容需要通过增加趣味性和体验性来提升学生参与和投入的程度。比如，世界的人口问题是学生都知道但是认识不够深刻的内容，教师直接讲解会使学生觉得很枯燥，如果教师设计成体验活动，让学生来体验短时间内有限的空间中人口增多、密度增大所带来的各种感受，将会激发学生的学习动机，使其深度参与到学习中来。已经了解得比较多、直观形象又简单的内容可以通过归纳、概括的学习过程实现思维从发散走向收敛，提升学生的思维水平。比如，生态环境问题的内容对于学生来说相对简单，教师可以让学生采用辩论的方式来提升对其深刻理解的水平。可见，分析学生学习特定内容的特点对于有针对性地选择教学方法十分必要。

（3）依据教学内容的类型选择教学方法。

地理事实、地理概念、地理原理等是不同类型的教学内容。不同类型教学内容的教学方法也不同。对于地理事实，教师常常是通过叙述式讲解（教师有条理地向学生叙述事实），描述式讲解（在叙述式讲解基础上语言丰富带有感情色彩），解释式讲解（对字、词、句或方法、事物意义以及学生认识的困难等进行解释和说明），启发式讲解（教师把解决某个问题的思路变为一连串的问题，一个一个提出来）的方法来教学。对于具体的地理概念，教师可以通过观察和归纳的方法来讲解；对于抽象的地理概念，教师可以通过演绎的方式来讲解。对于地理原理的学习，教师可以通过归纳式、演绎式或类比式的方法来讲解，等等。案例1-6关于"半岛"概念的建立就是采用归纳的方法进行讲解的。

4. 依据学生实际情况选择教学方法

学生的学习风格、学习基础、学习方法、学习能力、学习态度等都对教学方法的选择有影响。

如果按照学生的学习风格来选择教学方法的话，视觉型的学生更适合以直接感知为主的教学方法，听觉型的学生更适合以语言传递信息为主的教学方法，触觉型的学生更适合以实践活动为主的教学方法。

具有不同知识背景的学生，需要的教与学的方式也不相同。教师在讲授、自主学习、情境体验等方法的选择上各有侧重。具有不同知识背景的学生的学习方式比较如图 1-15 所示。

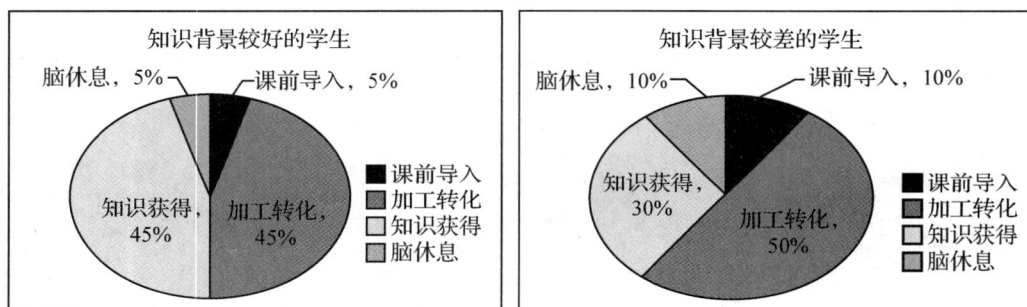

图 1-15　具有不同知识背景的学生的学习方式比较

教学方法的选择要综合考虑课程标准的要求、教学目标要求、教学内容特点及学生的实际情况，是全面综合分析后的结果。

（四）怎样综合运用与灵活调整教学方法

每个或每类教学方法，都有各自的功能、特点、应用范围、使用条件和局限性。因此，为了更好地实现教学目标，教师一方面要综合考虑课程标准、教学目标、教学内容和学生情况来选择教学方法；另一方面要全面考虑教学需要并充分发挥各种教学方法的整体功能，有意识地将多种教学方法进行有机结合。没有一个内容是使用单一的教学方法最有效的，也没有单纯考虑课程目标、内容和学生中的某一个因素进行教学方法整合的。实践证明，在教学过程中，学生获得知识、提升能力、发展智力不可能只靠一种教学方法，教师必须把多种教学方法合理地结合起来。如果一堂课或一个教学阶段只采用一种教学方法，学生就会感到厌倦；如果采用多种教学方法，就能调动学生各种感官参与教学活动，提高学生学习的积极性和参与性，进而提升学生的学习效果。

1. 根据需要灵活调整教学方法

教学过程是动态调整的过程，教学方法也因此处于一个变量的地位，需要随着教学过程的变化而调整。教师需灵活、创造性地把握教学进程、调整教学方法，以争取获得最优的教学效果。比如，教师在做教学设计时拟采用启发式讲授法，但在实际课堂中发现很多学生表现出疑惑的表情，这时教师就要有高度的敏感性，及时放慢教学节奏，让学生讨论一下，或者说一说、写一写，及时看到学生的思维过程，准确地诊断学生的学习障碍，及时调整教学方法和策略。

2. 以启发式作为教学方法运用的指导思想

无论采用哪种教学方法或怎样的教学方法组合，都必须坚持用启发式作为总的指导思想。启发式是相对于注入式而言的，它不是一种具体的教学方法，而是运用教学方法的指导思想。启发式是指教师从学生的实际出发，采用各种有效的形式去调动学生学习的积极性、主动性和独立性，引导学生通过自己积极的智力活动去掌握知识、发展能力。启发式教学思想体现了尊重学生的主体地位、指导学生学习方法、培养学生思维能力特别是培养创新能力的价值追求。

3. 善于发展和创新地理教学方法

地理教学方法并非一成不变，它会随着时代的发展而不断发生变化。从本质上来说，各种地理教学方法都是地理教育教学工作者在实践中不断探索和总结，在解决地理教学问题的过程中不断分析和反思，从无到有，逐渐形成的。现代地理教师在学习和运用目前已有的地理教学方法的同时，要善于根据自己的实际教学情况，在解决自身遇到的地理教学问题的过程中，发展和创新适合时代需要的新的地理教学方法。

案例分析

案例 1-6 的教学目标是：在世界地图中，结合实例，建立半岛的概念。这个教学目标是地理概念的学习，根据本课教学目标中的内容及认知要求，将本课的教学方法确定为：借助地图的直观感知，综合运用地图，采用合作学习的方式，以启发式讲授法为主来建立半岛的概念。

本案例之所以选择启发式讲授法，是因为地理概念的学习不同于地理事实的学习，也不同于地理原理的学习。地理概念的学习需要学生经历一个从现象到本质的认识过程，不仅要记忆概念，而且要理解概念和应用概念。本案例的教学过程有四个步骤：①让学生借助世界地图这一感性材料，查找所需的地理信息，教师将共同的本质特点概括抽象成半岛的概念，并给出半岛的基本内涵；②让学生将查找到的地理信息放在一起进行比对，概括出其共同的本质特点；③通过举例等形式，引导学生在概念的内涵与不同的半岛实例之间建立起联系；④让学生在巩固练习的过程中不断地对半岛的概念进行分化和泛化，最终实现对半岛概念的建立。上述四个步骤正是归纳式概念教学的范式。

除了运用启发式讲授法来讲解半岛的概念外，教师还综合考虑了课程标准要求、教学目标、教学内容特点、学生学习该内容的实际情况等，采用了以启发式讲授为主，地图教学等直观教学方法为辅，归纳法、比较法等多种教学方法有机组合的教学方式。

半岛的教学是地理概念的学习，对于初一学生来说，半岛是个非常抽象的地理概念，不仅概念本身的内涵抽象，而且地理空间思维对初中学生来说也是个挑战。此外，还可能存在半岛与岛屿、群岛、地峡等一组概念混淆的问题，教师采用启发式讲授法并辅以地图的同步演示，既能帮助学生在地理空间形态上建立感知，又能帮助学生理解其概念的本质内涵，并在比较的过程中实现对地理概念理解的分化与泛化，取得了较好的教学效果。

二、如何选择有效的教学手段

📎 | 案例 1-7 |

表 1-11 初一地理"地域文化特色"一课的教学过程（2 课时）①

教学环节	学习任务	学习活动	教学手段
环节一：辨文化、知特色	辨别文化和地方文化的概念	活动准备：每个小组一套景观图片。 活动步骤： ①阅读桌面上的图片，把能够反映文化的图片挑出来，贴在每个小组的展板上。 ②展板上保留具有地方文化特色的图片，把不具备地方文化特色的图片摘下来，并进行简单分类。	运用混杂的图片，将其作为直观教学手段，引导学生观察、比较、分类，说明文化与地方文化的内涵。
环节二：初步感知四合院	观看纪录片，释疑个性化问题	①针对四合院提出自己不理解的问题。 ②带着疑问观看纪录片，尝试回答问题。 ③明确观看纪录片后还有什么没有解决的问题。	采用视频多媒体手段解决学生感知不足的问题。
环节三：设计并实地考察北京四合院	实地考察北京典型四合院	①以北京什刹海和南锣鼓巷附近区域为考察活动范围，选取典型的四合院进行实地参观考察。 ②据所选四合院自由组成考察学习小组，并做好行前准备，包括人员信息与分工、目的地、地图、行程路线、参观路线、换乘车、集合地点、考察记录单等。 ③实地考察，完成记录单，包括用照片或绘图的方式呈现四合院景观、景观名称、景观特点、景观与自然环境的关系、景观与社会历史环境的关系。 ④考察回来后以小组为单位制作四合院模型。	采用地理实践调查、信息记录整理、模型制作等教学手段，辅助学生观察生活中真实的地理现象，并为地理现象背后的地理原因分析做准备。

---

① 本案例由北京市大成学校的张舜英老师提供，收入本书时有改动。

续表

教学环节	学习任务	学习活动	教学手段
环节四：解释北京四合院的地理原因	解释北京四合院的结构特征及原因	探究北京四合院和自然环境的关系：①每个小组挑选北京四合院的至少三个突出特点；运用资料，分析这些突出特点与北京自然环境(地形、气候)的关系。②把结论用概括的语言写在纸条上，每张纸条写一个结论，写好后把结论贴在黑板上突出特点对应的位置。后面的同学不可再贴重复结论。	采用小组协作学习的教学手段帮助学生理解复杂的地理问题。
环节五：认识各具特色的民居与自然环境的关系	解释自然环境对我国具有地方特色的民居的影响	①为以下三组人群(苗族、蒙古族、陕北人)找到故乡典型的民居，把图片放在民居图片旁边；判断这三种典型民居的主要分布地区，把民居和服饰这组图片贴在自制的中国地图上。②每组任意选择一个民居，运用资料，分析自然环境对这些民居的影响，并完成任务单。	采用范例教学的教学策略进行教学，从个案(四合院)到类案(各种民居)的学习。
环节六：认识各类地域文化与自然环境的关系	解释饮食、服饰、艺术等地域文化与自然环境的关系	①应用民居与自然环境关系的结论分别解释自然环境对饮食、服饰、艺术的影响。②全班将地域文化类型分为三个类型组，每组完成该类型地域文化与自然环境的关系的解释。③重新分组，将研究每种类型地域文化的学生分别组织在新的小组中，共同研究自然环境对各种地域文化类型的影响有什么共同之处。④各组在全班将本组的结论进行展示并用例证进行解释，其他小组有不同意见的可进行补充，最终达成共识。	采用范例教学的教学策略进行教学，从类案(民居)到验案(饮食、服饰、艺术等)的学习。

问题聚焦

Q1：案例用了哪些地理教学手段？

Q2：这些教学手段是怎么确定下来的？

Q3：在选择不同的教学手段时应该关注什么？

（一）什么是教学手段

教学手段是教师与学生为了实现教学目的用来进行教学活动的，作用于教学对象的，具有信息的、形态的、功能特征的媒体。[①] 地理教学既有传统的教学手段，也有现代的教学手段。传统的教学手段主要有直观的地图，教具（仪器），实物（模型、标本），三板（板书、板图、板画），地理野外实践（观测、调查等）；现代的教学手段主要指多媒体技术、互动软件等信息技术手段。

（二）怎样选择教学手段

教学过程的组织与教学内容的认知都需要通过适当的教学手段来实现。传统教学手段和现代教学手段二者各有所长。在教学中，教师需要针对不同教学手段的特点，结合教学的实际需求，对教学手段进行选择或组合。选择教学手段通常要遵循以下原则。

1. 依据内容特点的原则

教学内容的特点不同，教学手段的选择就不同。那些较为抽象、复杂的地理概念、原理和规律，如地球的自转和公转规律、板块运动和大陆漂移等用多媒体课件进行动态演示要比教师口头表达的效果好得多；那些地理景观，如热带雨林景观、聚落景观、地貌景观等通过图片向学生展示要比教师语言描述的效果好；那些需要二维与三维空间相互转换的地理现象，如山体模型与等高线地形图间的转换，运用增强现实（Augmented Reality, AR）技术或者地理模型制作等手段的效果要好一些。但是，对于地理过程的理解通过板图一步一步地呈现其发生的机理及环节要比一次性媒体演示的效果好；对于人文地理大量的案例材料通过印制纸质的学案并将其发到学生手中让学生独自阅读、小组讨论等，就要比放在 PPT 里播放的效果好。总之，不同的教学手段有不同的功能、效果，教师需要根据教学需求进行合理的选择和组合使用。

2. 利于学生理解的原则

能否最大限度地促进学生对地理知识的理解应是选择教学手段时首先

---

① 刘克兰：《现代教学论》，275 页，北京，人民教育出版社，1993。

要考虑的。因此，在地理教学中，教师常常采用学生最好接受、最直观、最容易理解的手段来突破学习的重难点，以打造高效地理课堂。

例如，下面是初中地理"地方文化特色"一课的两种不同的教学手段，前者以教师讲解为主（图 1-16），后者以学生自主建构为主（图 1-17）。

结构：
多平房，
四周合围
成院

用材：
多砖、瓦
和木材

突出特点：
屋顶、墙壁厚实；房间门窗多向内开，庭院宽敞；
院落布局规则

图 1-16　教师借助 PPT 讲解四合院

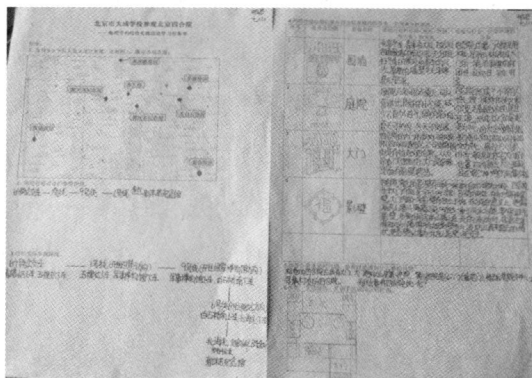

图 1-17　学生实地考察四合院并完成相关的学习任务

同样是以北京四合院为例来学习地方文化与自然环境的关系，上面两种截然不同的教学手段哪一种更能帮助学生理解呢？显然，第一种以教师讲解为主的教学手段，学生多是通过听、看来获取信息的，对于原来头脑中没有四合院相关知识储备的学生来说，他们不能完全将教师的讲解建构到自己的头脑中的，因此会觉得教师讲的就是他所要学习的一切，必须认真听才能听明白。而第二种教学手段，是学生到真实的世界中去亲身体验，把他所看到的四合院画下来、记下来、分析出来。这时，学生的头脑中会积累许多关于四合院的理解和经验，也会产生许多有疑问的地方，在课堂上就会表现出非常渴望分享与讨论的状态。学生的学习是被深度卷入的，学生学习的目的既是验证自己的认识，也是为了解决自己的疑惑，会收到很好的学习效果。可见，采用不同的教学手段会有不同的教学效果。

在教学设计过程中，教师要格外重视教学方式手段的选择，用什么方式手段能提升学生的理解水平，就选用什么教学方式手段，而不能以教师擅长什么教学方式手段就用什么方式手段，那样的教学效果是难以让师生满意的。凡是学生能通过自己的观察、解释、运用、反思等来学习的，教师就不要再采用讲授的教学手段，而应该为学生创设更多的自主学习、建构学习和协同学习的机会。但不是所有的教学实践体验都优于教师讲解，这还要根据教学目标及教学内容的特点来综合考虑确定。

3. 促进学习发生的原则

选择任何教学手段的出发点都是为了帮助学生学习。因此，让学习发生是选择教学手段的重要参考指标。那么，学习是如何发生的呢？全视角学习理论认为，教学手段的选择要以能增加学生参与互动的机会为基本出发点，这种互动可以是师生之间、生生之间的社会性互动，也可以是学生与学习资料之间、媒体之间、学习环境之间的物理性互动。只有在互动性增强的过程中才能更好地唤醒学生的学习动机，当学生的学习动机被唤醒，学生的学习就会高投入，只有这时，学生的实际获得才能增强。

例如，案例1-7中，课前设计了学生对四合院视频的感知，让学生参观四合院文化特色的地理实践，体验四合院模型的制作等互动过程；课堂上，采用了整理不同实践小组带回来的考察记录单，小组同伴间讨论和质疑，全班展示和分享，教师的点拨和提升等教学策略。这些策略的选择要比只是教师在课堂上全身心地将自己准备的内容讲给学生听的效果好得多。学生的学习是投入的，兴趣十分浓厚，对知识的自主建构和实际理解深入。

因此，教师选择怎样的教学手段直接影响学生的学习兴趣、参与程度、投入深度及实际获得程度。

4. 凸显学科特点的原则

地理科学是研究地球表面地理环境的结构、分布、发展变化规律以及人地关系的科学。由于地理学具有区域性和综合性的特点，因此我们在地理学教学中必须重视空间概念的建立。而达到此目的的最佳途径，从心理学角度来说，是基于感官获得感性认识，即通过自由地观察外界，通过自己的眼睛获取可靠的知识，反映充满活力的自然界。但这一途径往往受到空间、时间等条件的限制，因为大量的地理现象不能直接用眼睛观察到，也不能形象地表现出来。因此，在地理教学中，教师需要借助直观手段，如借助地理略图、多媒体课件、地理模型等手段来打破地理观察的局限。多年的教学实践证明，在地理教学中，教师充分利用直观教学手段有利于学生地理表象的形成。而从地理学习心理角度来说，地理表象不仅有利于地理概念的形成，有利于提高地理记忆的效果，而且有利于培养学生的再造想象与创新想象等地理思维，有利于激发学生学习地理的兴趣和积极性。

比如，在学习地理分布相关知识时，无论是点状分布、线状分布还是面状分布的地理知识，教师的语言讲解不如借助 PPT 中的地图进行讲解，借助 PPT 中的地图讲解不如借助地理挂图进行讲解，借助地理挂图讲解不如让学生看手中的地图册学习，看手中的地图册学习不如让学生自己绘图来学习，自己绘图学习不如让学生到实地去考察学习。这是根据学生对地理学科的理解程度，特别是区域性、综合性的理解水平来做的比较。

所以说，不是所有的教学手段都要选择多媒体技术，也不是所有的教学手段都要选择传统的教学方式。现代教学手段与传统教学手段本身没有优劣之分，但是运用不同的教学手段来支撑学生的学习确实有不同的教学效果。因此，站在学生学习和学生理解的视角，凸显地理学科特点的教学手段的选择与运用才是更加有效的。

（三）怎样运用教学手段

现代信息技术手段在丰富课堂形式、加大课堂信息量、提高课堂运转速度、震撼学生视听等方面有着传统教学手段不可比拟的优势。然而，也正是这些优势，使教师出现了过度依赖现代信息技术手段来辅助教学的情况，导致教学在技术的支持下以更大的强度、更快的速度向学生进行灌输。合理有效运用教学手段开展教学应该注意以下几个方面的问题。

1. 多种教学手段优势互补

在地理课堂中我们经常可以看到，有的教师教学手段单一，不考虑具体的教学内容而一味地使用信息技术，甚至把信息技术当作教学中的万能手段，一些教师离开信息技术就觉得不会上课了，甚至还有人认为一节课如果不用信息技术就不能称为一堂好课。究其原因主要是许多教师认为在地理教学中，使用现代信息技术手段不但能通过图、文、声、像等创设情境，激发学生的地理学习兴趣，而且能突破时空限制，变静态为动态，形象地展现地理过程，呈现地理景观画面，具有很强的表现力；在说明地理概念、规律时，现代信息技术手段简单明了，省时省力，同时给学生提供了一个轻松的课堂学习环境，化难为易，变抽象为具体，方便突破教学重难点，提高教学效率。许多教师认为现代信息技术教学是教育发展的必然趋势，完全可以取代传统的教学手段。在这种思想的引导下，一些教师开始想方设法在教学过程中应用信息技术，导致信息技术的滥用，学生思维的压缩。学生常常失去第一手学习的机会，上课的过程就是被教师及技术手段牵着走的过程。

实际上，多种教学手段需要优势互补、组合使用。比如，针对初中地理"地球的自转运动"内容，教师可以选择多媒体动画和图片演示，也可以选择地球仪演示，还可以选择板图这一教学手段。显然，采用不同的教学手段产生的教学效果是不同的，单一使用任何一种教学手段都不是最佳的选择，相反，将动画演示、图片展示、地球仪演示、学生绘图、教学板图等几种教学手段有机地组织在一起，在组织的过程中设计出学生的参与活动及建构过程，将会取得更好的教与学效果。

2. 选择学生学习最需要的教学手段

教师不应该选择自己最擅长的教学手段，而应该选择学生学习最需要、最能帮助学生提升学习效果的教学手段。

在日常备课中，有些教师常常在准备一节课时，第一件事情就是去找资料，并且会因为找到一个自认为好的资料兴奋不已。实际上，这个资料可能只是教师觉得好用，不一定是学生学习需要的，而教师往往不会把这一点当作首要问题去考虑。

是否选择使用现代信息技术进行教学主要取决于教学内容的特点及学生学习的需求。比如，热力环流、水循环、地壳内的物质循环等地理过程的学习，如果直接采用信息技术手段以动画播放的形式进行的话，虽然节省了教学时间，画面直观形象，学生会觉得简单明了，但实际上，这是一种假象，学生所看到的动画展示都是正确的地理过程和地理结论，这个过程缺失了学生的思考，导致学生出现思维上的盲区，在头脑中没有形成知识间的联系，没有能力去分析解决相关问题。但是，如果教师采用板图的传统教学手段，在完成板图的过程中嵌入学生的参与、试错、建构以及教师的点拨和启发，学生对地理过程的理解就会是完整且深入的，并且能与自己的原有认知建立起联系，也能将地理现象相互关联，真正实现对地理过程机理的理解。不过，在学生充分理解了地理过程的基础上，教师再利用信息技术手段将完整的地理过程呈现在学生面前，可以帮助学生验证、强化、优化自主建构中的理解，教学效果将会更好。可见，不过分依赖现代信息技术手段，而是将现代信息技术手段与传统的教学手段有机整合来支撑学生的学习才是有效的策略。

3. 有针对性地选择地理直观教学手段

现代信息技术手段的应用给传统地理教学手段带来巨大的冲击，但这并不意味着传统地理教学手段已经是落后的东西。相反，有些传统的教学手段是现代信息技术手段所不能替代的，如地理板图、板画、板书的使用，地理模型的制作，地理仪器的使用，地理模拟实验，地理野外实践等这些直观教学手段都是现代信息技术手段所不能替代的。因此，新手教师要不断练习自己的地理学科教学基本功，有针对性地选择和使用地理直观教学手段。

正确使用地图，有利于学生了解各种地理事物的地理位置、相互关系等。地图对培养学生空间思维能力和空间想象能力是必不可少的。教师在使用地图时要保证学生能看清楚；指图的站位要正确，不遮挡地图，面向全体学生；指图时要规范，关注点、线、面。例如，指城市要指一点，指河流要由源头指向入海口，指铁路要沿着铁路线由始点指向终点，指山脉要沿着山脉走向指山脊线，指区域要成面并指出其范围等。

地球仪在地理教学中是不可替代的重要工具。例如，可用地球仪演示地球昼夜的更替，经纬线、经纬度、经纬网、地球自转与公转等。教师在运用地球仪说明地球的运动时，操作要慎重，应特别注意地球的自转和公转的方向是自西向东，同时注意地轴指向同一方向。另外，在学习区域地理时，地球仪最好能与地图配合使用，以弥补各自的不足。

常用的地理模型，如立体地图模型、褶皱、断层、等高线模型等，直观性强，有利于学生的空间知觉和有关地理概念的形成。应用地理模型要与其他手段相结合，特别是要注重各种教学手段的互补性。例如，等高线模型的使用要与等高线地形图对照，帮助学生"拨开迷雾"。

清晰、美观的地理图片能把一些典型的地理事物和现象直观、形象地展现在学生面前，有利于学生理解和掌握地理知识。教师在教学中要认真解读、灵活运用地理图片，并有意识地将地理景观图片嵌入不同尺度的地图中，以此为景观图片找到其地理背景和地理基础。教师还可以引导学生把从画报、明信片中收集来的有关地理景观的典型图片向同学们展示，或放在橱窗中展览，这样能引起学生学习地理的兴趣，提高学习效果。

运用地理直观教学手段能突出地理事物的形态特征、空间特征，从而把不易观察的、抽象的地理事物和现象变成学生容易观察、理解、具体明确的地理知识内容。中学生的心理正处于由形象思维向逻辑思维过渡的阶段，抽象思维能力虽然得到了迅速的发展，但是对较复杂事物的思维仍需形象的材料的支持，而且学生的认知过程也是从直观的感性认知到抽象的理性认知。因此，教师要遵循学生心理认知规律，选择并运用直观教学手段帮助学生建构地理知识。

案例分析

案例 1-7 在教学手段的运用和选择上主要体现了以下几个方面的特点。

1. 选择了现代信息技术手段和传统的教学手段相结合。

现代信息技术手段有 PPT、视频等，传统教学手段主要有图片、地理实践调查、考察记录单、模型制作、小组协作学习、课堂讲授等。将现代信息技术手段和传统教学手段相结合，充分发挥了不同教学手段的各自优势。

2. 依据学生的学习需求来选择教学手段。

首先，通过调查访谈，教师发现本年级学生虽然生活在北京，但是对北京四合院的了解甚少。因此，基于学生认知规律，教师在课前设计了地理学科实践活动——走进北京四合院。具体活动内容包括：行前看视频、提问题；行中选择四合院，制定路线，对四合院景观进行初步观察、记录和分析；行后进行四合院模型的拼插等。课前实践活动能够增强学生对北京四合院的直观感受和全面理解，既满足了学生的学习需求，也培育了学生的地理实践力，更为学生创设了真实的学习情境，为深入开展本课的学习打下基础。

其次，学生利用课前"'北京四合院'小组实践考察任务单"挑选四合院特征的过程，实际也是对小组任务单进行自评和互评的过程，是一个深度思考的过程。学生利用工具、材料和地理知识，发现并解释四合院的特点与自然环境的关系，从感性到理性，归纳自然环境对四合院的影响和表现。从实践到观察思考，再到表达概括，地理学习融入问题解决，唤醒了学生的学习需求。

最后，在寻找故乡民居环节，学生由案例到规律，实现深化理解及知识的迁移和方法的应用。学生在找出自己故乡民居与自然环境的关系时，体会到自然环境差异对不同地方文化影响的共性规律和差异表现，将活动与思考整合于学习和问题解决中，满足了学生达到学习目标的需求。

3. 理解成为本课教学手段选择的主要目的。

以上教学过程中使用的教学手段没有一个是为了记住某个知识点而设计的，都是为了学生能真正理解、明白这些知识而设计的，是指向理解的教学手段，凸显了教学手段的选择要利于学生理解的原则。

首先，本课的学习围绕着几个基本问题展开，便于学生综合而深入地阐述地理概念的内涵；其次，在本课的所有教学环节中，学生都是信息输出的主体，学生把自己看到的、想到的都用自己的语言记录下来，把自己记录的提炼概括出结论并用自己学过的知识进行解释，在信息不断输出的过程中，对概念的边界认识越来越清晰，不断加深对概念的理解；最后，学生利用工具、材料和地理知识，发现和解释四合院特点与自然环境的关系，从感性到理性，归纳自然环境对四合院的影响。学生从实践到观察思考，再到概括表达，将地理学习融入问题解决。另外，本课通过范例教学的形式帮助学生掌握从特殊到一般的归纳方法，进而总结归纳出地方文化特色与自然环境的关系的一般结论，符合学生的认知规律，有利于学生的真正理解。

三、如何确定恰当的教学策略

教学是复杂的，不是简单地选择几种教学方法或使用几个教学手段就能取得良好的效果，还需要研究教学策略。

（一）什么是教学策略

教学策略是在特定的教学任务中，为了提高教学的实效性，在某个教学观念、理念和原则的指导下，根据教学条件的特点，对教学任务的诸要素进行的系统谋划，以及根据谋划在执行过程中所采用的具体措施。[①] 可见，教学策略是对教学模式和教学方法的系统谋划、选择和设计。它既不是教学模式和教学方法本身，也不是一种指导原则，而是由思想观念统领着的教学模式和系统方法。它是为实现教学目标而制定的完整的实

---

① 王民：《初中地理教学策略》，1页，北京，北京师范大学出版社，2010。

施方案，不仅指导着教师的教学行为，也指导着学生的学习行为。因此，教学策略是教学理念与教学行为之间的桥梁。一套好的教学策略是高质量教学的基础。

（二）教学策略的分类

教学策略的分类是非常复杂的。一方面是因为教学策略的内涵尚未统一；另一方面是因为分类标准难以确定，并且标准不同分类就不同。本书多是基于课程内容进行分类的。比如，课程标准解读策略、教科书的阅读与使用策略、学情分析策略、教学目标的制定策略、教学重难点的确定策略、教学方法的选择策略、教学过程的组织策略、板书的设计策略、课堂组织管理策略、地理概念的教学策略等。

（三）有效选择教学策略

教学策略在教学设计中有着重要的作用，它是完成教学目标的关键环节，是连接教学目标与教学过程的桥梁与纽带。有了教学策略，教学目标的完成才有切实的保障，课堂教学才能始终围绕目标推进，教学目标才能与教学过程紧密衔接起来。

1. 教学策略设计是不可或缺的环节

很多教师备课时常常缺少对教学策略的设计，制定好教学目标、教学重难点之后就直接进入教学过程的设计，而没有教学策略，这就导致教学目标与教学过程之间失去了应有的联系，教学重点如何落实、教学难点如何突破变得模糊不清，最终导致教学低效。

2. 把握好教学策略选择的几个问题

（1）教学策略的对象性。

选择教学策略时需要考虑不同的教学对象、不同年龄阶段的学生、不同的学科内容。因此，不同的教学对象决定了教师应该采用不同的教学策略。比如，对于高年级段的学生，教师可以开展问题式教学、项目式学习等策略；对于低年级段的学生，教师可以选择案例式教学、技能形成式教学等策略。

（2）教学策略的整体性和全局性。

教学策略的选择是为整体课堂教学服务的，应该注意与教学目标的统一性，即教学策略是为教学目标的完成而采用的整套方法。因此，教学策略要确保教学目标的全面完成，是一套可行的操作方案。

（3）教学策略的相对性。

教学策略不是一成不变的，它是随着需求而不断调整的相对性策略。它不具有教学过程、教学质量的评价性指标，也不具有统一化标准。教学策略因人而异、因课程而异，更加强调因材施教，因而是一个动态性的范畴。[1]

3. 选择和运用教学策略的基本原则

教学策略的有效选择和运用的前提是着眼于实际教学效果。教学策略没有最好只有更好。能让学生更好地"懂"，更好地"会"，更好地"思"的教学策略才是好的教学策略。但教师本身特点的千差万别，学生群体身心发展程度、基础程度、能力大小、学习习惯、学习风格等的差异性、复杂性、不平衡性的现实存在，使得教学策略的选择和运用变得十分复杂。教师选择和运用策略需要遵循以下基本原则。

（1）针对性原则。

有针对性地选择教学策略必须关注三个有利于：有利于教学目的的实现、课程标准要求的实现、教学阶段性目标和整体性目标的实现；有利于教师自身个性化施教优势的充分发挥；有利于学生群体在学习、理解、消化程度上克服差异性，达到比较一致的基本要求。

（2）适应性原则。

教学策略的选择既要彰显教师的个人魅力和教学特点，又要适应学生群体接受、理解的特点。教学策略的选择和运用要以激发学生兴趣为着力点，通过教师个人魅力和教学特点吸引、感染学生尤为重要。

（3）群体性原则。

教学策略的选择和运用要考虑到学生是有组织的群体，他们表现出竞

---

[1] 徐文远：《谈教学策略的选择和运用》，载《甘肃教育》，2020(2)。

争性、合作性、成就感、荣誉感、自尊感等一系列特点。教师在教学策略选择和运用上就必须充分考虑到体现群体性的问题，把在集体中施教作为一个至关重要的原则来奉行。在教学策略的设计上，既要考虑一些学生"吃不饱"的问题，又要考虑全体学生都能"吃得下"的问题；在讲授策略上，既要考虑一些学生已经"懂"的问题，又要考虑全体学生都能"懂"的问题；在提问启发策略上，既要照顾一些学生"跳一跳"的问题，又要考虑全体学生"都跟上"的问题。

（4）激励性原则。

在某种意义上，激励性原则是正确选择和运用教学策略的最高原则。这种激励应该是自然而然融合于教学策略之中，自然而然随着教学策略的实施而出现的，其中最要紧的是教师对学生不吝肯定，善于肯定。教师一句得体的肯定，往往会对学生的学习产生强烈的激励作用，激发学生的学习动机，这是最有实际效用的教学策略。

实践操练

请你结合对本讲内容的理解，选择中学地理某一课时的特定教学内容进行教学方法、教学手段和教学策略的优化设计，并与原设计进行比较，说明改进设计的过程中都运用了本讲内容中的哪些方法和策略。

在完成上述任务的过程中，建议选择某一特定的教学方法或教学策略进行系统实践，并同步思考以下问题：

1. 看一看。观察一节优质课，分析其使用的教学方法、手段与教学策略。

2. 想一想。中学地理教学中有哪些主要倡导的教学方法与教学策略？依据什么进行教学方法和教学策略的选择？

3. 做一做。结合本讲学习，设计出特定教学内容的教学方法、手段和教学策略。

▶ 第四讲
如何设计教学过程

　　教学过程是教师设计教学情境，组织教学活动，与学生进行信息交流，引导学生理解、思考、探索和发现的过程以及进行教学管理、调节教学进度、确保教学有效性的过程。从本质上来讲，教学过程是学生的认识过程。因此，教学过程必须受人的认识的普遍规律的支配和制约。但是，教学过程又是一种特殊的认识过程，它是学生的个体认识，与人类总体和学生以外的其他个体的认识相比，在认识内容和认识方式上都有不同，这就形成了教学过程的特殊性。设计教学过程需要注意以下方面。

一、如何创设教学情境

　　心理学表明，人之所以能够积极行动，是因为内心有一种推动力量，这种推动力量就是动机。创设教学情境就是为了激发学生的学习动机，其技巧在于教师根据每节课的内容及与上节课的关系，设法创造一种教与学的情境，引导学生而又不被学生察觉，使其自然介入，并达到介入的最佳状态——期待学习。创设教学情境的方法多种多样，要根据学习对象、具体的教学内容以及教师要达到的教学目标进行创设。

🔗 | 案例 1-8 |

高一地理"地域文化在城乡景观上的体现"一课的教学情境创设①

　　首先，教师将课程标准的内容要求"结合实例，说明地域文化在城乡景观上的体现"转化为教学目标，即学生能够从时空尺度说出地域文化在城乡景观中是如何体现的，并能思辨某区域的地域文化是继承、创新还是毁灭。其次，教师在理解该教学目标的基础上选择能与教学目标相匹配的、典型

---

　　① 本案例由北京市大兴区兴华中学的杨赫老师提供，收入本书时有改动。

的教学情境，如近些年北京市前门大街地区进行了改造，改造中听到了各界人士不同的声音——前门大街地区的改造是要保留原有浓郁的地域文化特色，还是要发展现代化的大都市景观，体现现代化的北京？基于这样的情境创设，教师为学生设计了课前前门街区实地考察的活动。请学生以小组为单位，合作完成以下任务。

①借助通信设备进行实地考察，绘制前门街区的街道布局图，明确前门街区的位置和范围。

②在简图中至少标出 5 个能体现地域文化的景观位置和名称，确定拟考察的街区景观。

③从整体街区的视角，从前门大街南北街区中各选择一个典型的建筑，对比它们体现的地域文化有何不同；从某特定建筑的视角考察地域文化是如何在建筑景观中体现的；从某特定街区装饰小品的视角考察地域文化是如何在街区装饰小品中体现的。体会地域文化在不同尺度街区景观上的体现。例如，中西方传统文化在整个街区建筑景观上的体现，中国传统文化在特定建筑景观上的具体体现，北京的城市文化在街区装饰小品中的体现等。

问题聚焦

Q1：什么样的情境能激发学生的学习动机？

Q2：怎样创设出让学生自然介入、持续介入、不断激发学习动机的教学情境？

（一）辨识地理教学的真情境与假情境

情境教学是地理教学中常用的一种教学方法。但是，教学情境有"真情境"和"假情境"。有些时候，教师费了很大力气找来的情境却是假情境，并未达到预期的教学效果。因此，有必要对真情境和假情境进行区分。

真情境一定是具有教学意义的情境。教学意义上的情境是教师为了支持学生的学习，根据教学目标、内容和学情，借助一定的表现形式，设置一种带有问题性质的真实情境，让学生最大限度地投入，促进其感悟，并使其达到最佳学习状态。①

一般来说，真情境具有三层含义。一是情境是真实的，而不是虚构的，最好是学生即将去做或学生参与已经完成的事情。这种情境往往能激发学生的学习兴趣，唤醒其学习欲望。二是情境要对接下来的学习有全面且直接的作用，学生必须依靠此情境来完成后面所有的地理学习，而不仅仅是在导入环节或某个特定的教学片段引入情境材料。② 三是情境中要蕴含深刻的地理问题，从情境中挖掘出地理问题，并借助情境分析和解决地理问题的情境才具有地理教学意义。

假情境主要指三种情况：一是情境本身不是现实中实际发生的事情，不具有真实性；二是情境中的事件不是学生亲身经历的事情，学生的已有经验很难与之建立起联系；三是情境虽然是学生的亲身经历或真实的事件，但是与学生后续的学习任务并不密切相关。

此外，情境教学与体验教学有相通之处。情境不一定构成体验，但体验可以成为情境。将学生的真实体验在课堂教学中加以运用和延伸，即把学生的课程体验作为一种课程资源，将是一个很好的教学情境的创设，能极大地激发学生的学习动机。另外，教学情境的真假与情境中事实本身的真假不是绝对的对应关系。可能情境中的事件是真的，但是因为教师没有将其与学生的学习建立起联系，导致情境的创设是假的；而有些情境本身是经过教师加工的、给定的，但是能很好地运用到学生的学习建构中，使得情境也具有真实的教学效果。因此，情境资源的选择重在将情境用于学生的学习。可见，情境的作用远不止激发兴趣和导入教学，一个恰当的教学情境可以支撑一个有效的学习过程。

教师为学生创设真情境无疑是非常重要的。有时学生学习了某些知识不会应用，与其学习时缺乏必要的情境有关。但只依靠情境进行学习也是不够的。情境往往是独特的、具体的，具有案例的性质，学生并不会自动

---

① 姜乔：《基于情境认知理论的地理教学情境设计》，载《地理教学》，2019(3)。
② 林培英：《课堂决策——中学教师课堂教学行为及案例透视》，58～65 页，北京，高等教育出版社，2004。

从一个具体的情境中提炼出可以在类似情境中应用的一般性知识，学习方法也难以自动形成。尽管我们强调在案例学习时注重方法，但是，掌握方法仍需在案例的学习后有所拓展，使学生在短时间内就接触一个或多个类似的案例，用来重现已学的知识和方法。

（二）区分教学情境的层次水平

教学情境的复杂程度和能力要求有不同的层次水平。也就是说，教学情境的层次水平有两层含义：一是教学情境本身有不同的复杂程度层次水平；二是从情境中挖掘出的学习任务有不同的能力要求层次水平。教师在教学中需要合理、有效地选择和使用不同层次的教学情境为教学服务，满足不同学生的学习需求。

1. 按照教学情境本身的特点划分不同的层次水平

（1）按照情境资料的来源分为三个层次水平。

情境资料的来源一般有三个：源于教材的情境、源于教师的情境和源于学生的情境。按照情境资料的三个来源，教学情境可分为认知情境、能力情境和问题解决情境三个不同的层次水平。

源于教材的情境常常是学生从中寻求知识的结论，多为认知取向的情境，这种情境无论是从设计角度还是操作角度都比较简单。源于教师的情境常常是教师选择特定的情境并期望通过情境来提升学生的某些能力，多为能力取向的情境，学生在情境中常产生好奇心，提出问题，在问题的分析、解决过程中往往需要教师的引导，这种情境对教师和学生的能力要求远远高于认知情境的操作。源于学生的情境常常是学生遇到真实问题或困难时，为了寻求问题的解决而提出的教学情境，多为实践取向的情境，这种情境的教学往往包含多维目标。例如，高中地理"产业转移"一课，如果教师按照教材中的案例内容进行讲解，那么只达到了认知层次的情境；如果教师选择一个贴近学生已有认知的案例进行讲解分析，那么学生能更加深入地感知和理解，便于能力的提升；如果教师在课前将学生分成食品组和日化组两个大组，让他们在家附近的大型超市中对本组产品的生产地和总部进行调查，那学生在调查的过程中自然会产生这样的疑问：为什么某企业的总部在上海，生产部门却在合肥呢？这个学习情境虽是由教师创设的，但问题是由学生提出来的，问题分析解决的过程将对学生学习本课知识具有持续且深刻的影响。

（2）按照情境资料的特点分为四个层次水平。

不同的情境材料复杂程度不同。按照情境本身的复杂程度特点，教学情境可划分为：给定简单的情境、真实简单的情境、给定复杂的情境、真实复杂的情境四个层次水平。四个层次水平的情境复杂程度越来越高，对学生的认知能力要求也越来越高。教师在选取教学情境材料时需要拉开教学情境的层次水平，不能只集中在低水平的情境材料中，那样的话，学生将长期处于低阶思维水平。必要的高水平教学情境的创设能提升学生的高阶思维水平，提升其创新能力。

2. 按照挖掘的情境任务特点划分不同的层次水平

情境本身的复杂程度只是一个方面，教师对情境材料本身的教学处理的复杂程度是另一个方面。这里所说的情境层次的划分考虑了教师处理情境的复杂性以及对学生能力要求的强弱。也就是说，不论怎样的情境，教师都可以从情境中挖掘出不同认知水平的学习任务，以满足教学目标和学生学习的需要。比如，地广人稀的荒漠地区图是一个真实简单的情境（图1-18），针对这个情境材料，教师可以挖掘出不同复杂程度的学习任务，具体如下。

图中指示牌上的英文译为：应急电话，前方174千米。

█ 图1.4 地广人稀的荒漠地区

图1-18　真实简单的情境资料

（资料来源：2019人教版普通高中教科书《地理》必修第二册第4页）

任务1：说出从图中看到的地理信息。（观察）

任务2：推断图中所示地区的人口分布特点，并说出推断的依据。（推理）

任务3：分析这里人烟稀少的地理原因。（分析）

任务4：世界上人烟稀少的地区主要的地理原因有哪些不同？（综合）

地理教学情境层次的高低标准是以促进学生发展的力量强弱来确定的。随着情境层次的由低到高，学生的主体性越来越强，学生的主动参与度、学习愉悦感和满足感也逐步增强。学生的发展内涵随之丰富，由单纯知识的获得到思维能力、实践能力、情感态度、创新精神、科学精神、合作能力、社会责任感的获得，实现由单向度的发展到全人的发展；学生的发展空间不断扩大，从认知取向到能力取向，从自主建构到协同建构，从班级、学校实践到社会实践；学生的发展方式由单一走向多元，由个体记忆到对话生成，从被动接受到主动收集材料、资源分享、借鉴和融合。教师对情境材料的挖掘是一项基本功，对地理教学有重要意义。

（三）将教学情境转化为教学资源

创设教学情境的目的是基于情境进行地理教学，让学生的地理学习变得易懂易会，有利于教学目标的完成。因此，在教学中，教师不能为了创设教学情境而创设教学情境，而应该将教学情境转化为教学资源，使其成为学生学习的支架。

将教学情境转化为教学资源有以下两个主要途径：一是将教学情境转化为要解决的问题，并将要解决的问题分解为一系列逐步展开的基本问题，构成学生地理学习的思维支架；二是将教学情境转化为有结构的教学内容，随着教学内容的按逻辑展开和本质联系的揭示，构成学生地理学习的内容支架。在两个转化途径中，问题系统和内容系统要相匹配、相关联。

将教学情境实质性地转化为教学资源，一方面，有利于学生将抽象的学科知识与教学情境有机结合，在生活世界与知识世界之间搭建起桥梁，使学生的地理学习变得简单；另一方面，在事实情境与概念知识之间建立起协同思维，从地理事实到地理概念，再从地理概念到新的地理事实之间的思维路径被打通，有利于提升学生对知识的理解水平和迁移能力，提升学生的论证思维和批判性思维水平。

案例分析

案例 1-8 是一个很好的地理情境教学的实例。第一，"北京市前门大街地区近些年进行了改造，改造中听到了各界人士不同的声音——前门大街地区的改造是要保留原有浓郁的地域文化特色，还是要发展现代化的大都市景观，体现现代化的北京?"是一个真实的教学情境，不但情境本身是真实的，而且有学生的实践考察体验，并将学生的实践考察结果贯穿在教学全过程中，帮助学生建构相关的地理概念。第二，本课还在情境创设的基础上，从情境中挖掘地理问题，将教学情境转化为由主问题及其分解后的系列基本问题构成的问题体系(图 1-19)，在问题分析解决的过程中学习建构了本课的地理概念及概念间的联系，形成了地理认知结构，达到了教学目标。第三，这是一个真实复杂的教学情境，让学生在这样一个层级水平的情境中学习，能调用或培养学生的高阶思维，提升其批判性思维水平，利于培养学生的创新能力。

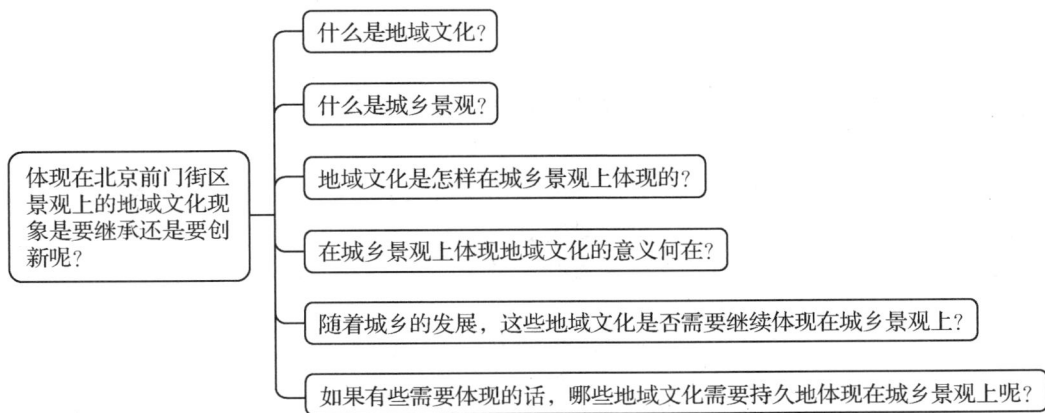

图 1-19　将地理情境转化为地理问题体系

二、如何优化教学过程

在中学地理课堂教学中，我们发现核心素养的落实、关键能力的培养、以学生为本的教育教学理念的行为转化、改变育人方式的具体执行、提高义务教育质量的全面落实等，时效性不强。其原因之一就是教师课堂教学过程的结构性变革没有跟上，依旧存在"穿新鞋走老路"的现象。优化课堂教学过程是"双减"政策下促使课堂教学提质增效的有效途径之一。

案例 1-9

高中地理"旅行线路设计"一课的学习目标及教学过程①

本课的学习目标是学生能根据自己或他人的需求设计合理可行的旅行方案。

本课的教学过程如表 1-12 所示。

表 1-12　高中地理"旅行线路设计"一课的教学过程

教学环节	学习目标	教学过程
环节一：结合实例，初步制定评价标准，并结合评价标准，设计旅行方案	结合出行目标初步制订行前计划	(1)教师为学生提供几个经典的旅行方案，学生以小组为单位，讨论并归纳一份好的旅行方案的评价标准应该是怎样的。 (2)根据本组对评价标准的理解，结合本次学校组织的北宫国家森林公园社会实践活动，制订一个有主题、有线路、可实施的行前计划。 ①查阅并收集北宫国家森林公园相关信息。(本组利用哪些方法和途径查阅了哪些关于景区的信息?) ②根据本组的实际情况(如兴趣爱好等因素)选择景点并设计出景区内部线路，为其制定一个主题。(本组景点选择的依据、景区内部线路设计的依据分别是什么?) (3)根据自己学过的地理知识或生活经验，说明地形、水文、气候条件在实践体验过程中可能会对旅游安全产生哪些影响，并说明采取了哪些应对措施。

① 本案例由北京市大兴区兴华中学的何玉清老师提供，收入本书时有改动。

续表

教学环节	学习目标	教学过程
环节二： 在旅行体验中反思行前计划的可行性和合理性，修正和优化评价标准	在旅行体验中反思行前计划的可行性和合理性	每小组的成员要严格按照行前计划来完成这次北宫国家森林公园的实践活动，在活动过程中发现并记录方案的不足或不合理的地方，在此基础上思考如何修正和优化评价标准。
环节三： 在分享交流中概括设计旅行方案的一般方法，确定好的旅行方案的评价标准	在反思总结的基础上形成设计旅游活动的一般方法	(1)各组分享交流本组在行进过程中对方案的体验、感受及问题反思，提出好的旅行方案的评价标准。比如： ①本组利用哪些方法和途径查阅了哪些关于景区的信息？实施的效果如何？ ②本组景点选择的依据、景区内部线路设计的依据分别是什么？实施效果如何？ ③根据自己学过的地理知识或生活经验，说明地形、水文、气候条件在实践体验过程中可能会对旅游安全产生哪些影响，并说明采取了哪些应对措施。 (2)在各组交流分享及问题反思的基础上概括旅行方案的设计方法。
环节四： 运用达成共识的评价标准设计一份新的更加复杂的旅行方案	运用设计旅游活动的一般方法设计一份新的更加复杂的旅行方案	(1)各组学生基于全班的讨论修正和优化评价标准，并在此基础上，设计一份再游北宫国家森林公园的活动方案。这次的设计要体现出出行对象、时间长短、主题要求、线路组合等方面的新的要求和变化。这样就为学生应用好的旅行方案的评价标准，设计一份更加复杂、更加接近生活实际的出行方案提供了很好的机会。 (2)能够说出在旅游活动设计的基础上，更为复杂的旅行方案设计还需考虑的因素。例如，出行时间、方式、线路，景区及其附近的景点或基础设施情况，行程安排以及详细的费用预算等。

问题聚焦

Q1：什么是课堂教学过程？

Q2：有哪些经典的课堂教学过程模式？

Q3：变革课堂教学过程的关键是什么？

Q4：如何优化课堂教学过程来回应新时期育人的要求？

课堂教学是教师教与学生学形成的双边活动，在一节课中，为了达到教学目标，需要将教师教的活动与学生学的活动按照一定的结构组织起来，这被称为课堂教学结构，也叫课堂教学过程。教学过程的内部发展动力是教师提出的教学任务与学生完成这些任务的需要、实际水平之间的矛盾。[①]教学过程的设计与优化是教师教育教学理念的真实反映，能直接影响其教育教学效果，是我国当下课堂教学改革的核心。

（一）认识几种经典的教学过程模式

课堂教学过程是师生相互作用的过程。教学论专家把课堂教学中师生相互作用的过程概括为一定的模式。由于学习任务不同，或者学习任务所处的学习阶段不同，师生相互作用的方式千差万别，因此，形成了很多不同的课堂教学过程模式。下面为新手教师介绍几种比较经典的教学过程模式（表 1-13）。[②]

表 1-13　几种经典的教学过程模式

教学过程模式	代表人物/群体	教学过程模式内涵
五个环节教学模式	我国教学论专家	组织教学—检查复习—呈现新教材—巩固新教材—布置家庭作业
九个教学事件模式	加涅	引起注意—告知学习者目标—对习得的先决性能的回忆—呈现刺激资料—提供学习指导—引出行为表现—提供行为表现正确性的反馈—测量行为表现—促进保持和迁移
五阶段模式	迪克和凯瑞	教学导入活动—教学内容呈现—学习者参与—评估—跟踪活动
四阶段模式	史密斯和雷根	导入阶段—主体阶段—小结阶段—评估阶段

---

① 顾明远：《教育大辞典》，715 页，上海，上海教育出版社，1998。
② 皮连生：《教学设计》第 2 版，175～176 页，北京，高等教育出版社，2009。

续表

教学过程模式	代表人物/群体	教学过程模式内涵
"六步三段两分支"教学过程模型	皮连生	"两分支"指学习内容被分为陈述性知识和程序性知识。"三段"指两类知识的学习要经历三个阶段：一是习得阶段，二是巩固（对陈述性知识而言）与转化（对程序性知识而言）阶段，三是提取（对陈述性知识而言）和应用或迁移（对程序性知识而言）阶段。"六步"指两类知识的教学一般要经历六个步骤：前四步对两类知识来说是相同的（注意与预期—激活原有知识—选择性知觉—新信息进入原有命题网络）；后两步中两类知识的教学过程是不同的（陈述性知识是认知结构重建与改组—根据线索提取知识，程序性知识是变式练习使知识转化为技能—技能在新的情境中应用）。这一模型解决了知识与技能的教学过程的相似与不同问题

（二）把握教学过程优化的关键抓手

在急剧变革的 21 世纪，学科教学的目标指向核心素养的培养。新时代的人才不能仅仅满足于单纯的知识与技能的习得，还需要拥有在特定情境中，运用包括知识、技能与态度在内的心理的、社会的资源应对复杂问题的能力。[1] 指向核心素养的培养意味着课堂教学结构的转型，在这样的背景下，课堂教学结构的转型需要把握以下两个关键点。

1."以学定教"优化学生的学习结构

未来的课堂教学，无论是在教育观念上还是在教学结构上，都将朝着以学生的学习为中心这一核心方向发生转型，也就是"以学定教"。即课堂教学要开始于学生的独立学习和预习准备，开始于教师了解学生知道什么和能做什么。并在教学过程中随时评价学生已经学了什么，正在学什么，学得怎么样，需要教师帮助指导什么。"以学定教"是当下课堂教学改革的大方向，也是国际上课堂教学发展的潮流所在。将课堂教学过程按照学生

---

① 钟启泉：《课堂转型》，1 页，上海，华东师范大学出版社，2018。

的学习进行组织，可以解决当前教学中普遍存在的三个问题：一是课堂要求总体有点偏高、学生负担有点偏重；二是学生的独立分析和探究常常被"窒息"；三是对地理学习的兴趣和幸福感尚低。"以学定教"可以改变课堂教学的局面并影响学生的学业成就，具体表现在：一是学生的学习动机和对自己的挑战性期望有所提升；二是学生有机会拥有适合的学习时间和有效的学习机会；三是教师的教学更具有针对性和时效性。[①] 所以，优化课堂教学中学生的学习结构，是优化教学结构的关键之一。

2."两次转化"优化学生的能力结构

依据舒尔曼的学科教学知识的理论观点，教学内容的组织有两次转化，第一次是将教学材料转化为学科逻辑组织起来，第二次是将学科逻辑转化为学习逻辑组织起来。只有经过两次转化的教学内容才是使学生容易弄懂学会的内容。该理论框架为当下课堂教学结构变革提供了有力支撑。

新时代的课堂教学不仅仅是解决"知道什么"的问题，还要解决现实的问题情境中"能做什么"的问题。这就意味着学科教学需要脱离原有的过于重视知识和技能掌握的价值取向。学科教学转化为：第一，学生要能够运用学科所学的内容进行思考、判断，并且能通过记录、概括、说明、论述、讨论等语言性活动来进行评价；第二，学生要在沟通、表现的活动中学会思考，而不再仅仅局限于读、写、算等技能的训练。这也就意味着，课堂教学结构要由"知道什么"的知识立意向"能做什么"的能力立意转变，由基本知识和基本技能的训练向高阶思维的训练转变。这样的教学结构的转型将是一场深刻的教育变革。

（三）课堂教学过程的优化策略

优化课堂教学过程的关键在于优化学生的学习过程和学习结果。打破前面阐述的几种课堂教学过程模式，将教学过程由站在教师引领的立场转变为站在学生学习的立场，课堂教学过程可以有以下优化策略。

---

① 顾泠沅：《以学定教的课堂转型》，载《上海教育》，2011(7)。

1. 用结构化的学习目标来组织教学

系统理论强调，结构决定功能。将学习目标结构化，用结构化的学习目标来组织教学是实现课堂教学变革的有效策略之一。这一变革改变了传统教学中以教师活动或教学内容来组织教学的范式。以往我们的教学组织是情境导入—提出问题—教师讲授—教师总结—拓展练习等以教师活动为主线的范式，或者是导入—什么是旅游线路设计—旅游线路设计的影响因素—旅游线路设计中各个要素的基本内容—旅游线路设计的一般方法等以教学内容为主线的范式。而基于结构化的学习目标进行的教学组织，是将明确的总的学习目标分解成有内在逻辑关系的子目标，在子目标逐步完成的过程中达到预期学习结果。例如，案例 1-9 的各个教学环节就是将总的目标（即预期的学习结果——学生能根据自己或他人的需求设计合理可行的旅行方案）分解为四个有内在逻辑关系的子目标，以各个子目标为抓手推进教学的展开，每一个教学环节指向一个学习子目标。比如：

环节一：结合出行目标初步制订行前计划（目标 1：感知旅行方案的制订）。

环节二：在旅行体验中反思行前计划的可行性和合理性（目标 2：理解旅行方案的设计）。

环节三：在反思总结的基础上形成设计旅游活动的一般方法（目标 3：掌握旅行方案设计的方法）。

环节四：运用设计旅游活动的一般方法设计一份新的更加复杂的旅行方案（目标 4：运用旅行方案的设计方法进行设计实践）。

2. 用结构化的学习任务来组织教学

任何学习目标都是在完成特定学习任务的过程中实现的。将学习目标转化为学习任务，将学习任务结构化，用一个总的学习任务及几个分解的子任务来组织课堂教学过程是实现课堂教学结构变革的有效策略。例如，案例 1-9 的总任务是设计一份能满足不同人需求的合理可行的旅行方案。将总任务分解为既不同又连贯递进的具体子任务来作为教学环节搭建起教学结构。具体环节设计如下：

环节一(任务1)：初步制定一个评价标准，完成一份初始的旅行方案。

环节二(任务2)：在旅行体验中反思行前计划的可行性和合理性，并填写一份反思记录单，在此基础上优化评价标准。

环节三(任务3)：在反思总结的基础上，整理出一套方法，完善一个好用、有效的评价标准。

环节四(任务4)：基于评价标准，运用旅行方案的设计方法，设计一份新的更加复杂、合理、可行的旅行方案。

3. 用结构化的课堂提问来组织教学

从心理学上讲，一节课的有效提问设计应该具备两个条件：一是提问要与教学目标要求的能力水平和内容范畴相吻合；二是提问要符合学生的认知需求和认知规律。提问的设计直接关系到问什么内容、问到什么程度、是不是符合学生的认知水平等。用结构化的课堂提问来组织教学有一套有效策略。[1]

第一，要设计以核心问题为逻辑起点的提问体系。一节课的提问是由核心问题、加工性问题和追加问题三个不同层次的问题组成的提问体系(图1-20)。下一级问题既是上一级问题的分解，也是上一级问题得到解决的支撑和保障。核心问题的最大意义是首先回答一节课学生要学什么，这是学习发生的要素。课堂提问如果缺少核心问题的设计而直接进入加工性问题乃至追加问题的设计，就很容易出现提问不能为教学目标服务、课堂节奏混乱和思维逻辑不清晰等教学问题，学生学习的内容也多呈零散堆砌状态。

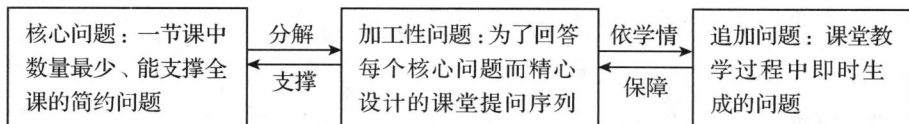

图1-20 课堂教学中的提问体系[2]

---

[1] 李春艳：《学习视角下的地理课堂教学有效提问策略》，载《课程·教材·教法》，2018(8)。

[2] 李春艳：《学习视角下的地理课堂教学有效提问策略》，载《课程·教材·教法》，2018(8)。

第二，要优化核心问题的逻辑结构，使学习内容能促进学生达到高认知水平。核心问题是构成一节课内容的骨架，核心问题的逻辑结构决定了一节课学习内容的功能和价值定位。因此，设计好一节课核心问题的逻辑结构决定了学生学习该节内容的层次。例如，初中地理"地方文化特色"一课的两个版本的核心问题设计对比如下。[①]

核心问题版本 1	核心问题版本 2
Q1：什么是文化？	Q1：什么是文化？
Q2：什么是地方文化？	Q2：什么是地方文化？
Q3：民居与自然环境的关系是怎样的？	Q3：以民居为例说说地方文化与自然环境的关系。
Q4：服饰与自然环境的关系是怎样的？	Q4：运用对地方文化与自然环境关系的理解，说明不同地区的服饰文化、饮食文化等与自然环境的关系。
Q5：饮食与自然环境的关系是怎样的？	

显然，核心问题版本 1 和版本 2 的逻辑结构不同，它们各自的逻辑结构如图 1-21 和图 1-22 所示。[②]

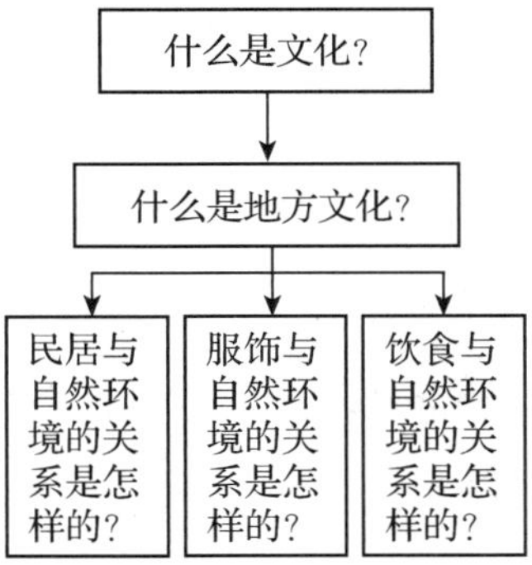

图 1-21　核心问题版本 1 的逻辑结构 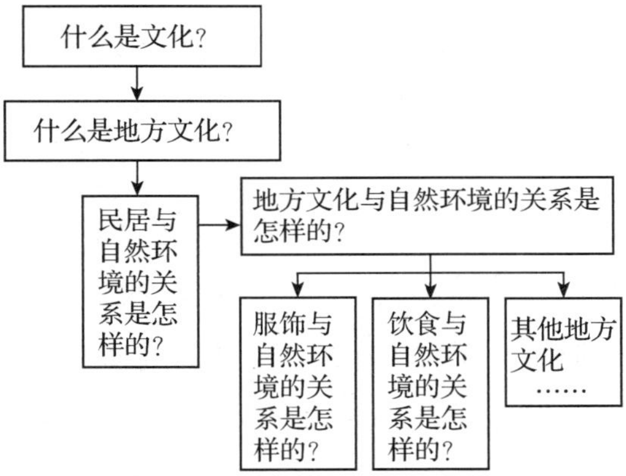　图 1-22　核心问题版本 2 的逻辑结构

显然，核心问题版本 1 将本节课的主要学习内容处理为并列的逻辑结

---

①　李春艳：《学习视角下的地理课堂教学有效提问策略》，载《课程・教材・教法》，2018(8)。
②　李春艳：《学习视角下的地理课堂教学有效提问策略》，载《课程・教材・教法》，2018(8)。

构，三个内容板块之间互相割裂，没有建立起本质联系。而核心问题版本2将本节课的主要学习内容处理为层级结构，找到了三个具体内容板块之间的内在联系，即地方文化与自然环境到底是怎样的关系。对学生来说，这是上位的概念性知识，它可以统摄下位的各种地方文化与自然环境之间关系的实例。因此这一内容结构将大大提升学生学习该内容的理解能力和迁移能力，将使教师的教学效能大大增强。可见，设计一节课的核心问题仅仅是第一步，不断优化核心问题的逻辑结构将是更为关键而有价值的工作。

第三，要以学习逻辑组织课堂提问，唤醒学生的学习动机。学习动机是让学习真正发生、提升学生学习敏感性和获得感的关键而必要的因素。动机主要包括动力、情绪和意志，如何设计提问来唤醒学生的学习动机呢？

其一，课堂提问设计要从学科逻辑走向学习逻辑。学科逻辑是指学科知识及知识间的组织方式，具有客观性，主要揭示的是学习的结果。学习逻辑更注重学习结果的获得过程，具有主观性，需要以学生易懂易会的方式来完成学科知识的建构过程。教学的逻辑起点是学科知识，但最终目标是学生学会，学生不仅要学会知识结果，而且要学会获得知识结果的认知过程，促进认知结构的发展或转变。可见，学科逻辑是形成学生学习的必要前提，将学科逻辑转化为学生的学习逻辑是课堂教学的重要内容和根本目标之一。

其二，从提问与提问捆绑走向提问与回答捆绑。这是两种不同的提问展开模式。一是提问与提问捆绑的提问展开模式（图1-23），教师在设计问题时更加关注的是提问什么以及先提问什么后提问什么，每个问题之间虽有逻辑，但每个问题与每个问题的回答形成相对封闭的小系统，课堂教学中教师更加关注每个问题的答案及学生的回答。因此，课堂上很容易出现教师和学生一起努力寻找问题答案的现象，而为了得到完整、满意的答案，教师不惜让好几个学生来回答一个问题。二是提问与回答捆绑的提问展开模式（图1-24），教师在设计问题时以前面学生的回答为问题设计的逻辑起点，使上一个问题的回答与下一个问题的提出形成一个相对封闭的系统，每一个问题的设计都是在学生上一个问题回答的基础上进行的，学生的思维是连贯的，利于在后续连贯而深入的思考中逐步加深对前面学习内容的理解，也为后续的学习打下牢固的基础。学生在越学越明白的过程中会逐步增强学习自信心和实际获得感，进而激发内心的学习欲望和渴望成功的愿望，极大地唤醒学习动机。

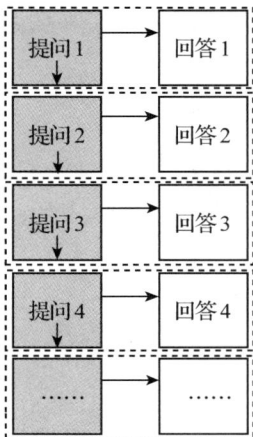

图 1-23　提问与提问捆绑的
　　　　提问展开模式

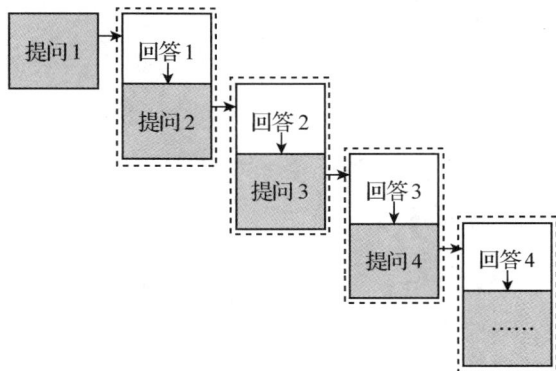

图 1-24　提问与回答捆绑的提问展开模式

　　总之，不论以什么作为教学过程的主线，课堂教学过程的设计与优化都应站在学生的立场上，将学习目标、学习任务、学习活动、学习结果等转化为教学主线，组织课堂教学结构，能很好地体现将学科逻辑转化为学习逻辑的特点，为学科育人和立德树人服务。

　　教学结构的变革需要伴随着教师教学理念、育人观的改变，更需要教师对课堂教学本质深层内涵的理解，是极具挑战性和创造性的工作。

三、如何设计学习活动

　　课堂教学是师生双边互动的系统，教学设计除了要系统设计教师的教授活动以外，还要系统设计学生的学习活动。学生的学习系统要远比教师的教授系统复杂且困难得多，教师不能简单地认为教师教什么学生就学什么，教师怎么教学生就怎么学，教师教得好学生就学得好。事实上，学生的学习方式和学习过程才决定学生的学习内容和学习效果。因此，好的学习活动设计是教学成功的关键所在，也是当下教师教学设计中的薄弱之处。

📎 | **案例 1-10** |

高一地理新授课"正午太阳高度角的时空变化"一课的学习活动设计①

【活动目标】

小组协同探讨正午太阳高度角的时空变化规律。

【活动准备】

将学生分成 5 组，每组活动所用的材料，倒计时工具。

【活动过程】

教学环节 1：学生学习正午太阳高度角的概念（略）。

教学环节 2：小组合作，探讨正午太阳高度角的时空变化规律。

活动 1：问题接力。

即每个小组依次回答相同的四个问题，第一个问题各个小组同时获得，小组在合作研讨的基础上就第一个问题达成共识并得到教师的认可后，可以从教师那里获得第二个问题，以此类推，直到每个小组的四个问题全部完成，问题接力学习活动就算完成了。先完成的小组可以到其他组参与研讨。具体的问题设计如下。

Q1：在图右侧用箭头分别绘制出夏至日和冬至日时太阳直射光线。

Q2：在图中 A 点绘制出夏至日和冬至日时的太阳光线，并标出正午太阳高度角。

Q3：讨论 A 点所代表的区域正午太阳高度角在一年中随着太阳直射点位置的移动而发生变化的规律是什么，什么时候该地区太阳高度角达到一年中的最大值和最小值。

Q4：讨论 B、C、D 点代表的区域正午太阳高度角的变化规律，写出

---

① 本案例由北京市顺义区第一中学的刘仁老师提供，收入本书时有改动。

达到最大值和最小值的时间。

　　小组成员在前面四个问题回答的过程中要将活动的结论写在相应的答题纸上(图 1-25)。

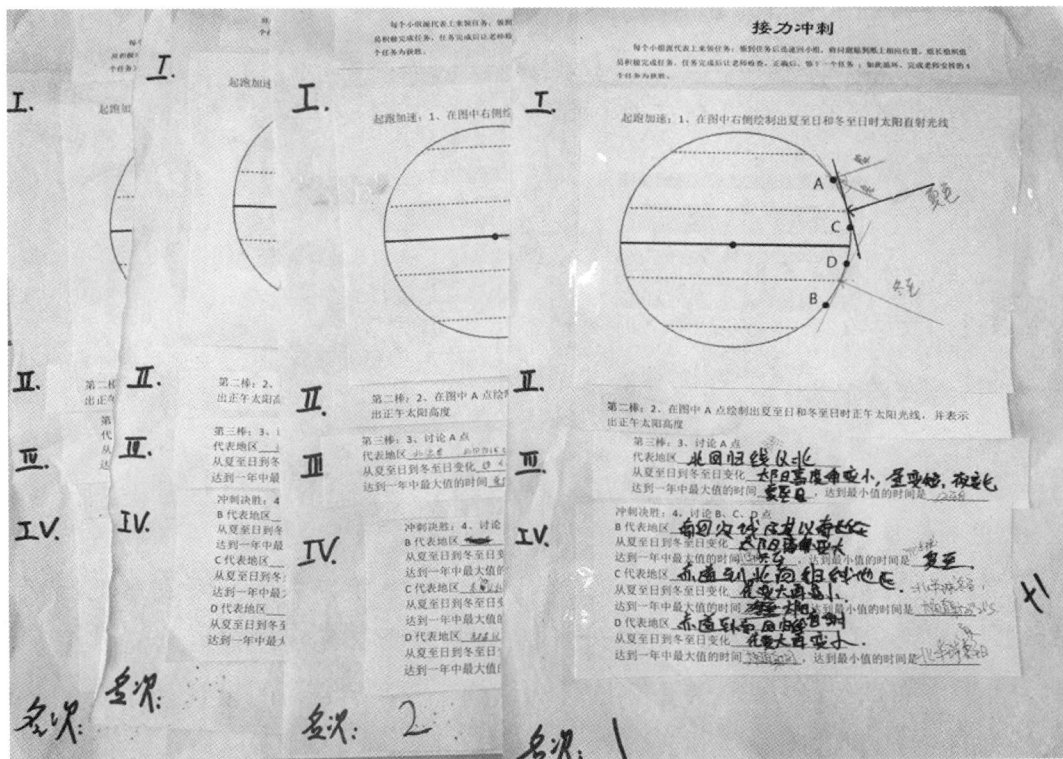

图 1-25　各组完成的问题接力活动

　　活动 2：国王与王后。

　　(1)每组领取任务。前面问题接力的活动结束后，每个小组领取 A、B、C、D 四个区域中的一个区域来总结其正午太阳高度的变化规律，并将讨论结果写到提前准备的大纸上。

　　(2)组间轮转。各组讨论结束后，每组选出"国王"或"王后"，带着自己小组的讨论成果，按照指定的方向轮转到其他组进行讲解，在每组各停留 2 分钟，如此完成全部组的轮转。轮到各组时，其他小组成员要认真接待来访"国王"或"王后"，认真听取他们对自己小组结论的讲解，积极评价他们小组的成果，有疑问或不赞同之处提出疑问，以获得更大的收获。"国王"和"王后"要将各组意见和建议写到大白纸上带回本组再议、整理、修改和完善。

（3）全班展示交流。选择一组作为代表，由小组的"国王"或"王后"将本组讨论并完善后的结论在全班进行展示。在此基础上，师生共同整理、归纳出正午太阳高度角的时空变化规律。

问题聚焦

Q1：什么是学习活动？

Q2：为什么要设计学习活动？

Q3：教师在设计学习活动时要遵循哪些原则？

Q4：有哪些设计学习活动的策略？

维果茨基指出，人的心理发展的第一条客观规律是人所特有的高级心理机能不是从内部自发产生的，它们只能产生于人们的协同活动和人与人的交往中；与此相关的第二条客观规律是人所特有的并且不断发展的高级心理结构与机能最初必须在人的外部活动中形成，随后才有可能转移至内部，成为人的内部各种复杂心理过程的结构。[①] 学习活动的设计就是要使学生通过外部活动的刺激，借助学生与伙伴、任务、材料、环境等之间的互动协同以及人与人的交往过程，使其内部产生高级心理机能，不断形成自己的思想和观点，并提升学生的高阶认知水平。

（一）认识学习活动是一个系统

列昂捷夫的活动理论是在维果茨基的文化—历史心理学理论基础上发展而来的。活动理论强调活动是个系统。活动系统包含三个核心成分和三个次要成分。核心成分主要指活动的主体、群体和客体，次要成分主要指活动的工具、规则和分工（图 1-26）。次要成分又构成了核心成分之间的有机联系。

---

① 桑新民：《建构主义的历史、哲学、文化与教育解读》，载《全球教育展望》，2005(4)。

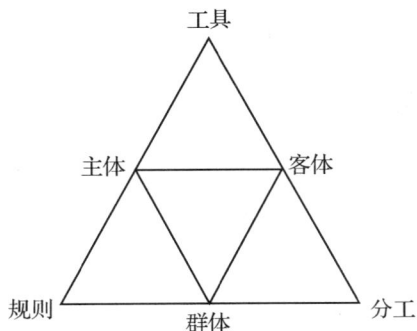

图 1-26　活动系统

学习活动设计是活动理论在教学中的有效应用。课堂教学中的学习活动也是一个系统，由六个要素构成。其中，"主体"是指学习活动中的学生个体。"群体"是指活动发生时参与活动的学生个体所在的群体。"客体"是指主体与群体在活动后要达到的活动目标。"工具"包括具体工具和抽象工具。具体工具主要指教材、学习资料、教学用具、计算机等硬件工具，也包括同学关系、愉悦的心情、良好的网络等软件工具。抽象工具主要指某种思考方法、某种解题规则、某种活动的有效程序等。"规则"是指学习活动过程中个体和群体都要共同遵守的一种规则或约定。"分工"是指群体中的不同成员在达到活动目标的过程中所承担的责任以及劳动分工。

（二）设计学习活动需要做好几项工作

依据活动理论，学习活动的设计需要做好以下几项工作。第一，摸清学生学情，如学生的认知水平，情感、技能水平等，并基于学情设计活动目标是学习活动设计的前提。第二，进行异质分组，以保证活动过程中的群体能不断地影响主体并为主体提供所需的资源或资助。第三，从主观和客观两个方面来设计活动目标至关重要，活动目标既要符合课程标准的客观要求，也要体现学生主体实际情况的主观需要，活动目标明确合理是学习活动有效开展的关键。第四，规则是活动主体与活动群体之间的联系纽带，规则需要个体与群体共同遵守，不遵守规则的个体将被排斥在群体之外，当然，个体也可能会改变群体中的规则。第五，劳动分工将活动群体与活动目标联系起来，体现了群体内部为达到某种目标而采取的组织管理策略。第六，人类的活动必须以工具为媒介，工具将活动主体与活动客体联系起来。活动客体与活动工具也可以相互转化。在一个活动系统中，某个成分可能是工具，但在另一个活动系统中可能就是活动的客体。本书中所提的学习活动工具是指抽象的工具，特指学习活动开展的程序。好的学习活动工具可以改变活动，促进学习者将学习内容转化为学习结果。

（三）设计学习活动的原则

学习活动的设计让学生有机会向教师展示他们在学什么、是怎样学的、学到了什么程度，以便教师及时地进行学习状况的诊断并及时做有效的教学反馈，这样能保证学生的学习始终在良好的学习轨道上并真实地向前推进。这对学习活动的设计提出了较高要求，是创造性很强的工作。学习活动的设计没有固定的范式，也没有统一的标准。但是，设计学习活动时需要遵循几个基本原则。[①]

1. 全员参与原则

有效的学习活动应该调动全体学生参与，而不是一部分学生主动代劳另一部分学生袖手旁观。促使学习活动中被边缘化学生的主动融入、思考和发表意见的主要办法有以下三个。一是将参与学习的群体规模从全班、大组缩小到不超过四人的小组。当学习活动群体变小之后，群体里的每个成员对他人的依赖就会减少，从而主动投入小组活动之中。二是在学习活动过程中，给每个人都安排任务，并且给不同的人安排不同的角色任务，这样能避免出现有人不参与而在一边无事可做的情况，还能让每个成员主动对自己所承担的任务负责任。三是学习任务要具有一定的挑战性，单纯依靠个体的力量难以完成，需要靠群体的智慧和力量才能更好地完成，这样会激发成员为小组做贡献的愿望，进而提高每个成员的参与度。

2. 缩小差异原则

任何一个班级都存在学生差异，这是常态。面对相同的学习任务，每个学生的学习起点和经验是不一样的，教师在上课的过程中无论就高还是

---

① 李春艳：《"以学生为本"的中学地理教学原则、方法与工具》，231～234页，长春，东北师范大学出版社，2020。

就低都是有问题的。与其消极地看待学生之间的起点差异，不如主动地面对这一特征，想办法创造机会让学生之间互相分享、互相纠正、互教互学。这样不仅有利于学生向身边的伙伴学习，而且有利于缩小组内学生之间的差异，也使教师能针对经验水平相对一致的学生进行学习引导。

缩小学生间差距的学习活动设计，一般要做到以下三个方面：一是进行异质分组，为缩小差距提供可能性；二是小组任务要具有一定的挑战性，这样能让不同的学生在不同的任务中表现出不同的优势，利于激发学生在小组学习中的参与性和为小组做贡献的愿望；三是要有明确的小组学习的共识结果，就是每一次小组学习都要求得到小组合作后的共识的学习结果，这样，小组内在得出共识结果的过程中就已经在很大程度上削减了学生间的差异。

3. 关联知识原则

学习活动可以分为以教师为主导的讲授型学习活动和以学生为主导的活动型学习活动。二者各有所长也各有所短，在什么情况下选择哪种学习活动类型是个复杂的问题，但其基本的标准是让学生更好地理解所学的知识。

以教师为主导的讲授型学习活动，常常与知识直接相关，讲授的内容就是知识本身，二者关系简单，不容易出现跑题现象。以学生为主导的活动型学习活动，常常与知识间接相关，它将知识学习转化为一个活动过程，学生在活动中感悟知识、建构知识。由于活动和知识间的关系比较复杂，容易出现为了活动而活动的现象，因此，在设计学生学习活动时，教师需要想清楚这个活动与知识之间到底是什么关系，与知识没有关联的活动设计是没有意义的，但都是与知识直接关联的讲授型学习活动又是乏味的，设计让学生借助活动来体验、感悟并最终加深对知识理解的活动是更有价值的。

根据活动与知识之间的关系，学习活动分为四种情况。第一，活动仅是为了激发学生的学习兴趣而与知识无关，以吸引学生在后续的知识学习中投入更大的热情为目的。例如，在学习"澳大利亚"一课之前，教师为学

生播放一段精美的澳大利亚宣传片以吸引学生的注意力，但后续的学习并没有与宣传片的内容有所关联。第二，活动是为知识学习搭台阶。比如，学习"世界人口增长特点"之前，学生先根据世界人口增长的数据绘制世界人口增长折线图，在此基础上再去归纳、总结世界人口增长特点。第三，活动就是知识，只是将知识学习直接设计成活动形式。例如，学习"世界海陆分布"一课时，学生手拿世界七大洲的模型进行拼图活动，这个活动过程就是学习七大洲的名称、轮廓形状、位置关系等知识点的过程。第四，活动背后蕴含着知识，需要学生在活动体验过程中，领悟知识的存在并对知识有深入的理解。比如，学生在捕鱼活动中自主领悟可持续发展的内涵和意义等。素养培育的今天更加倡导后面两种情况的学习活动设计。

4. 身心合力原则

学习是人的全感官参与的事情。一般在学习活动中，教师都比较重听觉、视觉和头脑的参与，往往忽视身体的投入和参与。比如，很多教师在课堂上组织小组合作学习时，常常让学生以小组讨论的形式得出结论，认为这样相比较于讲授法已经很好地改变了学生的学习方式。大卫·梅尔在《培训学习手册》中指出："如果没有身体运动的机会，思想是沉寂的。""身体就是思想，思想也是身体。"[①]现代心理学研究发现，人们在学习和生活中如果缺乏身体投入，会导致思想和心理的认同感匮乏。

为了做到这一点，教师在设计学习活动时，可以有意识地安排一些让学生起身站立或走动来完成的活动，条件允许的话也可以让学生席地而坐。重要的是，让学生离开自己熟悉的座位去跟同伴交流、两两分享等，这些都会激发身体与头脑、心灵的协调参与，会收到更好的学习效果。这也是当代具身认知理论中所倡导的一个重要观点。

5. 激发信心原则

设计学习活动，一方面要考虑到尽量不把学生个体长期置于挑战性的学习任务中，这样学生会因为缺乏安全感而退缩；另一方面要考虑

---

① ［美］大卫·梅尔：《培训学习手册》，刘安田、张峰译，56、58 页，北京，企业管理出版社，2002。

到在组内分享及与同伴合作研讨的过程中让每个学生都有机会贡献自己的智慧和观点，看到自己的成长和进步，以激励自己坚持和继续学习与探索。

学习活动中为了激发学生的学习信心，我们可以尝试以下三种做法：一是在学习活动过程中教师不断地询问学生是否可以完成并邀请学生对此做出表决；二是教师要专门设计每一次学习活动成果的展示环节，让学生有机会展示自己；三是在学习活动前教师要告知学生怎样的表现是加分项，并在活动过程中及时捕捉学生做得好的信息，定期向学生展示他们的成绩，给予及时的正向评价和反馈。

案例分析

案例1-10在学习活动的设计上体现了活动理论的有效应用，也体现了活动设计的几个原则，具体体现在：第一，活动的设计包含了活动理论的六要素。在案例中，有参与学习活动的个体、群体，有明确的活动目标，每个活动都有具体的活动分工、规则，并明确了活动的程序（抽象的工具）以保证活动目标的有效完成。第二，案例设计了两组学习活动。从"问题接力"到"国王与王后"，两组学习活动连续将学习推进深入。在"问题接力"阶段，每个小组在连续四个问题的接力式思考讨论过程中逐步形成关于正午太阳高度角时空变化规律的结论。在"国王与王后"活动过程中，每个小组又将其他各组对正午太阳高度角的时空变化规律的理解不断地与本组的结论进行对比、结合，最终实现各组对所建构的时空规律形成更加完整、深刻的理解，以更好地达到活动目标。第三，案例体现了学习活动设计的五大原则。学习活动工具"问题接力"和"国王与王后"的使用，使得学生能够全员参与，并使学生在讨论的过程中不断地向外输出自己的观点，即使任务具有一定的挑战性，学生也能全身心地参与到活动中，并且在活动工具的帮助下，使本组的研究结论不断地被梳理清楚、表述完整，使个体在完成活动目标上有更多的可能性。

四、如何构思教学板书

心理学实验证明，外界进入人脑的信息，有 90% 以上来自眼睛。[①] 板书所带来的视觉冲击对学生的学习有重要意义。

案例 1-11

高中地理"水资源的合理利用"一课的板书设计[②]

本节课教师以时间为轴，设计了古代和现代北京水资源的开发利用状况对比，并带领学生在分析古代北京的水资源供需情况的基础上，由学生小组讨论出现代北京水资源的供需状况，并根据给定的图例，以图示的方式表达出来。具体的板书过程如下。

第一步，教师画出古代北京水资源供需状况示意图（图 1-27）：

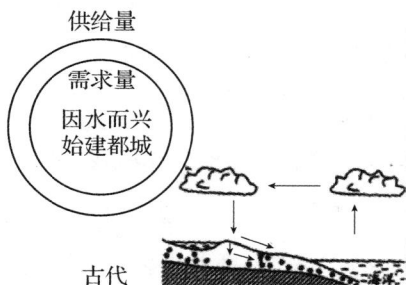

图 1-27　古代北京水资源供需状况示意图

第二步，在教师引导的基础上，结合材料小组合作完成任务。具体任务是：对比古代，画出现代北京水资源供需关系示意图（图 1-28），并解释原因。

---

① 张少英、张洪燕、刘立果等：《谈成人教育中板书教学的重要性》，见邢改萍、李守森：《中国当代教育文集》十二卷，609～610 页，北京，学苑出版社，2003。
② 本案例由北京市顺义区第二中学的张宇老师提供，收入本书时有改动。

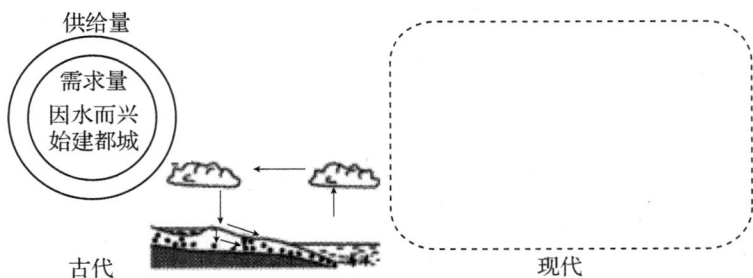

图 1-28　现代北京水资源供需关系示意图

第三步，小组将讨论研究的结果以图示的形式呈现（图 1-29），并解释图示绘制的全部思维过程。

图 1-29　水资源的供需关系与合理开发利用

问题聚焦

Q1：一节课为什么要有板书？

Q2：板书有哪些类型？

Q3：根据什么来选择不同类型的板书？

Q4：设计板书要遵循哪些原则？

Q5：新的教育改革中板书需要做怎样的变革？

板书是指教师在课堂教学中为了实现教学目标而有计划地在黑板上书写文字，绘制图表、图形、符号等，并使用书面语言将教学内容概括化、图表化，以此与学生进行信息交流的教学行为方式。良好的地理板书不仅可以突出教学的重难点、揭示知识间的内在联系，而且可以激发学生的兴趣，便于学生课堂理解和课后复习。可以说好的板书是教材编写者的文路、教师的教路、学生的学路，是教师的微型教案。[①]

（一）认识板书的不可替代性

在现代教育技术广泛应用于课堂教学的今天，板书作为一个传统的视觉媒体的传递方式，与其他传递方式比较，有鲜明的特点和不可替代性。[②]

1. 长久性，刺激持久

板书提供的信息可以在黑板上停留的时间长一点，不像口头语言和常用的 PPT 媒体那样转瞬即逝，留在黑板上的清晰、简洁的文字和图表等是对教学过程中重点、难点内容的重复与持久的刺激，便于学生持续思考和理解，更为学生反复、逐步建构完整的地理认知结构提供可能。

2. 概括性，刺激思维

板书往往是对师生的口头语言、多媒体的信息资源、教与学的内容等进行高度概括后，用简洁的文字、学术用语、图表等多种方式整合书写出来的，具有概括性，简洁、条理清晰、层次分明，便于学生理解。同时，这种概括性能帮助学生将课堂中所接触到的事实性材料、细碎具体的知识点与板书中概括出的结论进行有机联系，使学生不断在自己头脑中梳理它们之间的结构关系，这种反复刺激的过程对学生来说是一种将事实与概念之间建立起本质联系的论证思维过程，这种思维的培养是提升学生批判性思维的水平和问题解决能力的关键。

3. 生成性，刺激全程

板书的内容是在课堂教学过程中基于互动生成的。板书书写的过程一方面体现了客观上本学科的核心内容和方法的呈现，另一方面包含主观建构生成的理解。也就是说，板书的书写过程是一个互动生成的过程，并在互动生成的过程中逐步帮助学生梳理出新旧知识之间的联系、引导学生的思维过程。因此，精心设计的板书可以帮助学生理解问题解决的过程，学会问题解决的方法。在我国传统教育中，教师将教学语言与教学板书有机

---

① 徐健：《地理教学中的板书设计研究》，载《地理教学》，2012(4)。
② 李春艳：《教师教学技能培养系列教程 中学地理》，169～175 页，北京，中国轻工业出版社，2019。

地结合起来，体现了学生从听讲、思考，到梳理概括的学习方式，有很多合理的成分，在今天的多媒体教学环境中仍然需要传承。教师可以在教学的全过程中借助板书将学生与教师、同伴、资料、媒体、任务、环境以及自身的原有经验之间有机地联系起来，让板书的可视化刺激全程，使学生的学习过程成为一个互动生成过程。

（二）遵循板书设计的基本原则

1. 科学性原则

科学性是指板书中没有错误，这是地理板书的最基本原则。板书的文字、图示及符号等必须准确地表达地理的概念和原理，书写要准确规范，无错字、别字。这样的板书才能为学生提供准确的、科学的知识和信息。

2. 整体性原则

地理知识具有一定的系统性和内在逻辑性，每节课的内容是相对完整的整体，这就要求板书具有整体性，而不是将几个没有联系的内容板块简单地罗列出来。地理板书应该把分散的各个知识点按照其本质联系组织成有逻辑结构关系的整体，这有助于学生准确地理解所学的内容。此外，整体性还体现在板书在黑板上布局的完整与合理。

3. 启发性原则

板书是一种信息提示，对学生来说具有指引的作用，尤其有助于启发学生的思维，使他们能够充分将所学知识进行分析、比较、归纳、判断、推理等，进而得到更多的知识和信息，使自己的地理知识之树更加繁茂。因此，地理板书无论在内容上还是形式上都要体现启发性，揭示内容之间的本质联系，挖掘地理规律、原理和方法。教师在板书过程中可听取学生的意见，融入学生的参与和理解，引发学生的思考与讨论，和学生共同完成教学板书。

4. 审美性原则

优秀的板书既要重点突出、布局合理、直观清晰、有不同笔色、四周留空等，也要给学生视觉上的享受。学生对乱涂乱画的板书不会有好的印象，更不用谈从板书中获得有效信息。板书可以适量加入简单的图示，特别是地理学科的地图、原理示意图、结构图、统计图等。图文并茂、文笔工整、布局合理的板书能给人平稳、舒服和美的感觉，而且漂亮、规范的地理板书也可以吸引学生的注意力，提高课堂教学效果。

5. 学科性原则

学科特点不同对板书的要求不同。地理学科的板书设计要凸显地理学科的特点。教师在做板书设计时要充分理解教学内容并对其进行深度加工。比如，将图示中的空间感知与所学的知识建立起联系，将时间线索与特定的空间之间建立起联系等。为此，地理板书常常是图文结合形式的板书，它们在信息上相互补充，帮助学生形成地理思维。

（三）在设计和使用板书时要处理好几个关系

1. 处理好教科书中的内容与板书内容的关系

一方面，板书是内容的表达形式，要遵循形式为内容服务的原则，不能为了形式上的美观，而使教学内容失真，或者遗漏某些知识要点。另一方面，不能将教科书中的内容直接简单地"搬"到黑板上，需要对教学内容进行整合、概括、梳理和加工，这需要以教师对教学内容的准确理解和把握为基础。

2. 处理好板书书写与讲解的关系

板书在教学过程中的什么阶段书写，是值得教师研究和思考的。有时是教师边讲边写；有时是教师先书写板书，然后师生一起分析；还有的时候是师生先分析、归纳，然后教师再书写板书。具体采用哪种形式需要教师视教学需要而定。另外，地理教师在教学过程中因讲解而忘记书写板书，然后再去补写，或者因书写板书的时间过长而影响讲解时间的现象应该避免，要坚决克服书写板书中的随意性和盲目性的问题。比较理想的情况是教师在讲解的过程中就根据需要，恰到好处地整合进来板书的书写、媒体的演示及学生的参与。

3. 处理好板书设计与运用的关系

板书设计是教师在认真备课的基础上，根据教学需要而事先设计的，但是在实际教学中可能会根据现场的情况做适当的调整，但不论板书如何变化都必须保证自身的完整性。另外，教师在本课的总结环节也要用好板书。教师在总结时可以适当地补充、提升对板书内容的上位理解，以提升学生对板书内容的理解水平，从而提升对板书中所概括的知识结论的理解水平，并由此提升学生对所学知识的灵活迁移运用水平。在巩固练习环节，教师引导学生不断地回到板书中来，能有效提升学生解决问题的能力。

（四）设计指向概念建构的地理板书

板书的形式因教学目标、教学内容、学生年龄特征及学习特点的不同而不同。按照不同的划分方式，板书的类型也不同。比如，按照板书的书写时间可以分成先写后讲式板书、先讲后写式板书、边讲边写式板书等；按照板书的作用可以分成基本板书（主板书）和辅助板书（辅板书）等；按照板书的呈现方式可以分成提纲式板书、线索式板书、表格式板书、图解式板书、结构式板书、思维导图式板书、概念图式板书等。针对不同的教学内容、不同年龄阶段的学生以及不同教师的风格特点等，课堂教学采用的板书类型常常有所不同。

但是，指向核心素养培育的今天，能建构地理知识间的横纵联系的板书更利于学生形成地理思维，建构地理概念；能促进地理学习迁移的教学板书更利于提升学生的学科核心素养。下面谈谈指向地理概念建构的板书设计。

1. 绘制地理结构式板书

结构式板书是寻找地理知识之间的因果、隶属等逻辑关系，并用箭头、线段等符号联系在一起的结构图示（图 1-30）。将地理知识结构化、系统化有利于学生对知识的识记和理解，有利于培养学生的地理逻辑思维能力及地理学科能力。

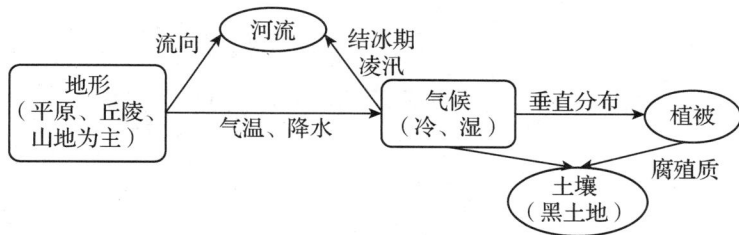

图 1-30　结构式板书——以东北地区为例

（资料来源：北京市怀柔区杨宋中学张晶）

2. 绘制地理思维导图式板书

思维导图式板书是将杂乱无序的内容通过思维方式的呈现，将其转化成一个条理清晰的知识网络，并且这个知识网络是富有生趣的，能够激发学生的学习兴趣。精练的思维导图式板书设计，不仅体现了教师对本节内容的理解和概括，而且有利于学生掌握重难点内容。学生绘制思维导图时，会运用到视觉、空间、动觉记忆，在抄写板书的过程中，会锻炼逻辑思维和发散思维。初中地理"中国的工业分布特点"思维导图式板书示例如图 1-31 所示。

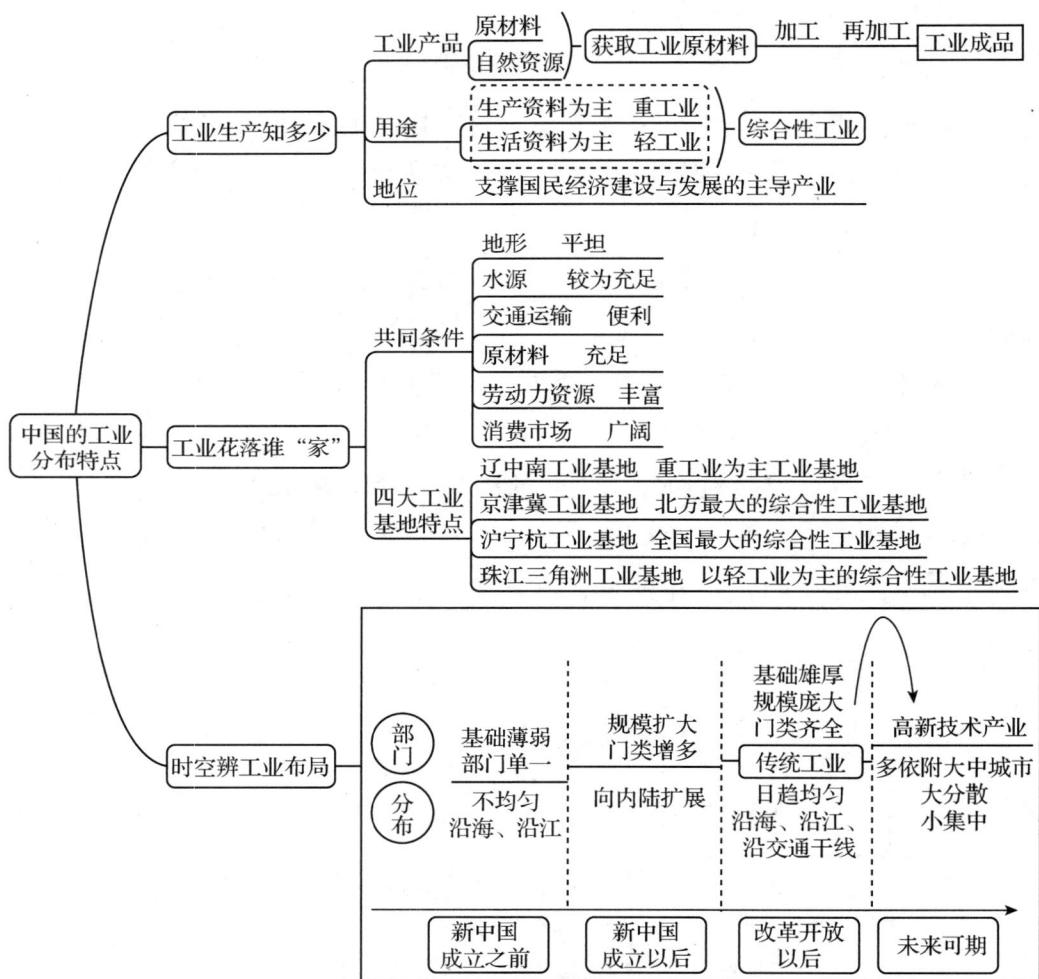

图 1-31 初中地理"中国的工业分布特点"思维导图式板书示例

（资料来源：北京市大兴区新源学校杨双姝玛）

3. 绘制地理概念图式板书

概念图能形象表达命题网络中的一系列概念、含义及其关系。其核心价值是组织和表征知识，有助于逻辑性思维的可视化呈现。概念图一般将与某一主题相关的概念作为"节点"，然后用线连接相关概念（即节点），连接线上批注两个概念间的"连接词"或"意义陈述"，表明两者之间的意义或关系，进而形成一个命题。概念图在解释知识之间本质关系时容易使学生清晰、准确地把握知识重难点，并形成上位的大概念。因此，概念图式板书已经成为在课堂教学中落实学科核心素养的有效方式之一。特别是更加强调概念图中对概念间本质联系的解释，强调这种联系不仅仅是用一个"连接词"，而更应该是由能直接揭示两个概念间关系的陈述句构成的一个命题。初中地理"气候、气温和降水的影响因素"概念图式板书示例如图 1-32 所示。

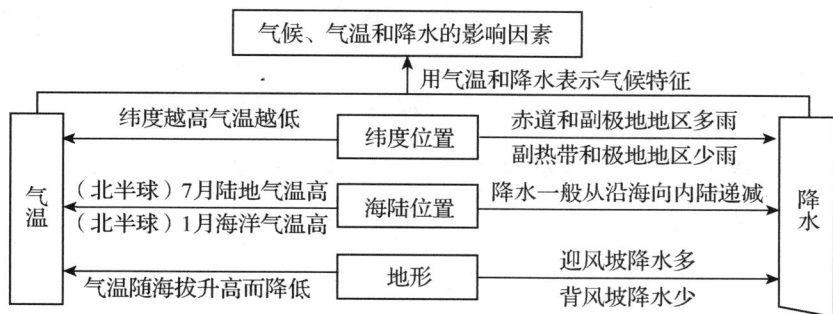

图 1-32　初中地理"气候、气温和降水的影响因素"概念图式板书示例

研究表明，学生组织知识的方式会影响其学习和运用知识的方式。知识组织的关联程度和联系深度是专家教师和新手教师的重要区别。学生能将众多事实性知识建立起有意义关联时的学习效果最好。结构式板书、思维导图式板书和概念图式板书对于学生建构地理概念、形成地理思维、完善地理认识结构、提升知识的关联程度和深度等的意义要远超过其他类型的板书对它们的意义。

案例分析

案例 1-11 的板书设计突出体现了以下几个特点。

第一，从学科角度看：板书揭示了本课核心的学科认识，即区域水资源的开发利用的核心问题是在特定的生产力水平下的区域水资源的供需关系问题。

第二，从板书的要素看：一是板书、板图的书写与绘画规范、美观、流畅；二是板书的结构布局合理，重点内容要点鲜明，要点之间建立起了本质联系，伴随教学进程逐步生成，时间和空间的整体结构和图文布局合理；三是概括要点，有对内容要点的提取概括，分析清晰到位；四是回忆再现，在板书生成的过程中有新旧知识的结合，有前后内容的衔接和积累，利用板书以视觉方式保留信息的特点，实现教学中的内容随时存储、调用，并不断再现、重复和强化，有利于学生形成连贯的思考。

第三，从学生的学习看：一是学习内容的组织以北京为载体，以古代到现代之间的过程为轴线，对比分析人类活动与水资源之间供需关系的演变，非常利于学生逐步提升区域认知、综合思维和人地协调观的地理核心素养；二是板书的生成是学生自主建构的过程，能使学生对自主建构的结论形成合理的解释，这样的过程能确保学生深度学习的发生，学生比仅仅调用的识记、理解、应用水循环原理说明北京水资源状况等低阶思维，更容易形成综合分析区域水资源开发利用状况的思维路径和一般方法，从而评价不同区域的水资源开发利用状况，进而提升分析、综合、评价等高阶思维能力。

实践操练

1. 根据本讲的内容，请你结合中学地理某一课时的特定教学内容，构思本课的教学过程设计，并在构思教学过程设计的过程中着重思考情境的创设、教学结构的优化、学习活动的设计以及地理板书的设计。

2. 说明教学过程设计中都运用了本讲内容中的哪些策略和方法。同时，请思考什么是课堂教学主线，课堂教学主线的确定依据有哪些，你是依据什么确定了目前的课堂教学主线。

3. 在设计学生学习活动时，请思考并梳理学生学习活动与教学目标及教学重难点之间的关系，本课设计了怎样的学习活动，体现了活动理论中的哪些要素及学习活动设计的哪些原则。

4. 你是如何设计本讲的板书的？该板书属于什么类型？如何凸显对学科知识的建构和地理思维的形成？在地理学科核心素养的培养上有何体现和价值？

单元小结 ⋯⋯▶

地理教学设计是地理教师事先对课堂教学行为进行整体筹划的过程。地理教学设计要基于地理课程标准的要求、运用现代教育理论、融入学习科学的研究成果，追求最优化的教与学过程，促进学生的真实发展。教学设计有多个基本的构成要素，在做教学设计时需要系统全面地考虑各个要素的特点及要素之间的关系，在整体的视角下反复厘清教学设计各个要素间的关系，形成自洽一致的教学设计方案。新手教师掌握教学设计的基本方法，练就教学设计的真本事，不是一朝一夕就能完成的事情，需要结合教材中的设计策略进行学习、思考、实践、研究，经过反复练习，最终实现教学设计能力水平的提升。

单元练习 ⋯⋯▶

请结合所学，在课程标准的指导下，参考下面的教学设计评价指标及评价标准（表1-14），完成一份课时教学设计。教学设计的每个环节都力求至少体现所学的一条设计原则或设计策略。

表 1-14　中学地理教学设计的发展性表现评价指标及评价标准

表现任务	表现结果	表现等级		
		没有发生	部分发生	全部发生
教学设计的整体性	能在教学设计中完整呈现教学设计的基本要素			
	能在教学设计中体现出基本要素间的整体结构关系			
	能应用教学设计整体性的原理优化教学设计			
	能站在教学设计整体性视角评价教学设计的优劣			
	能设计出体现整体性的教学设计方案			
教学内容分析	能将本课的内容进行准确的层级区分			
	能将本课拟学习的概念建立起纵向联系			
	能将本课内容与前后相关内容建立起横向联系			
	能准确把握该内容在学段中的定位			
	能在内容的联系性分析的基础上针对学生的实际情况确定本节课内容对于学生学习的主要特点			
	能基于本课教学内容的学习特点确定教学目标、教学重难点及教学策略			
教学目标制定	能规范表述教学目标（学生通过何过程将何内容学到何种程度）			
	能使用行为动词使教学目标可观察、测量、评价			
	能依据教学内容的展开逻辑依次制定教学目标			
	能按照学生的认知水平层次依次制定教学目标			
	能将目标分解为几个有效的教学步骤来保证目标的落实与完成			

表现任务	表现结果	表现等级		
		没有发生	部分发生	全部发生
教学过程设计	教学过程与教学目标及教学重难点的自洽性			
	教学过程有明晰的教学主线			
	符合一定的教学过程组织范式			
	教学过程能将学科逻辑转化为学习逻辑			
有效提问设计	与教学目标要求的能力水平和内容范畴相吻合			
	要按照学生的认知水平逐步加深			
	将提问与回答捆绑			
	要设计好一节课的核心问题及加工性问题			
	在需要认知建构的地方设计思维容量大的问题			
	提问的设计要从学科逻辑转化为认知逻辑			
	提问的设计要关注学生的差异			
学习活动设计	有共同的体验(经验)基础			
	有明确的活动目标			
	有清晰的活动过程			
	有具体的活动结果			
	紧扣学科内容并体现学科特点			
	能调动全员参与			
	能在活动的基础上进行自主(或合作)反思和建构			

续表

表现任务	表现结果	表现等级		
		没有发生	部分发生	全部发生
教学板书设计	能按照教学内容的展开顺利反应知识之间的线性认知结构			
	能以结构图的形式解释知识之间的网状认知结构			
	能借助概念图揭示知识之间的层级认知结构			
教学设计的创新性	教学目标的立意创新——指向育人			
	教学内容的组织和处理创新——揭示学科本质			
	学习过程创新——用学生喜欢的方式教学			
	板书创新——体现学科素养的培育			
	能设计出具有个人风格的教学设计			

阅读链接 ……▶

1. 段玉山. 中学地理课程与教学[M]. 上海：华东师范大学出版社，2018.

2. 加涅，韦杰，戈勒斯，等. 教学设计原理[M]. 王小明，庞维国，陈保华，等译. 5版修订本. 上海：华东师范大学出版社，2018.

3. 皮连生. 教学设计[M]. 2版. 北京：高等教育出版社，2009.

4. 莫里森，罗斯，肯普. 设计有效教学[M]. 严玉萍，译. 北京：中国轻工业出版社，2007.

5. 鲍里奇. 有效教学方法[M]. 朱浩，译. 7版. 南京：江苏教育出版社，2014.

6. 安德森，等. 布卢姆教育目标分类学：分类学视野下的学与教及其测评[M]. 蒋小平，等译. 修订本. 北京：外语教学与研究出版社，2009.

第二单元　教学实施

1. 学会运用营造课堂教学氛围、组织课堂教学互动、有效进行课堂倾听和课堂观察、合理调控课堂等策略，实现地理课堂教学的有效管理与调控。

2. 掌握课堂教学导入、讲解、提问及总结等教学技能的要素构成及操作要点，实现教学内容的有效组织和呈现。

3. 掌握一些能将信息技术与地理学科教学有机融合的技术工具和数字资源。

教学设计多是教师备课时的一种教学预设，教学实施是教师将备课时的预设转变为上课时的现实。这中间增添了许多变量的影响，比如，一个个鲜活的学生个体，教学的时间约束，班级的教学环境，团队的学习氛围，课堂教学中的即时生成，教师信息传递出去后没有收到预想的学生反馈，等等。这些不确定的、复杂的因素，使教学实施变得远比教学设计更复杂，教师没有一定的教学基本功，可能会给自己的教学带来很大的风险，甚至有失败的可能性。为此，本单元的学习，将要帮助新手教师练习如何营造课堂教学氛围，如何组织课堂教学互动，如何进行有效的课堂倾听和观察，如何根据学生的反馈及时进行有效的教学调控，如何借助导入、讲解、提问及总结等关键环节有效地组织和呈现教学内容，如何将信息技术与地理学科教学有机融合，等等。通过多项教学基本功的练习，新手教师能更好地胜任地理课堂教学。

单元导航 ……▶

教学实施

如何进行课堂管理与调控
- 如何营造课堂教学氛围
- 如何组织课堂教学互动
- 如何在课堂上倾听与观察
- 如何在课堂上有效调控

如何组织和呈现教学内容
- 如何在教学中规范语言与清晰讲解
- 如何在教学中有效提问与恰当解答
- 如何在教学中提炼概括和总结提升
- 如何在教学中恰当使用信息技术与数字资源

如何设计并开展实践活动
- 为什么要开展实践活动
- 如何开展实践活动
- 不同类型实践活动的设计与实施

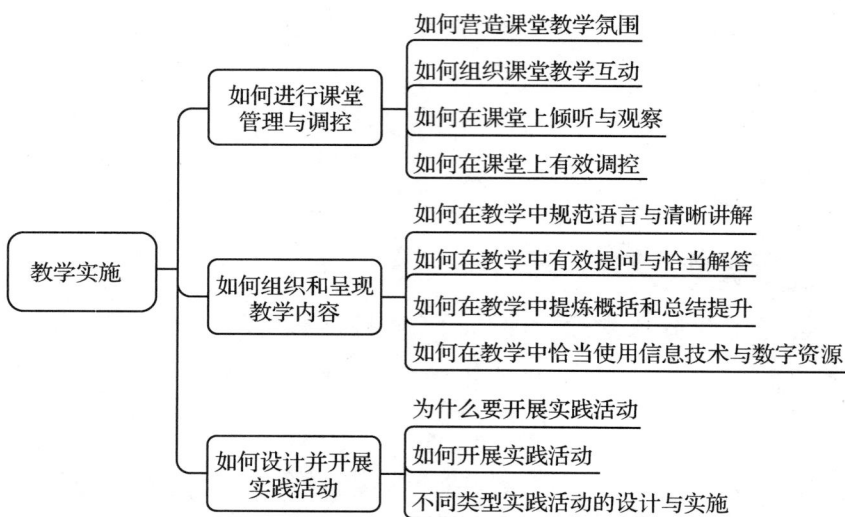

如果你所追求的只是那种表面的、显而易见的刺激，以引起学生对学习和上课的兴趣，那你就永远不能培养起学生对脑力劳动的真正的热爱。你应当努力使学生自己去发现兴趣的源泉，让他们在这个发现过程中体验到自己的劳动和成就，——这件事本身就是兴趣的最重要的源泉之一。

——苏霍姆林斯基《给教师的建议》

▶ 第五讲
如何进行课堂管理与调控

一、如何营造课堂教学氛围

课堂氛围是指在课堂活动中师生、生生相互交往所表现出来的相对稳定的知觉注意、情感、意志、定势和思维等心理状态。有效教学不仅取决于教师怎样教、学生怎样学，而且取决于师生交往的心理背景，也就是课堂氛围。课堂氛围不同，教学效果和学习效率会有明显的差异。因此，营造积极、和谐、良好的课堂氛围是辅助教学行为的重要内容，是实现有效教学的重要条件。[①]

案例 2-1

产业转移——以"联合利华"为例[②]

上课时，教师首先说："上节课我们布置了一个小调查的任务。要求大家了解一下：①什么是联合利华？②调查大家常用的日化产品和食品，哪些是联合利华的品牌。③举例这些品牌的中国公司的总部和生产基地设在哪里。下面呢，我请优秀调查小组来展示一下他们的调查结果。"

然后，两名小组代表，分别汇报针对"日化产品"和"食品"的调查结果。两个调查小组都提到，联合利华的总部位于上海，生产基地位于合肥，并产生了疑问："为什么联合利华下设品牌的总部设在上海，而生产基地却位于合肥呢？"

此时，教师使用导入语："那我们就带着以上小组调查后提出的疑问，开始我们今天的学习。"

随后，在整节课的讲解过程中，教师都使用了联合利华搬迁的案例

---

① 崔允漷：《有效教学》，202页，上海，华东师范大学出版社，2009。
② 本案例由北京市大兴区兴华中学的冯哲老师提供，收入本书时有改动。

来进行解释、阐述。

问题聚焦

Q1：营造课堂氛围要关注什么因素？

Q2：如何利用课堂导入营造良好的地理课堂氛围？

（一）营造课堂氛围要关注多个因素

和谐的课堂氛围是在课堂活动中由师生相互作用而产生的，因此主要受到教师、学生、课堂物理环境三个因素的影响。[①]

1. 教师的因素

教师是课堂教学活动的引导者，教师的领导方式、教师的教学能力、教师的移情以及对学生的偏爱等都会影响课堂氛围。

教师的领导方式分为权威式（强硬专制型与仁慈专制型）、民主式和放任式。从课堂氛围和学习效率的影响来看，放任式领导方式是最差的。民主式领导方式与权威式领导方式相比，虽然在教师离开时，学生仍能积极学习，保持较高的成绩，且学生在态度和责任心方面也比较好，但是从学到的知识多少来看，民主式领导方式并不占优势。当班集体涣散，课堂秩序混乱，人际关系紧张时，权威式领导方式往往能有效地控制局面，使课堂活动走上正轨。

课堂氛围与教师的教学能力密切相关。教师的教学能力突出地表现在课程实施时驾驭课堂的能力上。比如，教师的课堂语言能力、教学引导能力、随时调整能力、教学总结能力、交流互动能力等。

教师的移情就是将自身的情绪或情感投射到学生身上，感受到学生的情感体会，并引起与学生相似的情绪反应。移情好比师生之间的一座桥梁，它可将师生的意图和情感联结起来，在教育情境中形成暂时的统一体，有利于创造良好的课堂氛围。

教师对学业水平高的学生的偏爱会使学困生失去学习兴趣和热情，引

---

① 崔允漷：《有效教学》，203 页，上海，华东师范大学出版社，2009。

起师生、生生关系紧张，带来一系列的课堂问题行为，进而影响良好课堂心理氛围的形成。同时，也会使学优生过于自负，从而掩盖其某些品德、体质上的发展问题，潜伏诸多隐患。因此，要营造良好的课堂氛围，教师必须无条件地接纳每一个学生，给每个学生以尊重、理解、真诚、关怀、温暖、热爱。

2. 学生的因素

课堂氛围是师生共同营造的，学生是课堂活动的主体。因此，学生的一些特点也是影响课堂氛围的重要因素。如果学生之间彼此团结、心理相容、凝聚力强，就易于形成良好的课堂氛围。学生对集体目标是否认同，学生个人的需求和课堂教学目标是否一致，这些均会影响学生的学习情绪，进而影响课堂氛围。只有当个体的需求同集体的目标趋于一致时，才能使集体的士气高涨，并且活动效率也高。因此，教师要想营造良好的课堂氛围，就必须设法将学生个人的目标融于集体的目标之中。

3. 课堂物理环境的因素

课堂物理环境包括教学时间安排，班级规模，教室内的设备、教具、乐音或噪音、光线充足与否、空气清新或污染、高温或低温、座位编排方式等。这些条件会对教师或学生的生理、心理产生一定影响，进而影响课堂氛围。营造良好地理课堂氛围的方法，也就是机智地处理上述影响课堂氛围各因素的方法。

（二）好的导入可以营造良好的地理课堂氛围

良好地理课堂氛围的营造，需要地理教师的精心组织和主动创设。比如，如何做课前的课堂教学组织，如何进行课堂教学的合理导入，如何有效地推进课堂教学进程，如何总结提升课堂教学结论等，都是营造课堂学习氛围不可忽视的环节。

导入作为一堂课的开始，对地理课堂整体氛围的营造起到至关重要的作用。因此，营造良好的课堂氛围需要重点关注地理教师的导入技能。[1] 俗

---

① 李春艳：《教师教学技能培养系列教程 中学地理》，86 页，北京，中国轻工业出版社，2019。

话说"万事开头难",好的开头是成功教学的一个良好的铺垫。苏霍姆林斯基说:"如果教师不想方设法使学生产生情绪高昂和智力振奋的内心状态,就急于传授知识,那么,这种知识只能使人产生冷漠的态度,而不动感情的脑力劳动就会带来疲倦。"[①]实践证明:积极的思维活动是课堂教学成功的关键,而富有启发性的导入语可以激发学生的思维兴趣,所以教师上课伊始就应当注意通过导入语来激发学生的思维,活跃课堂气氛,以引起学生对地理学习的探求。地理教学导入,是引出问题、创设情境、培养学生的学习动机、激发学生的学习兴趣,为地理教学做好铺垫的基础。因此,地理教师的导入技能是地理课堂教学的重要手段,是优质地理课堂的重要保障。

1. 导入技能的三个要素

导入技能由问题情境、知识衔接、目标指引三个要素构成(表2-1)。

表 2-1　导入技能要素与指标

要素	指标 1	指标 2	指标 3	指标 4
问题情境	问题情境与教学目标密切相关	能引起注意,激发兴趣,引导思考,引发激情	在创设问题情境时富有情感,能感染学生	时间把控得当
知识衔接	情境能唤起学生相关已有知识	将新旧知识间建立起内在关联	将新旧知识间的认知冲突显性化	能自然流畅地转换到新知识
目标指引	有确定的学习目标	通过一定方式强调学习目标	对实现学习目标的方法和途径进行指引	学生清晰理解了本节课的学习目标

问题情境。它可理解为一种具有特殊意义的教学环境。这种教学环境除了物理意义上的存在外,还有心理意义上的存在。从物理意义上讲,它具有客观性,是一个看得见、摸得着的教学背景,可以是现实生产、生活材料,也可以是本学科的问题,还可以是其他学科的相关内容等。从心理

[①]　[苏联]B. A. 苏霍姆林斯基:《给教师的建议》,周蕖、王义高、刘启娴等译,108 页,武汉,长江文艺出版社,2014。

意义上讲，它充分反映了学生对学习的主观愿望，能激发学生的学习兴趣，能唤起学生对知识的渴望和追求，让学生在学习中伴随着一种积极的情感体验，使他们积极主动地投入学习。

知识衔接。它是指在导入中把学生将要学习的知识和学生已有的知识联系起来。导入是课与课之间的"桥梁"和"纽带"，具有承上启下的作用，既是先前教学的自然延伸，也是本节课教学的逻辑开始。

目标指引。教学目标是教学活动所要达到的预期结果或标准。教学目标对教师是教授目标，对学生是学习目标。通过导入，教师把教学目标转化为学生的学习目标，学生知道了学习目标就能明确学习的方向，自觉地以目标来规范自己的行为，主动地逼近目标。同时，教学目标还有激发学生学习动机，使学生产生强烈学习愿望的作用。

2. 导入技能要素的操作要点

(1)问题情境创设的操作要点。

首先，明确所要达到的教学目标，然后依据教学内容的特点一步步倒推，在学生原有认知结构中找到与新知识具有某种联系又有区别的内容，确定问题情境中相对的两个方面。其次，设计具体的表现方式来表现这对矛盾。

问题的障碍情境是在学生原有知识储备和知识经验的基础上，有意识地让学生陷入新的困境，以形成新的认知冲突，从而唤起学生对新知识的渴望和探求的一种问题情境。

问题的发现情境是通过呈现一定的背景材料，引出新的学科问题，通过引导学生发现问题的特征或内在规律，产生新的学科知识的一种问题情境。

问题的解决情境是直接呈现出某个新的学科问题，围绕如何解决这一问题去组织学生展开学习、探求知识、寻找解决问题办法的一种问题情境。

(2)知识衔接组织的操作要点。

导入要真正引起学习动机，仅依靠问题情境的设计是不够的，还必须使问题情境中潜在的矛盾或差异表面化，被学生主体充分地意识到。这就需要引导学生从原有认知结构中提取出与新内容相关的内容，与新内容形成冲突。

从旧知识中引出新知识。根据知识之间的逻辑联系，找准新旧知识的联结点，以旧知识为基础发展深化，从而引出新的教学内容，达到温故知新的目的。通常通过对旧知识进行复习、提问等活动，对照新情境，发现问题，明确学习任务。这样导入使学生感到新知识并不陌生，便于将新知识纳入原有认知结构中，降低学习新知识的难度，易于引导学生参与学习过程。

该方法在导入时需要注意以下几点：第一，要提示或明确告诉学生新旧知识的联结点，以引导他们思考，从而明确新旧知识之间的联系，进入新知识的学习。第二，通过有针对性的复习为学习新知识做好铺垫，并在复习的过程中通过各种巧妙的方式设置难点和疑问，使学生思维暂时受到阻碍，从而激发学生思维的积极性，形成学习新知识的契机。第三，要精选复习、提问的旧知识内容和编排习题，使之与新内容之间有一个紧密联系的"支点"，从复习到讲授新课过渡得连贯、自然。第四，地理学科的导入，常常采用指图说出旧知、教具演示旧知、案例讲述旧知、复习提问旧知、模拟实验等多种形式来巩固、印证前面所学的知识或以此为基础展示新的矛盾和问题，让学生思考。

从已有的生活经验中发现新的问题。当新内容与学生的有关经验既有联系又有区别时，教师可以把学生已有的生活经验、已知的素材作为出发点，通过生动而富有感染力的讲解或提问等方式引导学生从已有的生活经验中发现新的问题，激发学生的求知欲望，引导学生动脑思考。该方法在导入时需要注意：第一，一定要选择学生非常熟悉的生活经验、体验或素材，这样才能引起学生的共鸣，调动起学生的情绪；第二，所选择的内容应是与新学习的内容有关，但学生又不明白为什么有关系的现象材料；第三，教师要在关键处提出问题，引导学生对"熟视无睹"的现象进行思考。

从实验现象中展现新知识。用把已知地理演示现象或知识经验与新知识进行对比的方式产生问题情境，提出新问题，自然地过渡到新课学习的导入方法，通常是在新知识所要求的感性经验是学生所缺乏的，或在生活中虽有所接触但没有充分注意和思考的，或需要有鲜明的表象时采用的。从演示现象中展现新知识有利于学生形成生动的表象，由形象思维过渡到抽象思维。因此，在地理学科教学中运用较广。该方法在导入时需要注意：第一，演示的内容必须与新内容有密切的联系并能为学习新内容服务；第二，要让学生明确观察的目的，掌握观察的方法；第三，教师要善于抓住时机提出问题并引导学生积极思考。

在情境中激发学生感受新知识。选用语言、设备、环境、活动、音乐、绘画等各种手段，创设一种符合教学需要的情境，在所创设的情境中，教师通过与学生对话、让学生参与活动等形式调动学生已有的知识能力，激发学生学习新知识的兴趣，使学生处于积极的学习状态。苏霍姆林斯基说："学生了解教育，懂得教育，一般说来，是有害而无益的。这是因为在自然而然的气氛中对学生施加教育影响，是使这种影响产生高度效果的条件之一。"[①]情境创设如运用得当，则会使学生身临其境，意识不到是在上课，从而在潜移默化中受到教育，获得知识。该方法在导入时需要注意：第一，善于创设情境，教师必须从教学内容出发，精心组织，巧妙构思，创设良好的符合教学需要的情境；第二，教师设置情境应有明确的目的或意识，或以此激发学生的情感，或因此引发学生的思维，或借此陶冶学生的性情等；第三，当情境内涵比较隐蔽时，教师要恰当地对学生进行启发和引导。

（3）目标指引实现的操作要点。

目标指引实现的操作要点有以下两方面：一是对问题情境的导入活动进行概括，并提出问题；二是对实现教学目标的方法和途径进行指引，使学生对接下来的教学要解决的问题及其解决途径做到心中有数，从而形成学习期待。

案例分析

在案例 2-1 中，教师使用和学生密切相关的"上节课作业——调查"作

---

① ［苏联］B. A. 苏霍姆林斯基：《给教师的建议》，周蕖、王义高、刘启娴等译，308 页，武汉，长江文艺出版社，2014。

为引入，可以一下子吸引学生的眼球，因为大家都很关心自己调查结果的呈现以及其他人的调查结果是怎样的。学生小组汇报完，教师承接学生们提出的疑问，使用了明确的导入语"那我们就带着以上小组调查后提出的疑问，开始我们今天的学习"，提示学生开始正式上课，提高学生的注意力，也明确提出了学习目标，即解决上面的几个疑问（问题）。在知识衔接要素上，该导入起到了很好的承上启下的作用。在目标指引要素上，该导入也有清晰、明确的表示。

本案例的情境创设，有一个非常重要的特点：导入情境，全课堂贯穿，即导入中提出的问题的解决，就是本节课的内容，而后面讲解过程中，也一直使用该案例，这样就很好地利用了导入的情境，让学生自始至终都沉浸其中。很多教师在课程开始时使用了较多素材来导入，但课程后面的内容与这些素材毫无关系，这样很容易导致"导入时激发的热情"在后续授课中逐渐消失或断崖式消失。这就要求教师注意导入一定要和后续课程讲解有联系，甚至融为一体，达到循循善诱的目的。

二、如何组织课堂教学互动

授课过程中，有的教师极富激情，在讲台上侃侃而谈；有的教师全情投入，不漏掉一点儿内容；有的教师讲完了该讲的内容，理所当然地认为学生听懂了、掌握了，可是学生的状态如何呢？学生也许犯困打瞌睡，也许已经走神了。这就是授课没有达到实际效果的表现。课堂上的很多内容，光靠讲解难以被学生掌握，教师必须通过课堂互动把授课变得更有实际价值，这样才能真正提高学生的实际收获。[1]

✎ | 案例 2-2 |

游戏竞赛记省份[2]

人教版八年级上册第一节"疆域"中 34 个省级行政区是教学中的重点

---

[1] 周平、王靓：《培训课堂互动手册》，序 XIII 页，北京，北京联合出版公司，2016。
[2] 刘明飞：《创设游戏化情境，助力互生式教学》，载《地理教学》，2019(4)。收入本书时有改动。

也是难点，学生学得很累，教学效果也不尽如人意。为此笔者设计了地理小奥赛游戏来调动学生的积极性，并通过小组计分竞赛的方式来调动学生的竞争意识，形成了良好的师生互动氛围。

地理小奥赛分成若干环节，使知识以各种形式重复出现，学生在游戏中不知不觉地记住了知识，达到了"润物细无声"的效果。

游戏环节一：竞猜歌曲。

播放罗春老师改编的《小苹果》歌曲，学生竞猜。这首歌巧妙地将34个省级行政区的名称融入《小苹果》的旋律中，极大地调动了学生的兴趣，使学生在欣赏歌曲的同时熟悉各省的情况。

游戏环节二：记忆大比拼。

教师在PPT中按专题分别展示我国各省级行政区，教师展示，学生抢答。在比赛中，学生和教师积极互动，强化了对知识的记忆。

游戏环节三：猜灯谜。

教师展示有关各省级行政单位的灯谜，学生竞猜，如"船出长江口""宝地""冰河解冻"等。学生为了找出答案积极查找省级行政区的相关知识，进一步强化记忆。当教师公布答案时学生们或开心大笑或捶胸顿足，学习氛围浓厚，取得了令人满意的教学效果。

游戏环节四：拼图大比拼。

经过前面的各种竞赛游戏后，学生对我国省级行政单位有了一定的认识和了解，这时用中国轮廓拼图的小游戏，分小组进行竞赛。最后齐唱改编的《小苹果》歌曲作为结束，让学生进一步强化对知识的学习。

问题聚焦

Q1：课堂互动的形式有哪些？

Q2：如何组织有效的地理课堂互动？

（一）课堂互动要采用多种形式

根据互动主体的对象来划分，课堂互动有教师与学生之间的互动、学生与学生之间的互动、师生与媒体之间的互动。[①]

1. 教师与学生之间的互动

教师与学生之间的互动形式大致有如下几种。质疑—问答式，即教师根据教学需要提出问题，学生回答；学生向教师质疑，教师给予解答。讨论—交流式，即教师与学生因教学内容的需要，交换各自的想法、意见，以达到师生之间互通有无的目的。实验—探究式，即教师与学生为了共同的教学目标，相互协作，共同进行实验，以探究知识的本源、寻求问题的答案等。争论—辩解式，即教师与学生在教学过程中，因为对某些知识或问题在认识、理解上出现了分歧，从而进行争论、辩解等。

教师与学生之间的互动，其互动对象之间并没有高低、主次之分，而是相互平等的矛盾统一体。互动双方既可以是问题的发出者、话题的提出者，也可以是问题的被问者和话题的接受者。这种互动，需要的是一种平等的、和谐的、民主的师生关系，需要的是一种相互尊重的、人格上完全平等的课堂教学氛围。

2. 学生与学生之间的互动

课堂教学过程中经常出现这样的情景：教师在学生充分质疑解疑后，对于学生个体无法通过独立思考解决的问题，让学生进行交流；还有学生一时无法得出一致答案的问题，教师组织学生进行辩论；有时，因为教学需要，让学生将自己的想法在小组内或同座位同学之间进行交流，并相互评价等。上述这些互动属于学生与学生之间的有效互动。

3. 师生与媒体之间的互动

随着教育现代化进程的日益加快，信息技术在教育教学领域的广泛应用，建立在多媒体辅助技术、网络技术环境下的新型课堂教学，可有效提高课堂效率。建立在多媒体辅助技术、网络技术环境下的新型课堂教学，其突出特征是：在课堂教学的全过程中，参与教学活动的要素已经不再单纯是教师和学生两个方面，还应该包括教学过程中所使用的各种媒体。

---

① 秦自云：《建设理想课堂与教师专业发展》，81页，天津，天津教育出版社，2010。

✎ | **理论链接** |

全视角学习理论

所有学习都包含两个过程：个体与环境之间的互动过程，以及内部心智获得的过程。这两个过程必须都是活跃的，学习才能够发生。这两个过程是通过互动的冲动被整合进先前学习的结果之中而得以进行的。

所有学习都包含三个维度：内容、动机与互动（图 2-1）。前两者与个体的获得过程相关，后者与个体和环境间的互动过程相关。如果要做到充分理解和分析一个学习情境，这三个维度就必须始终被顾及。

内容维度通常关注的是知识、理解和技能。通过这一过程，我们一般来说寻求的是构建意义和掌握知识技能等，从而强化我们的功能性，即我们在自己所处环境中恰当地发挥功能的能力。

动机维度包含动力、情绪和意志。通过这一过程，我们一般来说寻求的是维持心智与身体的平衡，与此同时发展我们的敏感性。

互动维度包含活动、对话和合作。通过这一过程，我们一般来说寻求的是实现我们认为可以接受的人际交往与社会的整合，与此同时发展我们的社会性。

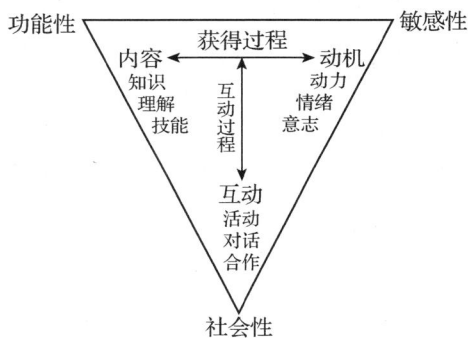

图 2-1　全视角学习理论

（二）使用多种方法组织有效地理课堂互动

有效课堂互动的组织实施需要把握以下几点。[①]

1. 把握时机并用问题引领深度互动

在课堂教学中，并不是随意互动就能够提高课堂质量的，也不是单凭

---

① 秦自云：《建设理想课堂与教师专业发展》，171～173 页，天津，天津教育出版社，2010。

教师的意愿，想什么时候互动就什么时候互动，就能够有效果的。真正的互动，应当是从教学的具体内容出发，从师生的实际情况出发，把握课堂互动的最佳时机。只有这样，才能充分发挥课堂互动的优势。"动"要恰当，一般说来，应把握这样三个时机："动"在教学重难点掌握处，"动"在学生的情感需要处，"动"在需要师生合作处。

问题是学生思维互动的发动机。课堂教学的互动往往就是始于问题、为解决问题而开展的活动。没有问题的互动最多只是形式上的互动，没有思维上的实质互动。同时，问题要具有一定的挑战性，互动才有价值。比如，什么是文化？这个问题学生可以直接从书中获得答案，如果借此问题进行学生间的互动，可能更多的时候学生会从书中直接拿来，而不会深入地讨论。但是，如果教师给每组学生提供一套既有文化景观也有非文化景观的图片，让小组合作区分出哪些是文化景观，这样的问题对学生来说具有一定的挑战性，学生在问题的引领下展开深度的互动学习，效果会更好。

2. 营造"做中学"的氛围来凸显学生主体

让学生的主体地位在课堂上得到落实和凸显，是学生能力发展的需要。在互动中对话，教师要使学生真正觉得自己是课堂的主人，是学习的主人。

"做中学"就是将学习对象作为一个问题解决的对象，通过自己（独立或是几个伙伴的）探索性活动，包括合作探索、假设预测、共享交流、尝试修正等一系列主体性的活动，来主动构建知识的过程。"做中学"大多是在学生的相互合作中完成的，在"做"的过程中学生相互合作、相互依赖而又相互约束，形成真正有效的合作互动。例如，初中地理"等高线地形图的判读与应用"一课，学生借助 AI 沙盘，按着学案中的要求，堆制立体的地形体现出几个典型的地形部位，再借助沙盘自带的投影技术将上位的地形转换成二维的等高线地形图。在活动过程中，学生充分调动了学习的热情，相互合作，建构出等高线地形图是如何转化来的，不同地形部位的等高线有何特点等。这堂课在任务完成的过程中充分发挥了学生的主体性。

3. 借信息技术助力有效互动

一方面，信息技术可以为课堂互动提供技术支持，如前面在学习海拔以及等高线时，可以使用 AI 沙盘辅助学生的学习和小组合作，提升学生学习的互动性。

另一方面，信息技术可以为互动提供平台和资源。通过网络载体，如组建 QQ 群、建立教育博客和地理公众号等，在学生和教师之间构建一个虚拟又实在的"互动社区"，借助这个平台，师生不仅可以直接交流，而且可以相互实时地分享资源。这一点在在线学习时代尤为明显。

案例分析

案例 2-2 通过游戏化的情境设计，完成了课堂互动，使学生在游戏中完成了知识的建构，在活动中培养了学生的核心素养。

案例中的互动并不是随意设计的，而是为了解决教学中的重点和难点："疆域"中 34 个省级行政区。这一部分的内容学生学得很累，教学效果也不尽如人意。地理小奥赛游戏调动了学生的积极性，将枯燥的知识趣味化，让学生在做中学，达到了很好的教学效果。另外，案例中，教师通过改编歌曲的方式，将地理教学内容用音频、视频的方式呈现出来，有效利用了信息技术手段。

案例涉及多种互动形式：教师与学生之间的互动包括教师提问灯谜等；学生与学生之间的互动包括小组合作完成拼图并竞赛，以及集体演唱歌曲等；师生与媒体之间的互动，既包括教师使用 PPT 来呈现内容，也包括使用歌曲、灯谜、拼图等。

三、如何在课堂上倾听与观察

在课堂教学中，教师不仅要善于讲，而且要学会倾听和观察、善于倾听和观察。随时倾听、观察学生的认知需求与学习情绪反馈，便于教师把握教学机遇，促进学生发展。

案例 2-3

学生"插嘴"生成精彩课堂[①]

人教版七年级下册"中东"一课有一个讨论是"中东地区为什么能持续成为世界关注的热点?",如何吸引学生的关注与兴趣较难把握。

在初步了解中东时一个学生插嘴说:"中东最大的优势是有石油,可现在石油一点儿也不贵,好像就只有四五十美元一桶……"(感觉没什么了不起、一副不屑的样子)他的话在众多的声音中没有引起大家的注意,但教师留意到了并追问:"是啊(首先重复并肯定他的话)。既然如此,可为什么……"(投影出世界关注中东的一些新闻图片,然后出示讨论题)这一追问既关注了那个学生的话,也引导大家对这一问题进行讨论。学生通过讨论挖掘出中东地区的历史种族矛盾、宗教信仰冲突、地理位置的重要性等知识点,也进一步挖掘出石油资源的重要性及其不可再生性和地区分布特点等知识。倾听课堂的声音并及时引导、调整教学这一精彩生成被评为本课最精彩的部分。

最后讨论中,那个因说中东石油价格低而引发讨论的学生,本来一副不屑的样子,经过教师的关注和引导,在讨论中表现得非常积极,自己就找出了不少知识点,当其他同学发言时,他听得很认真,偶尔还在书上记一记。讨论反馈时他的手举得高高的,教师先故意请其他学生发言,最后请他做小结。他小结得很好,都不需要教师做总结。由一开始的不屑到后来的主动学习,他这一转变的发生有一个重要的拐点,那就是教师的倾听和引导,使他感受到教师的关注,并发现认知上的矛盾从而产生学习兴趣。

---

① 姜素敏:《浅谈地理课堂教学中教师的倾听》,载《中学教学参考》,2016(31)。收入本书时有改动。

案例 2-4

课堂观察中的思维活动不可或缺：到底是"大气"，还是"天气"？[①]

初中地理"天气"一课，上课伊始，教师的课件中传出了熟悉的声音：天气预报的配乐《渔舟唱晚》。

教师："伴随着熟悉的音乐，大家知道我们今天要学什么吗？"学生 1："大气。"学生 2："天气。"

教师："那好，我请一个同学来读读本节课的学习目标。"学生完整阅读教师在 PPT 中呈现的每条学习目标。

问题聚焦

Q1：课堂倾听是什么？课堂倾听的类型有哪些？

Q2：如何实施有效的地理课堂倾听？

Q3：课堂观察是什么？

Q4：如何实施有效的地理课堂观察？

（一）认识课堂倾听

倾听是教师的一项基本功，优秀的教师要善于倾听。下面从内涵、内容、类型三个方面来认识课堂倾听。[②]

1. 课堂倾听的内涵

课堂倾听是教师与学生沟通的关键。在课堂教学中，教师的倾听，有利于发现学生的需要，发现问题所在，洞悉学生的思维水平；有利于学生消除心理紧张，大胆表达看法和意见，增加师生之间的认同感；有利于尊重学生、相信学生，使学生感到被接纳，体会到自我的存在，增强学生思考和参与的动力；有利于学生学会理解和接纳他人的观点和看法；有利于学生主体地位的充分发挥；有利于教师反思教学行为，促进专业发展，提

---

① 李春艳：《教师教学技能培养系列教程 中学地理》，80 页，北京，中国轻工业出版社，2019。收入本书时有改动。

② 李宝峰：《教学技能理论与实践》，68~71 页，北京，华文出版社，2008。

高教学水平。教师有效地倾听，不在于证实某种观点或想法的合理性，而在于教师要积极参与学生的构想和讨论，引导学生感悟知识，参与到学生的学习中来。

2. 课堂倾听的内容

一般来说，课堂倾听的内容主要有以下几个方面。第一，学生的回答与讨论。倾听学生的回答，教师可以准确地了解学生对学习内容的认知程度，明确学生在学习中遇到的疑问，理解学生思维受阻的原因，进而合理地调整教学进度。第二，学生的提问和质疑。教师要认真倾听学生的提问和质疑，重视学生的见解，善于从中发现有价值和有意义的一面，细心体会，这是教师组织好动态生成课堂的重要条件。第三，学生的需要和情感。在课堂教学中，学生的需要和情感是通过各种语言来表达的，一段真情叙说、一句小声嘀咕，甚至一声叹息都可能渗透着学生的需求和情感状况。教师要通过倾听，迅速、准确地从学生发出的各种言语中听出不满、厌烦、快乐或喜悦等，并积极地引导和调节学生的情感，把握学生的课堂状态，营造良好的情感氛围，充分发挥学生的主体性和创造性。第四，学生的思想和心声。教师要善于倾听学生的思想和心声，把握学生的思想动向。教师要从学生的发言中，从不经意的发问和回答中，听出言外之意、弦外之音，抓住见解的关键点，并依据学生的实际情况，积极认可有价值和有意义的思想，指出错误的思想所在。

3. 课堂倾听的类型

根据教师在倾听学生的言语行为时是否参与其中，课堂倾听可以分为介入型倾听和非介入型倾听两大类。

（1）介入型倾听。

介入型倾听指教师在倾听的过程中主动介入，通过口头语言适时点拨、评判或启发，拓宽学生的思路，把学生的思维推向一个新的境界。介入型倾听不仅要求教师有较强的理解力，而且要具备较强的移情能力，这样才能以情动人，了解学生心灵深处的想法，从而有针对性地选择相应的教学策略。

（2）非介入型倾听。

非介入型倾听指教师在倾听的过程中只通过表情或简单的肢体语言与学生交流而不发表任何评论。这种倾听方法不会打断学生的思路，有助于教师完整、深入、准确地了解学生。非介入型倾听要求教师高度集中注意力，排除来自环境或说话方的干扰，能从一些表面上微不足道的细节中推测和判断，或者从模糊、不完整的信息中找出主题线索。

（二）实施有效课堂倾听的注意事项

实施有效课堂倾听需要注意以下几个方面。[1]

1. 创设平等的师生对话情境

在平等对话的情境中，教师可以了解学生真实的想法和真正的需求，开展有针对性和实效性的教学。有效的课堂教学过程需要师生之间、生生之间知识的汇聚、思维的碰撞、思想的交锋、情感的融合。有效倾听是建立在师生双向平等互动基础之上的。创设平等的师生对话情境，是教师进行有效倾听的前提和基础。

2. 营造和谐轻松的课堂气氛

和谐轻松的课堂气氛，有利于学生对问题进行发散性思维，激发学生参与讨论和发言的热情。因此，为了进行有效的倾听，教师要营造一种真正宽容和谐、为学生所接纳的课堂氛围，为学生创设一个展示自我、适于探究的空间，使学生敢想敢说，勇于质疑和问难。

3. 欣赏学生的独特性

教师的倾听，实质上就是对学生的积极赏识和无言的期待。教师要善于发现学生发言中合理的一面，利用微笑和目光等形式传递欣赏的信息，使学生树立"我能行"的信念。教师要善于欣赏学生的独特性，对于学生独特新奇的观点、极端的见解、不着边际的回答要有耐心，不要轻易打断，要从中发现闪光点，多从正面引导和鼓励。

4. 倾听不同学生的声音

在课堂教学中，教师要注意倾听不同区域、不同层次、不同类别学生的

---

[1]　李宝峰：《教学技能理论与实践》，71～73 页，北京，华文出版社，2008。

发言。倾听要面向全体学生，不要只倾听在自己视觉控制范围内的学生的发言，而忽视离自己较远的学生的发言；不要只倾听少数几个优秀学生的发言，而要多倾听其他各层次特别是学习困难学生的发言。教师只有倾听来自不同学生的声音，才能有效地调整教学行为，提高课堂教学的诊断与反馈效率。

5. 倾听后要及时反馈

倾听是教师的一种主动教学行为，倾听的核心是思考，倾听的关键是反馈。教师不能做旁听者，仅听听而已。教师在倾听时，总是伴随着观察、辨别、判断和选择，要在短时间内对倾听做出反应，或是肯定后的点拨，或是以此展开的议论，或是片刻沉静中的回味、思索。总之，教师在倾听后要及时对学生表达的内容做出准确的回应，对正确的回答充分肯定，对错误的部分进行更正，对疏漏的内容进行补充，对简略的地方进行扩展等。

（三）认识课堂观察

课堂观察不仅是教师的教学基本功，而且是教师开展实证性教学研究的有效方法。下面从含义、范围两个方面来认识课堂观察。[①]

1. 课堂观察的含义

课堂观察是指教师在课堂教学中，运用目光，从学生的动作、表情和情绪的变化中获得学生在认知、情感和技能方面的变化，以便有效地调控课堂教学的教学行为。它不是专门进行的观察，而是从教学活动中分出一部分精力进行观察。教师的主要精力是放在教学上的，因而需要合理分配注意力，善于观察。通过观察，教师可以及时了解课堂上学生的学习表现、基础知识与基本技能的掌握情况、独立思考与认真程度、解决问题的能力以及与他人合作交流的情况等，从而及时调整教学。

2. 课堂观察的范围

课堂教学效果主要是通过调控学生的学习行为来实现的，而有效的课堂调控首先建立在有效的观察上。因此，课堂整体的学习气氛、学生的学习行为、学生的神态表情、学生活动等都应纳入课堂观察之中。

---

① 李宝峰：《教学技能理论与实践》，105～109页，北京，华文出版社，2008。

课堂整体的学习气氛。良好的学习氛围是成功教学的前提之一。课堂学习气氛，不仅影响学生的学习效果，而且影响教师的讲课情绪。因此，教师要观察学习氛围是否形成，学生的反应是否积极，学习兴趣是否浓厚，在教学的各个环节中学生是否积极思考、主动探索。只有观察到真实的情况，教师才能做出正确的判断与决策。

学生的学习行为。在课堂上，学生的学习行为主要包括思维状态、参与程度、情绪状况、交往行为、生成状态等几个方面。

学生的神态表情。观察学生的神态表情，需要对学生进行个别观察。学生的神态表情一般包括目光、面部表情和形体动作等方面。

学生活动。在课堂教学中，学生活动主要有课堂练习、板演、实验、交流等。学生在这些活动中的表现，能够反映出他们的学习效果。

（四）实施有效课堂观察的注意事项

1. 有目的、有意识地观察

在课堂教学中，教师要有意识、有目的地观察和监控整个教学过程，这样才能根据观察到的情况随时对课堂活动做出调控。首先，教师要有强烈的观察意识，养成良好的观察习惯，在教学进程中随时随地进行观察。其次，教师要拟订从简单到复杂的观察计划，逐步做到自觉地进行有目的、有计划、有选择的观察。目的性是指看什么，为什么看，怎样看，对这些问题教师要心中有数。计划性就是事先设置一定的观察点，何时何地观察何事何人，要统筹安排。选择性是指要选择具有代表性的观察对象，掌握良好的观察时机和选择便于观察的位置，突出所需观察的对象。

2. 把全面观察与重点观察结合起来

在课堂观察过程中，教师既要眼观六路，耳听八方，对课堂中的全面情况加以监控，注重课堂教学整体性的效果观察，又要根据课堂情境的特点和学生表现，对课堂活动的某些方面或某些学生的个人行为进行重点观察，以达到对课堂活动的深入了解。全面性的整体观察与个体的重点观察相结合，统筹兼顾，不可偏废。

3. 要保持观察的自然状态

在课堂教学中，教师的观察不仅要仔细认真，还要保持课堂的整体气氛，不要因教师的不当观察影响教学活动，引起学生的反感。教师要掌握必要的观察方法，逐步学会对学生细微的行为变化进行精细的观察；对较复杂的动态变化，要能熟练地分辨出学生的各种动作所表示的含义。教师的观察应与教学行为自然融合在一起，既要有意识观察，又要不露明显痕迹，不对学生形成明显的压力，不让学生感到教师处处在监视他们而影响学习效果。

4. 要尽可能排除各种主观倾向

教师的主观心理倾向会影响课堂观察，从而形成不准确甚至错误的观察结果。因此，课堂教学观察要求教师力排干扰，尽量做到客观公正。这要求教师不仅要有正确的观察意识，而且要掌握一定的观察方法与技巧，不断培养自己的观察技能，使观察得到的结论更加符合实际情况。教师要从实际出发，采取实事求是的态度，按客观事物的本来面目去反映事物，不主观臆断；要准确地描述、记录观察结果，根据事实做出判断，推出结论。

案例分析

案例2-3中，课堂上的精彩生成正是因为教师倾听、观察到了学生不同的声音和情绪，并做了恰当的反馈和引导。案例中，"插嘴"的学生，对教师提出的观点最开始是不认同的，态度上是"感觉没什么了不起、一副不屑的样子"，教师并没有因为学生的态度而反驳或是忽略他说的话，反而肯定了他说的话，这样就创设了平等的讨论情境与和谐轻松的课堂氛围，而且非常自然地引出了后续的讨论。最后这节课不仅因为"插嘴"而引导所有学生进行深入思考，而且那个"插嘴"的学生也因为教师的及时反馈而激发了学习的兴趣。可见，精彩课堂的生成需要教师能认真倾听课堂的声音。认真倾听课堂的声音，观察学生所想，然后引导学生将所想用到学习中来，能够促使学生去主动学习。

案例2-4中，教师在听到学生说本节课要学习大气和天气两个不同的地理词语时，并没有做任何表象上的反应，或许教师是没有听清，或许是教师听清了，但是没有处理。如果教师听见了没有做反应，那只能说明教师通过听觉注意到了这个现象，但因为倾听后没有做及时的反馈，使得其在课堂上没有及时帮助学生就"大气"和"天气"是两个地理概念进行区分，也就是将学生对知识的需求淡化了，而且并没有有目的的、有意识地实施观察，没有根据倾听和观察到的结果做出教学策略上的调整。因此，课堂观察和倾听并不是说看到了、听到了就行了。如果需求判断和策略调整没有发生，课堂观察、倾听实质上就没有发生。如果本节课教师在学生回答的基础上，意识到"大气"和"天气"是两个不同的地理概念，需要帮助学生澄清，就会表现出调整教学的具体做法。这样，经过调整的教学实际上对学习本节课"认识天气"的内容是很有帮助的。

四、如何在课堂上有效调控

经过教学设计（备课），教师拟定了教学方案（导学案）。其中包括：明确教学目标——学生学完之后会做什么或在学习过程中应有的表现；设置好教学事项，尤其是学生学习事项——问题、任务、活动、作业；安排好教学组织形式，并选择教学策略与方法。教师带着已经准备好的教学方案走入课堂，实施教学，此时教师需要进行课堂调控，即调节学生的学习行为和控制教学进程，以期生成有价值的教学过程和结果，即要处理好教学预设与课堂生成的关系。[1]

案例 2-5

利用反馈信息，及时调控课堂[2]

"非洲"的第一节"自然环境"，由于学习非洲的地形、气候需要以前学过的地形、气候知识，因此，教师在前提测评中设了两道题：

---

① 林云、王文蓉：《以学生学习为中心的参与式教学的设计与实施》，209页，桂林，广西师范大学出版社，2013。

② 姚怀德：《初中地理目标教学中的"反馈—矫正"》，载《地理教学》，2004(5)。收入本书时有改动。

①分层设色地形图上，用什么来反映地面高低起伏？

②气候的主要组成要素是什么？

第一道题出示后，全班只有两个学生没举手。教师请没举手的学生回答，结果他的答案离题很远，教师又请举手的学生给予矫正，并将分层设色地形图中的"刚果盆地"指给回答错误的学生看。教师问："这块绿色代表的地形海拔很高还是很低？"他毫不迟疑地回答："海拔很低，因为绿色代表平原。"由此可以看出，经过矫正，这个学生已弄清了这个问题，其他学生在矫正中也加强了记忆。第二道题出示后，举手的学生很少，教师没有着急，而是启发学生回忆。教师问："海南岛有美丽的椰子树，为什么我们这儿没有呢？"学生马上回答："那儿热，下雨多。"教师抓住这个关键，启发学生回忆构成气候的要素有哪些，这样就弥补了学生的"认识缺陷"，为学习本节内容提供了所需的基础知识。

问题聚焦

Q1：课堂调控包括哪些方面？

Q2：如何组织有效的地理课堂调控？

（一）课堂调控需关注多个角度

课堂调控一般可从以下几个方面进行。①

1. 教法调控

课堂教学的调控机制，在很大程度上是刺激学生集中注意力、调动学生的学习积极性。课堂教学方法是否新颖、多样化，是决定能否有效地实施课堂教学调控的重要因素之一。首先，必须改变"教师讲，学生听"的"注入式"陈旧方式，建立以学生主动参与活动为主的新模式，确实把学生置于教学的主体位置。教师重在引导、指导学生，让学生积极活动、主动参与，培养学生的自学、思考、训练、实践等多种能力。其次，教师不能总是固守某种单一的教学理论和方法，而要广泛采用现代教育教学理论精华，不

---

① 秦自云：《建设理想课堂与教师专业发展》，201~214 页，天津，天津教育出版社，2010。

断用变化的信息去刺激学生的接受欲望，使之形成持久的注意力。

2. 语言调控

人类的语言是传递信息、表达情感以及学习和保存信息的重要手段。在课堂教学中，知识的传播，思维的引导，认识的提高，能力的培养都需要通过语言这个载体来实施。课堂教学无论采取什么形式和方法，都离不开教师的语言。因此，对课堂教学的有效调控，在一定程度上取决于教师的语言组织和表达能力。

3. 情绪调控

教师的情绪是影响学生注意力的最敏感的因素之一。学生学习情绪的高低、课堂气氛活跃与否，往往是与教师的情绪同步变化的。因此，在课堂教学中，教师要将自己的情绪调整到最佳状态。教师在课堂上应该始终精神饱满、目光有神、满怀激情，对上好课充满信心。这样，学生就会潜移默化地受到教师激情的感染，精神振奋，情绪高涨。因此，教师在讲解不同教材内容时，要善于用不同的情感调整学生的学习情绪，如用热情自豪的激情讲我国地理学界取得的成就，用严肃忧虑的神情讲我国当前面临的环境污染问题。上课时，教师达到了最佳情绪状态，真正用情去讲授，不仅可以为学生创设一种良好的学习情境，而且可以使学生受到感染，全身心地投入学习。这样，教师教学信心十足，生动活泼，思路清晰；学生学习情绪饱满，思维活跃。整个课堂教学便处于教师积极主动的情绪调控之中。

4. 反馈调控

信息反馈是课堂教学的关键环节。传统教学方法把学生看作接收信息的"容器"，教师讲，学生听，是单一的信息输出式课堂结构。如果教师输出的信息源大，学生反馈的信息量少，教师对学生的学习情况心里没底，那教学过程的调控往往处于盲目状态。教师要通过各种手段收集学生的反馈信息，并对反馈信息做出简捷、精辟、深刻的分析，从中了解学生对教师输出的信息的接受和理解程度，及时调控教学进程，把反馈—矫正落到实处。

（二）合理实施课堂调控

合理实施课堂调控主要表现在处理好教学预设与课堂生成的关系上，需要注意以下几个方面。[①]

1. 灵活应变

为了顺利完成一节课的各项任务，教师必须扫除各种障碍，排除各种干扰，及时调整教学，保证教学信息的畅通，以达到预定的教学目标。所以，教师必须有足够的心理准备以应对来自课堂内外环境和学生方面的突发事件，并在处理事件中表现出高度的灵活性，这样才能达到较好的课堂调控效果。

2. 善于观察

在课堂教学中，教师要善于观察环境和学生行为反应，分析行为产生缘由，判断课堂现存关系状态，为课堂调控的策略选择和实施做前导。

3. 控制情绪

在课堂教学中，教师无时无刻不处在课堂内外环境、学生甚至自身生理反应的各种刺激之下。所以，教师必须具备较强的情绪控制能力，避免出现不良的情绪。

4. 合理表达

表达能力是教师必须具备的重要能力之一，是教师职业技能的一项基本构成要素。在课堂教学中，教师经常用口头语言和肢体语言来调控教学中的各种事件，所以教师要练习自己的语言基本功。

案例分析

在案例 2-5 中，当学生的答案离题很远时，教师并没有直接去评价，而是请其他学生进行评价矫正，并将矫正结果反馈给最初答错的学生，这就是教法上的实时调控，即利用生生互动推进课堂，而不是教师一味灌输，最后不仅最初回答的学生弄清楚了问题，其他学生也在矫正过程中加强了记忆。对于第二道题，学生的参与率并不如教师最初预设的高，此时，教

---

① 秦自云：《建设理想课堂与教师专业发展》，198～201 页，天津，天津教育出版社，2010。

师合理控制情绪，"没有着急"，灵活应变，通过合理表达，启发学生回忆旧知识，进而保证了课堂的有序推进。从以上案例可以看出，课堂上生成与教学预设不一致时，利用反馈信息，灵活应变，及时调控，可有效提高教学效果。

实践操练

请按照本讲关于地理课堂管理与调控的方法，选择中学地理某一课时进行课堂管理与调控的优化改进，并与原课堂进行比较，说明改进过程中运用了本讲内容中的哪些理论和策略。在完成上述任务的过程中，请同步思考问题：在中学地理课堂教学中，课堂的管理与调控对于学生学习的生成、教师教学的进行有什么影响？

▶第六讲
如何组织和呈现教学内容

一、如何在教学中规范语言与清晰讲解

讲解是地理课堂中教师最常使用的教学方式，讲解过程是师生、生生人际交往的过程，师生互相用语言、表情、手势等方式在传递知识的同时也传递着感情，加强着感情的联系。这个过程必须由规范的语言和清晰的讲解来保证。

案例 2-6

在高中地理"水循环"一课中，教师在解释水循环定义时说："水循环是指自然界的水通过蒸发、植物蒸腾、水汽输送、降雨、地表径流、下渗、地下

径流等环节，在水圈、大气圈、岩石圈、生物圈中进行连续运动的过程。"[1]

案例 2-7

高中地理"旅游线路设计"[2]

师：读"房山旅游资源分布图"，说出一处你熟悉的旅游景点，并简单描述旅游景点的特色。老师给一个案例——在这里大家能看到银狐洞，对吧？比如说银狐洞属于喀斯特地貌，它的特色景观就是倒挂银狐。好。大家可以以小组为单位，给你们一分钟时间讨论，一会儿交流。

（生：分组讨论）

师：我要开始请同学们说一说了，先从这名同学开始。

生：上方山是自然旅游资源，植被覆盖率高。

师：对，植被覆盖率高，上方山有华北地区唯一保存完好的原始次生林。

生：我介绍的是石花洞，它也是喀斯特地貌，以自然景观为主。

师：后面的同学。

生：我要介绍云居寺，首先它历史悠久，其次它是佛教圣地。

师：同学们说了这么多，真的很棒，我们把大家说的这些旅游资源归归类。从自然旅游资源的角度看，房山是世界地质公园，山清水秀，喀斯特地貌典型，有"北方小桂林"和"溶洞王国"之称；从人文旅游资源的角度看，房山的历史悠久、璀璨夺目，有北京猿人的周口店，佛教圣地云居寺，房山宝塔冠京城，等等。房山的旅游资源绝不仅仅如此，除此之外，还有红色文化等，房山的旅游资源种类丰富，品位高雅，时空变化绚丽多彩。春季山花烂漫，夏季凉爽宜人，秋季五光十色，冬季瑞雪奇观。

问题聚焦

Q1：地理课堂教学语言技能的要素有哪些，各要素的操作要点是什么？

Q2：地理课堂讲解技能的要素有哪些，各要素的操作要点是什么？

---

[1]　李春艳：《教师教学技能培养系列教程 中学地理》，66 页，北京，中国轻工业出版社，2019。

[2]　本案例由北京教育学院房山实验学校的曹东旭老师提供，收入本书时有改动。

（一）认识地理课堂教学语言

教师的语言表达形式是多种多样的，主要有：课堂口语，即口头表达；书面语言，即书面文字表达，如板书、批阅作业的批语等；体态语言，即用示范性或示意性动作来表达思想。在这三者中，课堂口语是课堂教学语言的主要表达形式。

教学语言除了具备一般语言的共同性质外，还显示出与其他语言的明显区别，有它自身的特征。第一，教育性。教师的教学语言对学生的思想、情感、行为始终有着潜移默化的影响，有的甚至有决定性的影响。第二，学科性。教学语言所传递的是某个学科的教学信息，必须运用本学科的专门用语——术语来表达。否则，不但语言不严密，而且可能出现错误。第三，科学性。教学语言的科学性包括两方面：一是用词必须准确；二是必须合乎逻辑，合乎事物自身发展变化的规律。第四，简明性。如果教师的语言不简明，学生就很难抓住重点，这势必给学生吸收教学信息带来极大的困难。一节课时间有限，在有限的时间内要完成规定的教学任务，语言的表达必须简明扼要。第五，启发性。教学语言的启发性，是指教师的语言对学生能起到调动自觉性和积极性的作用。启发性有三重意义：启发学生对学习目的、意义的认识，激发他们的学习兴趣、热情和求知欲；启发学生联想、想象、分析、对比、归纳、演绎；启发学生的情感和审美情趣。第六，可接受性。教学语言是传递教学信息的工具，要使之达到预期的效果，所用的语言必须能为学生所接受。教学语言不能超越学生的认知能力，尽量做到深入浅出。教师要密切观察学生的反应，使自己的语言跟学生当时的思维联系起来，跟学生的接受水平相一致。另外，还要注意声调、语气、语速等语言的外部形式和语言的亲和力，以利于学生的接受。

1. 教学语言技能要素

从人的思维过程来看，教学语言可分为内部教学语言和外部教学语言。

（1）内部教学语言。

内部教学语言技能主要由组织内部语言、快速语言编码和运用语言表情达意三个要素组成。内部语言组织得快，语言就流畅、连贯；内部语言组织得好，说出的话就清晰，有条理。可见，内部语言的组织能力是构成语言技能的第一要素。

（2）外部教学语言。

评价一位教师的教学语言技能水平，除了看其内部教学语言，即语言内容是否正确、深刻以外，还要看其外部教学语言。外部教学语言技能主要由吐字发音、音量音色、语速节奏、语调语气等几个要素组成。向广大教师提出外部教学语言质量的指标，有利于教师认识教学语言技能的丰富内涵，提高教学语言训练的自觉性，并经过坚持不懈的努力，逐步向高标准靠拢。教学语言技能要素与指标如表 2-2 所示。

表 2-2　教学语言技能要素与指标

	要素	指标 1	指标 2	指标 3
内部教学语言	组织内部语言	获得外部信息	大脑神经中枢闪电般地迅速加工	形成内部教学语言
	快速语言编码	有一定词汇储备	懂得语法规则	术语正确，合乎语法，逻辑连贯，语言自如
	运用语言表情达意	能与内容情境相适应	能表达出多种情感和意思	灵活多样的语言运用能力
外部教学语言	吐字发音	普通话发音标准	吐字清晰	发音准确
	音量音色	音量适度	音色清晰、圆润	使坐在最后一排的学生能听清，坐在第一排的学生不感觉震耳
	语速节奏	语速适中，符合学习需求	能根据内容及对象调节语速	节奏和谐，张、弛、疾、缓到位，停顿合理
	语调语气	语调抑扬顿挫	运用不同的语调表达不同的意思	经常使用鼓励、信任、尊重、商量、赞许等积极正面的语气与学生沟通

2. 教学语言技能要素的操作要点

（1）内部教学语言技能的操作要点。

内部教学语言没有时间像书面语言那样反复修改、仔细斟酌，具有很强的纪实性。这就要求教师必须具备思维的敏捷性和表达的准确性。因此，在讲解时，教师应该有逻辑，如果教师的语句不通，概念不明确，判断不当，教学活动就不能正常进行。为此，教师要做到以下几点。

熟练掌握教材。教师要对所教的知识有透彻的了解，不仅知其然，还要知其所以然。教师只有拥有足够的知识储备，才能正确运用教学语言，使其严密编织，丝丝入扣。

语言边界清晰。教师的语言要客观、清晰，条块不黏连，分类叙述标准要统一，分类叙述的子项不交叉。

不妄下断语。教师在课堂上断语要准确、恰当，理由要充足、真实，要避免自相矛盾和缺乏证据。

教学语言须规范。教师使用教学语言为学生"传道受业解惑"，学生时刻都在聆听教师的讲话，教师的语言对学生有示范性，不但要符合普通话的要求，而且要合乎语法逻辑，只有这样，才能正确地传授知识。

不断提高学识水平。口头语言表达与思想方法、知识水平密切相关。加强语言修养必须学好唯物辩证法，这样才能正确处理各种辩证关系，如教师与学生、德育与智育、生理和心理、重点与一般、课内与课外等的关系，才能使语言技能取得最大的教学效益。"胸藏万汇凭吞吐"，教师只有掌握丰富的知识，才能讲课自如，信手拈来。教师不应该只局限于学习本学科知识，而应该努力获取多学科知识，做综合型知识结构的人才。

增强语言变换能力。一方面是语言形式的变换，如用地图、示意图、景观图、表格等形式来表示，用书面语、口头语等来表示。另一方面是语言内容的变换，如 8848.86 米、海拔、世界最高峰、珠穆朗玛峰、角峰等，就是分别用数字、专业术语、词汇、典型事例与地貌形态等不同的内容表述方式来表达的。

（2）外部教学语言技能的操作要点。

吐字发音操作要点。语音的训练可通过放慢速度逐字朗读，或选取几段绕口令，锻炼唇、齿、舌的活动功能，来达到字正腔圆的效果。此外，地理教师对教学内容的熟练把握和深透理解也是保证教学语言"理直气壮"的好办法。注意克服语音弱化、虚化，最后一个字的字音消失，或说长句子时不能连贯和完整表述的毛病。

音量音色控制操作要点。音量音色的训练要做到音量适度、音色圆润。音量根据教学的需要，该小则小，该大则大，做到虽小但能听见，虽大但不震耳。音量大小控制适度，使坐在最后一排的学生能听清，坐在第一排的学生不感觉震耳。音量的训练需要调动腹腔和胸腔，进行吸气和发声训练，吸气要多一些，深一些，才能使声带不因疲劳而导致声音嘶哑、断续。为了适应教学内容发展的需要和交流时情感变化的需要，音量要有变化。教师在故意低声讲述以调动学生听觉注意力时，要做到低而不虚，沉而不浊，有内在的声音力度。

语速节奏操作要点。语速的训练重在节奏的把握。语速节奏是指在一个相对完整的表达中，由语速的快慢、语音的强弱而形成的语流态势。要张、弛、疾、缓到位，停顿合理。一般情况下，语速以 180～250 字/分钟为宜。课堂语言的速度要慢于日常用语的速度，因为对学生来说，他们进入一个新的认知领域，需要加上感悟、回顾、联想、辨析、确认等思维内容，所以其思维往往慢于教师语言。如果教师语速太快，学生的"耳朵"就会跟不上教师的"嘴巴"，形成应激性疲劳，由此导致的压力和紧张会造成领会理解困难，从而影响理解也影响教师信息传达效率。如果教师语速太慢，输出的语言信息达不到一定的密度，学生容易分散注意力而松松垮垮，影响教学效果。因此，教学语言语速的一般标准是能基本达到与学生思维语言同步。

当教师专注教学内容的时候，语速就容易变快。尤其是新手教师，他们对教学内容还不是特别熟悉，讲课的时候将更多的精力用在了如何把设计好的教学内容在课堂中呈现出来上，很多时候是在课堂上"背"教学设计。

这时候，教师的语速就变得更快了。因此，教师要从以下几点来注意控制自己讲课的语速。首先，熟练备课，对所讲授的知识做到胸有成竹，这样可以帮助教师放慢讲课的速度。其次，备学生，多从学生的角度想问题。备课的时候要充分考虑学生的情况，从学生的思维出发，考虑如何安排教学活动，将教学引向学生研究问题的思路上来，有利于放慢讲课语速。最后，掌握语言技巧。从讲话的角度分析，语速快的原因有两个：一是句与句之间停顿时间太短；二是每一句话中的每一个字没有足够的拖音时间，讲话时送气短促，给人以快而不稳的感觉。所以，控制语速应着眼于控制句与句之间的适当停顿和每个字的发音时间。

语调语气操作要点。语调抑扬顿挫、起伏变化受学生欢迎，会使课堂教学更加有序。运用不同的语调可以表达疑问、感叹、惊喜、沉思等。因此，语调语气在表意方面往往产生意蕴言外的特殊功效，对学生的情商、智商、气质、修养产生深刻的影响。例如，"你过来"可以有多种不同的语调：命令的、商量的、威胁的、无奈的、惊奇的、高兴的、生气的、疑问的、玩笑的等。不同的语调语气会产生不同的效果，正是语调的抑扬顿挫，才能表达出教师不同的情感。有时，同样一句话，有的教师和学生讲话时学生很容易、很愿意接受，有的教师讲的话却让学生很难接受，甚至会引起学生的反感。这大多是语气不同造成的。

教师在课堂教学中要多使用积极的、正面的语气，教师用语的语气对课堂有直接的影响。委婉礼貌的语气优于刻板强硬的语气，陈述建议的语气比起命令的语气更能让学生接受，请求语气比祈使语气更受欢迎，虚拟语气比起陈述语气在批评上更有艺术效果。教师在课堂教学中能经常用以上几种语气与学生沟通，一定会对教学产生事半功倍的效果。

（二）认识地理课堂教学讲解

讲解技能是指，教师根据教学内容特点和学生的认知规律，利用口头语言及配合手势、板书和各种教学媒体等，阐释事实、揭示事物本质，引导学生思维发展，指导学生学习的一类教学行为。[①] 从讲解的定义我们可以看出：讲解的依据是教学内容特点和学生的认知规律；讲解的手段是口头语言及配合手势、板书和各种教学媒体等；讲解的任务是阐释事实、揭示事物本质；讲解的目的是引导学生思维发展，指导学生学习。

基于知识的分类，讲解可以大致分为事实性知识的讲解和概括性知识的讲解两大类。第一，地理事实性知识的讲解。主要包括地理名称的讲解、地理数据的讲解、地理景观的讲解和地理分布的讲解。教学内容中有许多重要的地理事实需要学生了解和掌握，教师需要对这些内容进行科学、深入的讲解。地理事实性知识的讲解以叙述性讲解、描述性讲解、解释性讲解、启发性讲解为主。第二，地理概括性知识的讲解。主要包括地理概念的讲解、地理原理的讲解和地理过程的讲解。

1. 讲解技能要素

教师的讲解技能应关注以下要素。

（1）讲解的目标。

达到一定的教学目标是对讲解的基本要求，是讲解技能的指导性要素。课堂教学的讲解与平时的讲故事、谈心等不同，虽然这些活动都需要语言表达，但是它们与教学中的讲解所要达到的目标不同。讲解是为达到一定的教学目标服务的，是为了落实和突破教学重难点服务的，是随着教学目标和教学重难点的变化而变化的。

（2）讲解的结构。

讲解的结构是教师在分析学生情况和教学内容的基础上，对讲解过程框架的安排。这一技能要素是整个讲解教学活动成功的基本保证。在讲解过程中，教师既要关注整个讲解过程的条理性和清晰度，又要关注讲解过程的结构合理性和环节的连贯递进性，更要关注讲解过程与讲解目标之间的一致性，不同的目标选择不同的讲解框架结构。

---

① 李春艳：《教师教学技能培养系列教程 中学地理》，127 页，北京，中国轻工业出版社，2019。

（3）讲解的语言。

教学是一门艺术，教师的讲解和一般的交谈、辩论、宣传、鼓动、谈判、交涉、演讲等有所不同。讲解技能的重要特点之一就是语言清晰、条理清楚、快慢适合学生。教师心中要时刻想着：我讲的话要让学生听得清、记得住，并且好做笔记。课堂的讲解语言要与板书、多媒体、体态语等结合使用。此外，知识的类型不同，选择的讲解语言类型就不同。

（4）知识间联系。

在讲解中，教师要把知识前后之间、学科之间、与学生的生活之间存在的联系讲解出来。然而，这种联系有时并不是在教材中明确地表现出来的，有时学生也不能很好地去领悟，需要教师挖掘和创造并引导学生去领悟。讲解技能就是教师要在讲解中明确这些联系，使学生很好地建构起学科知识间、跨学科知识间、知识与经验间的关联网络，以利于学生牢固地掌握知识，建构良好的认知结构。

（5）共同的思维。

共同的思维是教师和学生结合在一起共同进行的思维过程。教师的思维离不开学生，学生的思维也离不开教师的指导，可见讲解是师生共同思维的过程。因此，讲解技能要求教师有意识地引导学生参与讲解活动，让师生思维产生共振；通过讲解，教师能在学生思维的关键处、模糊处和障碍处加以引导。

（6）讲解的结论。

在讲解的过程中，教师不断地向学生传递信息，如果缺少让学生回忆、整理、联系旧知识或实践的过程，那么，在学生头脑中形成的知识可能是杂乱无章的。因此，在完成一个讲解过程或讲解活动时，教师要带领学生一起梳理、总结和归纳，以得到明确的讲解结论，并且讲解结论直接为达到教学目标服务。没有讲解结论的讲解过程是不完整的，学生建构起的认知也是不完整的。讲解技能要素与指标如表2-3所示。

表 2-3　讲解技能要素与指标

要素	指标 1	指标 2	指标 3
讲解的目标	讲解为达到一定的教学目标服务	讲解为落实和突破教学重难点服务	依据不同的教学目标和重难点内容选择不同的讲解内容
讲解的结构	讲解的整体思路、线索清晰	讲解的过程完整，框架合理，环环相扣	讲解过程的框架结构与知识类型相适应
讲解的语言	讲解语言清晰，条理清楚，快慢适合学生	讲解语言要与板书、多媒体、体态语等结合使用	根据不同的知识类型来选择合适类型的讲解语言
知识间联系	讲解能联系学生已有的知识	讲解能联系其他学科的相关知识	讲解能联系学生的生活经验
共同的思维	讲解过程中有学生的参与	讲解过程中师生的思维有共振	通过讲解，教师能在学生思维的关键处、模糊处和障碍处加以引导
讲解的结论	讲解要有讲解结论	讲解结论要指向教学目标	学生要参与讲解结论的梳理、总结和归纳

2. 讲解技能要素的操作要点

(1)讲解目标的操作要点。

整体把握教学活动确定讲解内容。一般说来，下列情况需要教师讲解：

①引导学生学习新的知识而学生又缺乏对背景的了解时。

②学生在预习中有疑难问题通过讨论不能解决时。

③有些知识学生只了解表面现象，或某些基本概念、原理、定律容易混淆时。

④学生缺乏认识或难以理解知识之间的衔接、联系时。

⑤学生自学未形成系统而全面的知识体系，需要点拨、指导、提升时。

下列情况不需要教师讲解：

①教材中已经阐明，学生自己可以看懂，或通过讨论能解决时。

②教材虽然未阐明，但是学生通过思考或讨论就可以理解时。

③课后补充的事实材料学生完全可以自学时。

④学生前面的学习已经为新学知识打下基础时。

根据教学目标、教学重点和难点确定讲解的目标。通常需要讲解的内容大部分是教学的重点和难点内容。对于教学重点内容的讲解，其目标与教学目标是一致的，即通过讲解某个知识点，学生达到理解、应用或分析等不同的认知程度。对于教学难点内容的讲解，教师要根据学生的实际水平来定，因为同一个问题在不同班级里的不同学生中，不一定都是难点。这就要求教师充分了解所面对的学生的情况，了解知识点对于多少学生来说是难点，根据难点的实际情况并结合教学目标的要求，来确定具体的讲解目标。

(2)讲解结构的操作要点。

确定讲解内容的知识类型，设计讲解之前教师应分析需要讲解的内容属于概念性知识、事实性知识、程序性知识，还是元认知知识。不同类别的知识内容适宜用不同的讲解方式，这样更有助于学生的学习。

根据知识类型确定讲解方法。由于教学内容的知识类型不同，因此学生认识的过程和方法也不同。要想使讲解促进学生的记忆、理解和应用，教师就应根据学生对不同知识类型的认识过程进行讲解，以实现不同的教学目标。

设计讲解的结构。讲解的结构既要体现内容的学科逻辑，又要体现过程的认知逻辑。只有这样，学生才能把教师的讲解清晰、高效地在大脑中建构起来。此外，还要根据讲解内容的知识性质考虑讲解的程序，使讲解框架搭建合理，问题环环相扣；讲解方式与知识类型相适应；讲解的思路、线索清晰，过程完整。这一技能要素是整个讲解教学活动成功的基本保证。

(3)讲解语言的操作要点。

熟练地掌握教学语言技能。讲解语言是教学语言中一种专门用于讲解的语言类型，讲解语言的操作要点是要求教师具有扎实的教学语言技能功底，讲解语言清晰、条理清楚、快慢适合学生。

讲解语言的设计。讲解语言的设计是教师为了有效地表达内容、情感，引起学生重视，并对语言进行加工，进而引发学生的思维的过程。讲解语言设计的重点如下。

①讲解语言类型的设计：何时用描述性语言，何时用叙述性语言，何时用归纳性语言，何时用演绎性语言，何时用类比性语言等。

②讲解语言变化的设计：何时通过语言的变化来实现强调的教学效果。例如，是音量、语调和语速的变化，还是体态语的变化；何时沉默，沉默多长时间，沉默要达到什么效果等。

③讲解语言与板书、多媒体、体态语等结合的设计：讲解的过程中何时出现PPT，何时播放视频、动画或音乐，何时写板书，何时演示或实验等。

④结论语言的设计：在讲解地理概念、规律、原理、事件等之后需要得出什么结论，这些结论如何提炼表述能达到精准，能一针见血地道出问题的本质，还能便于学生的理解。

（4）知识间联系的操作要点。

新课程要求教学内容应联系学生生活实际，打破学科界限教给学生系统的知识，进行有意义的知识建构，帮助学生形成科学的认识结构，做到认知结构和知识结构的统一。知识间联系的设计主要包括以下三个方面。

与学生实际生活的联系。新的课程内容在联系学生生活、联系社会实践方面做了很大的努力。生活中，处处留心皆地理。教师在设计讲解内容时，将学生熟悉的生活情境作为地理学习情境，引导学生把地理与生活联系起来，让学生真正体会学习生活中的地理、真实的地理。有时学生能够把所学知识主动地与生活联系起来，有时限于他们的生活经验还不能很好地进行联系。这时就需要教师把这些联系明确指出来，为学生将来能够学以致用奠定基础。

学科内前后知识的联系。学科内部知识间的联系是基本的、大量的，是学生掌握一门学科的基础。例如，学科内各年级内容之间的联系，同一教材中章节之间的联系；同一节课各知识点之间的联系；概念、规律、原理之间的联系；事物发展变化过程之间的联系等。学生只有掌握了这些联系，才能很好地掌握一门学科。这些都需要教师通过引导、指导或讲解来帮助学生建立起知识间的联系。

学科之间知识的联系。知识间的联系是普遍存在的，而学科是我们人为划分的，因此不同学科之间总有共通的上位概念将它们联系起来。地理与物理、化学、生物等自然科学领域的学科之间存在共通的主题，与历史、政治、艺术等人文科学领域的学科之间也存在共通的主题。中学地理课与美术的构图比例，与社会的各种数据的统计与分析，与科学的探究过程及精确计算等之间存在的广泛的联系，以及这些学科与环境、资源的联系等，都需要教师在教学中通过讲解明确地体现出来，以不断优化学生的认知结构，培养学生全面发展、可持续发展的观念。

(5)共同思维的操作要点。

讲解的过程中可通过一定的方式让学生参与讲解活动。学生参与课堂教学有多种形式，如阅读、练习、讨论、探究、实践、回答问题、发表意见等。讲解中学生的参与是教师引导下的参与，教师的主导作用在此情况下得以发挥。因此，在设计讲解的过程中，教师要注意：第一，按讲解的线索设计问题，逐步引导学生的思维活动；第二，以多种媒体辅助讲解，引导学生进行观察(视、听)活动；第三，为使内容易于理解，讲解中适当地组织学生进行练习、研讨活动；第四，为调动学生的积极性和主动性，适当组织学生进行探究活动；第五，为有效地利用学生资源，引导学生回忆已有知识和生活经验，进行展示活动。

讲解的过程中，教师在学生思维的关键处有引导和强化。讲解的过程是师生共同思维的共振过程。课堂教学中重要的是引导学生的思维和认知建构。讲解中学生虽然处于被动的状态，但是教师清晰的思路，有逻辑的推理和分析，不断提出的问题，确实能引导学生的思维一步一步前进，促进学生思维的发展。因此，讲解中，教师指导学生思维的设计可通过以下几个方面来实现：第一，语言配合板书有条理地讲解；第二，以一定的逻辑顺序(归纳、演绎等)引导学生形成概念、规律和认识事物；第三，在学生思维的关键点、认识的模糊点处提出问题引导学生的思维活动；第四，使用具有启发性的语言或多媒体等引导学生的思维活动；第五，加强师生、生生互动，使讲解过程成为师生共同发展的过程。

（6）讲解结论的操作要点。

讲解最后，帮助学生整理思路。在完成一个教学任务或活动时，为巩固、拓展学生的学习，教师应有效地进行总结，使学生对教学内容建立起整体印象，建立知识间的联系。总结的最佳方法是在一个问题或一个概念讲解结束时，将问题的论点、要点简明地交代给学生，以使学生掌握问题的实质。也就是讲解结论不仅要使已被感知的科学事实和所形成的概念在学生的记忆中巩固下来，而且要能通过对知识的整理，使学生对知识的领会向更高一级升华。好的结论能帮助学生厘清学习思路，形成完善的知识结构，达到新旧知识的融会贯通，使知识趋于系统化、条理化。如果缺乏让学生回忆、整理、联系旧知识的过程，那么，最终在学生头脑中只会形成杂乱无章的知识，派不上用场。

讲解最后，帮助学生明确结论。教师在完成一个讲解任务时，为巩固、拓展学生的学习成果，将学生的注意引导到一个特定的学习任务——得出结论上。在讲解过程中因为在不断向学生传递信息，所以教师需要带领学生一起梳理、总结和归纳，以得到明确的结论。这一要素所需时间虽然不多，但是在讲解中是不可或缺的，直接影响讲解目标的完成度。

案例分析

在案例 2-6 中，乍一看，这位地理教师对水循环的定义解释得没错。实际上，这位教师混淆了"降水"与"降雨"两个词，导致用词不当。水循环的一个环节是降水，降水不仅包括降雨，还包括降雪、降雹等。降雨是降水的主要类型，降水与降雨虽然只有一字之差，但是意义不同，因此，在解释水循环时，应强调的是降水，而不是降雨。教师在教学中要坚持使用科学的专业术语。

案例 2-7 的讲解片段是教师向学生讲解事实性知识。首先，教师运用了叙述性讲解，向学生叙述了房山区银狐洞景观，并归纳了银狐洞的特点，使学生对景点及其特点有了整体的认识；其次，教师采用了描述性讲解，增加了许多修饰的成分，增强了语言的感染力，表达生动形象，唤起学生的情感和想象，使他们更好地感知教学内容。在该讲解片段中，教师语言条理清楚，语言丰富带有感情色彩，用生动活泼的语言把地理事实生动地展现在学生的面前，并且语调、语速随着内容的变化而变化，紧扣学生的心弦，引起学生的学习兴趣。为了让学生能够很好地介绍房山区的旅游资源及特点，教师先给学生做了示范，向学生解释接下来的任务，将学生的未知和已知联系起来，解决学生的疑难。教师在学生列举大量的房山区旅游资源后，带领学生对所列旅游资源进行分类，引导学生回忆已有知识或生活经验，通过提供启发性的材料来理解各种事实和现象，通过引导和提问建立起知识间的联系。从生动直观的现象到抽象思维的推理过程使学生的感性认识上升到理性认识，认识事实的本质和必然联系。只有启发性的讲解，才能在现象和本质之间架起一道桥梁，并对学生的学习具有很好的启发性。

二、如何在教学中有效提问与恰当解答

课堂提问技能即教师运用提出问题，以及对学生的回答进行反应的方式，了解学生的学习状态，启发思维，使学生理解和掌握知识，发展能力的一类教学行为。[①]

学生在回答问题时要经历一定的认知过程，按照认知过程的六个维度，课堂提问可以相应地分为记忆型提问、理解型提问、应用型提问、分析型提问、评价型提问和创新型提问六个类型。

案例 2-8

教学视频——《自然地理环境的差异性》为高中地理汇报课，时长 40 分钟。教师 1 共提出 61 个问题，这些问题分布在 3 个教学环节中（表 2-4）。除了在课堂检测环节要求学生轮流起立回答，教师 1 其余提问都是面向全体学生的。在提问的认知层次上，约 3% 的提问是高层次认知问题，约 25% 的提问是低层次中的理解性问题，约 72% 的提问是最基础、最低水平

---

① 李春艳：《教师教学技能培养系列教程 中学地理》，102 页，北京，中国轻工业出版社，2019。

的识记性问题(表 2-5)。其中,最后一类提问带有较多的"是不是""有没有"
"对不对"等询问语。教师 1 习惯在陈述句末尾加上"是吧""对吧"。这种"假
提问"不利于讲解重难点,还可能分散学生注意力。教师 1 提问后留给学生
思考的平均时间约 1. 5 秒。对于识记性问题,学生能够随口作答。对于有
一定深度的问题,学生因为缺少思考时间无从作答,即使能回答也只能喊
出"气候""落叶林"等零星词语,且表述缺乏组织性和逻辑性。学生回答脱节
的这种窘境反作用于教师,使教师处境被动,如同自说自话。在回应学生方
面,一旦从学生口中听到答案的关键词,教师 1 立刻接上"对,请坐""同学们
也认可吧",之后继续讲解下部分内容,对必要的问题不做任何点评。[①]

表 2-4　新手中学地理教师在教学环节中的提问分布

单位:个

教学环节	复习旧课	导入新课	讲授新课	课堂检测	总结回顾	课后作业
提问数	0	12	44	5	0	0

表 2-5　新手中学地理教师在认知层次上的提问分布

单位:个

认知层次	识记	理解	简单应用(分析、应用)	综合应用(综合、评价)
提问数	44	15	2	0

问题聚焦

Q1:地理课堂中有哪些提问方法?

Q2:如何实施有效的提问导答和反馈?

(一)使用多种提问方法

　　一节课的有效提问要与教学目标要求的能力水平和内容范畴相吻合,
而且要符合学生的认知需求,要按着学生的认知水平逐步加深。在地理教
学中,教师要尽可能设计适应学生个人能力的多种水平的问题。此外,提

---

　　① 　康海滨、阙火明:《新手型教师的教学提问特点研究——以中学地理教师为例》,载《教育观察》,2020
(19)。

问不仅是为了得到一个正确的答案，更重要的是让学生掌握已学过的知识，并利用所学的知识解决新问题，使教学向更深一层发展。地理课堂教学提问的方法主要包括以下几类。[①]

1. 设疑激趣方法

设疑激趣法是指在地理课堂教学中，教师巧妙设置疑问，于紧要处（包括问题处、重难点处、要害处）设疑，于无疑处设疑，形成矛盾，制造矛盾，使学生处在一种"心愤愤、口悱悱"的状态，激发学生认识上的冲突，使其产生强烈的求知欲望，点燃学生思维的火花，使学生形成探索的目标，从而推动教学目标与任务的实现。

2. 质疑问难方法

教学中的质疑问难是一种开放性、多向性的信息交流活动。"学起于思，思起于疑"，学会质疑是学生求知的源泉、思维的起点和创新的开端。在质疑问难时，教师应当积极诱导学生对疑难问题进行群体讨论，自己不急于解答。这样既有助于发展学生的论辩思维，加强对问题的理解，又有助于教师集思广益，有效地汲取反馈信息。

3. 逐层深入方法

逐层深入方法，又叫层层剥笋法，即设置的问题由易到难，层层推进，逐步深入地探讨问题的实质与根源。特别是针对一些较为复杂的问题，教师更应先设置一些较为简单的问题，由浅入深、由表及里，逐步加深难度，循序渐进地深化学生的思维，提高学生的认知能力。

4. 设置陷阱方法

设置陷阱方法是指教师故意设置问题陷阱，使学生做出错误的回答，通过试误引出并强化正确的答案，避免这类易错问题在以后的学习中再次出现，从而达到教学目的。认知心理学认为，学习是一种"刺激—反应"的联结，教学则是安排各种情境，给学生以种种刺激并引发其联结，以建立正确的观念。

5. 迁移渗透方法

这类问题的设计要求教师在备课时，认真研究学生已有的知识经验，

---

① 江晖、刘兰：《地理课堂教学技能训练》，102～106 页，上海，华东师范大学出版社，2008。

大量收集学生在日常活动中可能接触到的社会、经济、科学和生活中的各种信息，结合某节课的教学目的和要求，设计出为课堂教学服务，且能使这些感性和零散的知识提高到理性知识的提问。

（二）实施有效的提问导答与反馈

教师在地理课堂中应该将提问与学生的回答捆绑，有问有导，善于引导，启发学生独立思考，使学生既学会知识，又学会学习的方法。那么，教师如何对课堂上的提问进行导答呢？[①]

1. 地理教学提问中的导答要求

(1)针对个性区别指导。

根据对问题的理解程度和回答的积极性，课堂中有这样四种学生：理解能力强、积极回答的；理解能力强、被动回答的；理解能力弱、积极回答的；理解能力弱、被动回答的。对于这四类学生，教师需分别处理。对于理解能力强、积极回答的学生，可利用他们活跃课堂气氛，起到回答问题的带头作用；对于理解能力强、被动回答的学生，注意鼓励措施的运用，如"他对这个问题回答得非常好，大家要向他学习"，培养其对回答问题的积极性；对于理解能力弱、积极回答的学生，引导他们进一步对问题进行思考，如"从另一个角度，你再想想这个问题"，注意不要挫伤其积极性；对于理解能力弱、被动回答的学生，给他们一些较容易的问题，通过其正确回答，以正反馈的方式培养其积极思考、回答问题的兴趣。

(2)充分做好提示与探询。

提问中的提示是为帮助学生回答问题而给出的一系列暗示性语言表达，引起学生进一步思考，从而更好地回答问题。探询是引导学生更深入地考虑他们最初的答案，更清楚地表达自己的思想，其目的是发展毕生的评论、判断和交流能力。

(3)明确目标，定向引导。

在课堂教学中，教师对自己的提问，应事先准备好一个明确的答案，

---

① 江晔、刘兰：《地理课堂教学技能训练》，107～113 页，上海，华东师范大学出版社，2008。

并预测学生可能出现的几种回答，以给予引导评价。引导的具体方式可以分为正向引导、反向引导、侧向引导、多向引导。

2. 地理教学提问中的信息反馈

(1)善于接受教学反馈信息。

教师要善于捕捉学生对教学的反馈信息，善于从他们的目光、表情、动作、回答中了解学生对教学信息的接受情况，进而判断自己的提问内容是否适度、方法是否得当、要求是否合理等。教师要能获取全面的反馈信息，扩大反馈面，了解不同层次学生的反应，讲究策略，保护学生反馈的积极性。对回答不准确甚至错误的学生要多鼓励、引导，而不是讥讽或指责。只有这样，教师才能收集到不同层次学生的反馈意见，使地理教学真正面向全体学生。

(2)及时反馈确认学生的回答。

教师要针对学生的回答情况，及时地给予适当的反馈确认。比如，当学生回答有错时，教师要及时纠正，让学生有正确的认识；当问题的答案是由几个学生共同回答时，教师要等他们回答以后给予全面总结，让学生对问题有一个完整的认识；当学生回答得非常正确或特别精彩时，教师要进行复述，让其他学生都学习和欣赏。教师的反馈确认，可以加深回答问题的学生和其他学生对这一问题的印象，促进其理解和掌握。

案例分析

在案例 2-8 中，教师在教学提问时存在不少问题。第一，提问过度集中在讲授新课环节，部分教学环节无提问。这可能与时间相对紧张有关，也有可能是教师认为只有导入新课、讲授新课、课堂检测、总结回顾等环节需要设计问题。其实，复习旧课环节无提问就失去了快速复习旧课以及在旧课与新课之间建立联系的机会，课后作业环节无提问就失去了引导学生进行探究性学习或者将知识从书本向日常生活延伸的机会。因此，各个教学环节都得提问。第二，提问数量偏多且提问偏重低层次认知问题。一节课平均每分钟都设置至少 1 个问题，而且大多数的问题很小、很细，对学生思维量的要求很低。教师可能想通过众多小的问题吸引学生参与、活跃课堂气氛或加快教学节奏，也可能为了让学生按部就班地顺着教师的思

路思考，避免"旁生枝节"。最低水平的知识性问题多，不仅鲜有高层次的认知问题，而且未见到综合应用类问题，这对培养学生的综合思维和创新思维显然是不利的。精心选择少量问题比提出众多问题更可取，更有助于学生思考，而设计一些高认知水平的问题远比整堂课或者在重要教学环节上都是低认知水平的问题更能唤起学生深度的思考。另外，在发现问题、分析问题、解决问题方面，教师要摒弃"包想""包办"的想法，转向对学生"从扶到放"，逐渐回归引导、辅导的角色定位。第三，半数以上的提问是面向全体学生的，过多采用随机方式选择学生作答。教师可能是为了节省时间，也可能是对学情掌握不够，备课时"备学生"不充分。这种无差别的、随机的提问缺乏针对性，不利于因材施教。教师的提问要多一些有的放矢，最大限度地促进每一个学生的成长进步。第四，提问后教师给予学生的思考时间，即等待时间很短，平均约 1.5 秒。这可能与教师感觉课上时间比课下时间短有关，还有可能与教师习惯了掌控课堂，担心把时间给了学生，学生不好好利用，做一些和思考问题无关的事情有关。但是，等待时间短暂显然不足以让学生充分思考问题，自然达不到提问效果。因此，教师应当尽量提炼问题，注重设定良好的课堂规则，让学生真正投入课堂思考。第五，教师在学生作答后的评价不到位。当学生回答正确后，教师表示肯定然后立刻跳过，没有点评，这显然不妥当。教师对学生的作答无反馈或反馈不当，可能是由于过度在意课堂进度而忽略学生，进而陷入一个误区——"既然有答对的学生，那其他学生应该也会"，或者是"原来不会的学生，在知道正确答案后自然就会了"。这就导致以偏概全和主观臆断。其实，学生在回答正确时，特别需要教师点评，以示激励；而回答不正确或不完整时，学生更需要教师运用适当的策略引导他们思考这些问题，引导他们从不会到会，这才是课堂提问的意义。[①]

---

① 康海滨、阙火明：《新手型教师的教学提问特点研究——以中学地理教师为例》，载《教育观察》，2020（19）。

三、如何在教学中提炼概括和总结提升

在地理课堂中，教师应该注重概括和及时总结，这样有助于学生对课程内容有整体的把握，同时可以形成逻辑清晰的结构。一般而言，一个片段或一节课结束时，教师会使用概括和总结，即结束技能。

结束技能不仅广泛地应用于一节新课讲完、一章学完，而且经常应用于讲授某个新概念、新知识的结尾。[①] 课堂教学的结束，要依据本节课的教学内容，将学生所学的分散的知识集中归纳，进行系统的教学总结，帮助学生完成由感性认识到理性认识、由局部到整体、由个别规律到一般规律的飞跃。课堂教学的结束，如同聚光灯一样，收拢学生纷繁的思绪，帮助他们厘清思路，梳成"辫子"，使学生对所学知识了然于胸，变瞬时记忆为短时记忆、长时记忆。课堂教学的结束，又好像推进器，指引学生在旧知的基础上向新知进军，激励学生不断向新的高度攀登。所以，结束技能既是课堂教学必不可少的一个环节，也是教师展现智慧的环节。

🔗 | **案例 2-9** |

初一地理"诗词话长江"的结课设计[②]

好，我们回顾一下长江不同河段的水文特征。我们先从不同河段的地形特征说起，长江依次流经了哪些地形区？青藏高原、横断山区、云贵高原、四川盆地、巫山、长江中下游平原。长江的气候，从降水和气温两个方面来说，降水大于 800 毫米，一月气温大于 0℃。我们还学习了长江不同河段的水文特征：上游的水文特征是多高山峡谷，落差大，水流速度快；中游的水文特征是多曲流，水流平缓，支流众多，易发生洪涝灾害；下游的水文特征是江阔水深，流量巨大，地势平缓。大家说，地形、气候、河流之间是相互独立存在的吗？（生：不是）它们是相互影响的，因此，各种自然地理要素是相互影响、相互作用的。那么，学习了长江，你能用学习

---

① 李春艳：《教师教学技能培养系列教程 中学地理》，189 页，北京，中国轻工业出版社，2019。
② 本案例由首都师范大学附属中学大兴北校区的董璇老师提供，收入本书时有改动。

长江的方法学习黄河吗？下课后请同学们用学习长江的方法来预习一下黄河一节的内容。下节课我们请同学们来描述黄河不同河段的水文特征。

初一地理"诗词话长江"的结课 PPT 设计如图 2-2 所示。

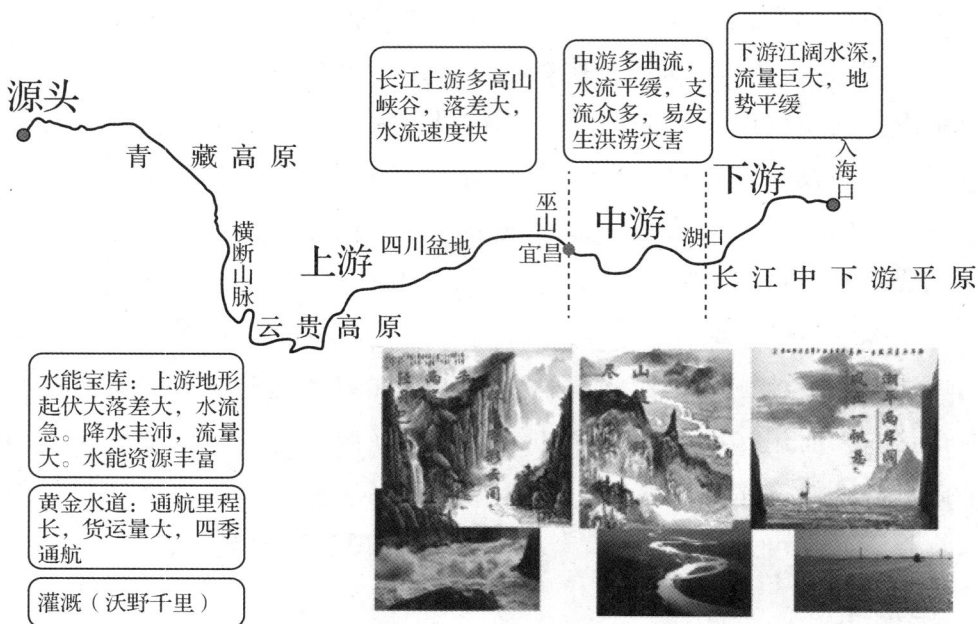

图 2-2　初一地理"诗词话长江"一课的结课 PPT 设计

问题聚焦

Q1：地理课堂中及时概括总结有哪些作用？

Q2：地理课堂中结束技能的要素有哪些？

Q3：地理课堂中结束技能要素的操作要点有哪些？

（一）及时概括总结的作用

1. 有助于对教学内容进行归纳和总结并使之系统化

概括总结的首要任务就是对教学内容进行归纳和总结，使学生对教材内容建立完整的印象。在新知识讲授过程中，学生分步骤、循序渐进地学习，没有时间把前后知识联系起来进行系统思考。教学结课可以帮助学生厘清纷乱的思绪，把新知识纳入原有的知识体系中。学生只有认识到任何一门学科内容都是一个紧密联系的整体结构，才有可能进行知识意义的建构，才算真正学到了知识。

2. 有助于检查教与学的效果

结课时，教师一般通过提问、练习或实践活动检查学生学习的效果。一方面，概括总结是教师获得学生学习反馈信息的过程。在这个过程中，学生可以发现学习上的欠缺，及时弥补不足。另一方面，教师可以通过把握学生思维加工的程度，反思自己的教学方法、理念等，总结经验教训，提高执教能力。

3. 有助于激发并维持学生的学习动机

通过系统地概括总结，学生把新知识纳入原有的知识体系中，能够在一定程度上获得成功体验和自我实现的满足感，进一步激发学习新知识的兴趣和愿望，为学习新知识奠定心理基础。

4. 有助于学生巩固所学知识

概括总结其实是对知识的"及时回忆"。知识的再次重复，有助于学生加深记忆，巩固所学知识。同时，概括总结利用练习和实践活动的形式，有助于培养学生的参与意识和创新能力，提高学生综合运用知识的能力。

5. 有助于向新内容过渡

有时一个完整的教学内容需要几个课时才能讲完，这时的结课既是对本节课和前面的教学内容进行概括总结，又是为下一节或以后的教学内容做铺垫。可以说，概括总结是从刚刚学习过的知识到即将开始学习的新知识之间的过渡。

（二）结束技能需关注的要素

结束技能的要素包括以下几个方面。[①]

1. 提供心理准备

教师在进入总结阶段的时候应有明确示意，以唤起学生的有意注意，使学生把精力集中于关注重要信息以实现知识的系统化、结构化，为学生

---

① 李春艳：《教师教学技能培养系列教程 中学地理》，192～194 页，北京，中国轻工业出版社，2019。

主动参与总结提供心理准备。教师往往通过语言直接向学生说明总结阶段的到来，并告知通过什么方式总结。例如，"这个新知识就学习到这里，现在让我们共同把重点做一个总结""让我们共同解答一下问题，作为今天学习知识的结束"等。

2. 概括要点结论

结束技能应用的核心是对新知识的深入加工，包括对新知识信息的浓缩提炼和揭示新旧知识的关系以实现知识系统化。这就需要教师引导学生概括要点、明确结论，这是结束技能的关键要素。

3. 回顾思路方法

成功的教学常取决于好的教学设计和教学思路。好的教学思路与方法，要从学生的知识基础和认识水平出发，抓住新知识的核心及新旧知识间的联系，注意抽象思维与形象思维的结合，注意地理事实与地理本质的统一。好的教学思路与方法不仅有利于地理知识、技能的传授，而且有利于学生地理思维等的形成与发展。

因此，回顾解决问题的思路与方法是构成结束技能的重要因素，并安排在总结阶段适当的时候实施。回顾解决问题的思路与方法，不要求全面再现全部过程，而是要求对思路与方法做出学生能够理解和便于接受的简明的概括，抓住重点和关键，每次突出一两个问题，以利于学生掌握迁移和运用。

4. 拓展联系新知

引导学生通过对结论条件的讨论评价，扩展学习内容。为了开阔学生的思路，使其把所学知识与生活、生产、社会实际联系起来，教师需要创建一个新的问题情境，使学生认识知识的价值或把前后知识联系起来形成系统等，把学习内容扩展开来，学到"活"的知识。

每节课的知识内容是整个学科体系中某一部分内容的个别知识点，因此，在大部分情况下，相邻的两节课之间，课堂中所学的知识内容是相关联的。在课堂结束技能中，教师要有意识地通过一定的方法（如留下疑问，或提出新的内容等）让学生对新的知识内容充满期待，激发对未知问题获得解决的渴望。结束技能要素与指标如表2-6所示。

表 2-6　结束技能要素与指标

要素	指标 1	指标 2	指标 3	指标 4
提供心理准备	选择时机	强调行为	行为变化	引起注意
概括要点结论	归纳概括	将要点结构化	明确结论	建立联系
回顾思路方法	梳理过程	总结方法	方法选择	方法适用范围
拓展联系新知	创设新情境	分析方法重要性	明确新困难	联系新内容

（三）结束技能要素的操作要点

1. 提供心理准备的操作要点

(1)选择合适的时机。

结束技能适用于一个内容的结束、一个环节的结束、一个问题的结束、两个内容的过渡以及整节课的结束等。

(2)要有强调的行为。

结束技能要伴随着教师行为的变化，特别是强调行为，以表示结束，如提高的声音、特殊的手势、特定的语言、变换的节奏等都能够达到目的。

(3)要有行为的变化。

新的内容需要与原来的内容之间有一个形式上的区别，使学生重新进入学习状态，需要调整，如刺激强度的变化、学习形式的变化、教学节奏的变化、教师位置的变化等。

(4)引起学生注意。

学生在教师的引导下，注意力全部集中在这个教学环节，如目光、坐姿、思维等均发生可观察到的变化。

2. 概括要点结论的操作要点

(1)归纳概括要点。

从众多新知识中归纳、筛选出对形成完整学科知识结构有至关重要作用的信息，以及解决问题时经常应用的重要信息，进行要点的概括和提炼。

(2)将要点结构化。

构建要点知识之间以及与其他知识之间的联系，并用结构性的形式呈现，进一步揭示学习该要点知识的内涵、外延及重要性。

（3）给出明确结论。

概括要点结论虽然包含着强调重点、淡化过程的含义，但是也指用肯定的语言揭示新知识和已有知识的联系与区别，从知识结构的角度给出明确的结论。

（4）帮助建立联系。

教师不仅要对本节课的知识进行要点概括及要点间联系的建构，而且要对本节课与前后节知识之间的结构化、系统化做进一步的引导和梳理。

3. 回顾思路方法的操作要点

（1）梳理学习过程。

在获得知识结论的同时，强化知识获得的过程、探究的过程、实验设计的过程、分析推理的过程等，这些都是需要教师研究的。教师既需要弄清其中规律的程序和步骤，也需要关注学生在学习过程中表现出的认知特点。

（2）总结学习方法。

在结束环节，教师需要将学生获得的方法总结出来，像重视知识结论一样来重视方法本身的内涵和学生掌握方法的过程。比如，学生如何获得信息、筛选信息、利用信息等，并用一定的方式进行强化，如画出路线图、在媒体中添加着重号、学生在笔记上整理等。

（3）指导方法选择。

在回顾提炼过程方法之后，教师要提出明确的方法，并给学生方法选择方面的指导。

（4）方法适用范围。

在进行方法指导时，教师不仅要强调方法如何使用，而且要指出方法适用于什么范围或情境等。

4. 拓展联系新知的操作要点

（1）创设新的问题情境。

在结束的最后环节，教师可以将本课学习的方法进行强化，特别是针对学生掌握方法中容易出现的问题，创设新的问题情境，指导学生运用方法解决情境中的真实问题。

（2）分析方法的重要性。

在情境中运用所学方法的过程中，教师要让学生体会到方法的内涵以及方法的重要性，也要让学生感觉到方法的实用性，从而产生自觉运用方法的动力。

（3）明确可能的新困难。

教师要使学生明确方法在解决问题时的局限，清楚该方法还有解决不了的问题，需要学习新的方法进行补充，以提升问题解决能力。

（4）联系新的学习内容。

在结束环节，教师要说明将要学习的内容能够带领学生继续解决问题，激起学生对解决相关未知问题的渴望。

教学结束技能所包含的各要素是相互作用、相互联系的整体（图 2-3）。

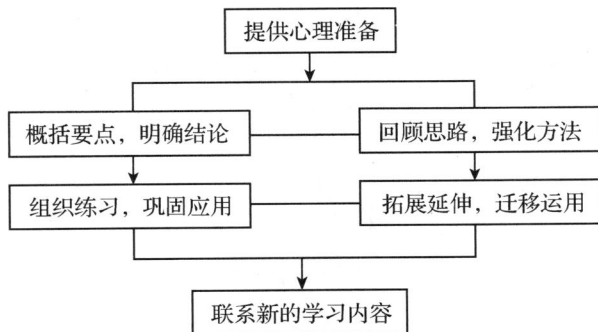

图 2-3　结束技能各要素关系示意图

案例分析

在案例 2-9 中，结束过程具有一定的概括性。本课的结束设计重点对长江不同河段经过的地形区、气候特征、水文特征进行了总结，有一定的概括性，特别是概括了地形与河流、气候与河流的相互影响、相互作用的地理原理。但是在概括总结方面还可以进一步优化。比如，可以通过总—分—总的方式进行概括总结。先总，长江流域面积广大，支流众多，地处亚热带季风气候区，使得长江成为我国流域面积最大、流量最大、流程最长的河流。再分，但因为长江流经的地形区复杂多样，地势起伏差异显著，使得长江不同河段的水文特征不同。再总，自然地理环境中的地形、气候、河流是相互影响、相互作用的，认识河流的水文特征从当地的地形和气候特征入手，综合分析地形、气候对河流水文特征的影响。

在案例中，教师使用了明确的结束语"我们回顾一下长江不同河段的水文特征"以引起学生的注意，为学生提供了心理准备。在结束过程中，教师逐步引导学生概括出本节课的要点，明确了结论。最后，教师用"旧知"——学习长江的方法，引出了"新知"——学习黄河。

四、如何在教学中恰当使用信息技术与数字资源

计算机技术的应用在提高课堂效率、发挥学生学习的自主性、培养学习的智慧能力方面起到了极大的作用。现代的信息技术燃起了知识的火花，是教育史上的一次革命。信息技术与学科整合是一种新型的教学模式。信息技术与地理课堂教学的整合可全面提高学生的自主学习能力、创新意识和创新能力。[1]

📎 | 案例 2-10 |

巧用 Google Earth 攻克地理教学中的重点——以"地形和地势"为例[2]

讲授 2013 年人教版地理八年级上册第二章"中国的自然环境"第二节"地形和地势"时，使用 Google Earth 辅助教学。具体包括以下两点。

第一，用 Google Earth 3D 视图模型辅助学生认识"中国地形类型及分布特点"。

根据地势起伏的变化，地表形态可划分为五大地形类型，即高原、山地、盆地、丘陵、平原。然而学生是在七年级上册学习的各地形类型的名称和特征。因此，在新授课之前要对这一知识进行简要的复习，这除了是为认识我国复杂

---

① 张慧、庞环军：《让现代信息技术走进地理课堂》，见王青逯：《教育信息化理论研究与实践探索》，300页，长春，吉林人民出版社，2007。

② 王兴敏：《巧用 Google Earth 攻克地理教学中的重点——以"地形和地势"为例》，载《地理教学》，2016(15)。收入本书时有改动。

多样的地形类型及其分布特点做准备，还是为下面认识各地形类型对生产、生活的影响做铺垫。Google Earth 能提供较为清晰的卫星遥感图片，能将各地形类型更加直观、动态地展示出来。因此，各地形类型的名称和特征的复习导入，可以通过 Google Earth 进行。教师考虑到学生生活在北京，故以北京地区为例，让学生观看地标周围 3D 视图模型，通过观察，逐步学习地形类型。

第二，用 Google Earth 地形剖面图绘制辅助"中国地势的起伏状况"教学。

用 Google Earth 可以绘制地形剖面图，具体操作如下。先在工具栏点击"添加路径"按钮，在弹出的对话框中对新建路径进行命名、修改样式等，并在视图界面绘制路径，点击确定，将路径保存至"位置栏"中。之后，在位置栏中右键点击新建的路径，在弹出的对话框中点击"显示高度配置文件"，所绘制的路径剖面图就显示出来了。为让学生能够感受我国地势自西向东动态起伏过程，教师可以用鼠标在剖面图中移动，指针会对应指在剖面图上方的遥感图中。教师还可以参照以上步骤，切割多条剖面线，以帮助学生多角度感受我国地势起伏状况。

问题聚焦

Q1：信息技术可以为地理课堂提供哪些方便？

Q2：地理课程常用的信息技术有哪些？

（一）地理课堂需要与信息技术深度融合

地理课堂与信息技术的深度融合主要有以下用途。[1]

1. 用作获取学习资源的工具

在数字化学习环境下，将信息技术作为信息获取工具，是学习者发现与获取所需信息的一种良好途径。高质量教育资源库可以在学校教学和学生自主学习中发挥重要的作用。在学校校园网络环境下，利用学校内部教学资源库或著名教育资源库镜像，学习者可以从中查找或搜寻到所需的学习资源，完成问题解决，并从中开阔视野。教育资源库也为教师提供了丰富的、生动形象的课堂教学内容，帮助他们提高教学效果。

---

[1] 安宝生：《中小学教师信息技术培训高级教程》，3～5 页，北京，经济日报出版社，2007。

2. 用作情境探究和发现学习的工具

信息技术与课程整合要根据一定的课程学习内容,利用多媒体集成工具或网页开发工具将需要呈现的课程学习内容呈现出来,从而促进学生理解能力和学习能力的提高。根据教学的需要,学生使用情境探究工具有三种途径。

第一,学生通过对数字化资源所呈现的社会、文化、自然情境的观察、分析、思考,激发学习兴趣、提高观察和思考能力。

第二,学生通过对数字化资源所设置的问题情境的思考、探索,利用数字化资源具有多媒体、超文本和友好交互界面的特点,学会从中发现问题、解决问题,通过利用节点之间所具有的语义关系,培养进行知识意义建构的能力。

第三,学生通过数字化资源所创设的虚拟实验环境,在虚拟实验环境中实际操作、观察现象、读取数据、科学分析,培养科学研究态度和能力,掌握科学探索的方法与途径。

3. 用作交流讨论的通信工具

信息技术提供的数字化学习环境具有强大的通信功能,学生可以借助多种网络通信工具,实现相互之间的交流,参加各种类型的对话、协商、讨论活动,培养独立思考、求异思维、创新能力和团队合作精神。

4. 用作知识构建和创作实践的工具

建构主义认为学习者对知识的掌握不是由教师传授或灌输的,而是通过同化、顺应、平衡,在学习伙伴间的交流、对话、协商、讨论过程中,运用意义建构的方式获得的。在数字化学习环境下,有助于学习者知识建构的工具平台非常多。

5. 用作自我评测和学习反馈的工具

数字化学习资源提供各种类型的试题库,学习者通过使用一些随机出现的、不同等级的测试题目,利用分析软件和学习反应信息分析系统,借助统计图表等进行学习水平的自我评价。在信息技术与课程整合过程中,只有真正把信息技术作为学生的认知工具交给学生,才能使学生在数字化学习环境中,学会借助数字化学习资源提供的虚拟情境进行探究发现学习,学会借助信息通信工具进行协商讨论学习，学会使用信息加工工具进行问题解决学习。

（二）常用的地理教学信息技术与地理教学的融合

可以辅助地理教学的信息技术很多，包括教学通用的技术，如多媒体技术（如 Authorware 软件）、网页动画技术（如 Flash 制作技术）、思维导图技术（如 iThoughts 思维导图）、线下教学信息技术（如雨课堂）等，也包括地理教学专用的信息技术。

下面主要选择几种较常用的地理教学信息技术。[①]

1. 遥感技术与地理教学的融合

遥感技术拓展了人们对地观测的视觉空间，突破了"只见树木，不见森林""不识庐山真面目，只缘身在此山中"的认识局限，为宏观掌握地球表层事物的状况及其时空变化创造了有利条件。

（1）为地理教学提供遥感图像素材。

地理教学中用到的遥感技术绝大部分是作为遥感技术产品的遥感影像。它以缩小的影像真实再现地表环境，使人类超越了自身感官的限制，以不同的空间尺度和感知方式快速、及时地监测地球环境的动态变化，成为获取地球资源与环境信息的重要手段。

（2）利用遥感资料制作专题地图。

利用遥感技术获得的遥感数据与相关的地图配合可以制作专题地图，以应用于某一专题的地理教学，如干旱或洪涝灾害的实时监测专题地图、地表温度分布的专题地图等。

（3）利用遥感技术开展研究性学习。

地理教学中可以利用遥感技术获取的遥感数据或遥感影像资料开展地理研究性学习。例如，利用遥感资料开展所在地区地理资源的调查研究；通过分析与研究遥感影像发现有价值的地理现象；通过对遥感影像的对比、分析，揭示某一地区地理环境的变化并分析可能的原因；利用卫星云图开展天气预测与预报等。

[①] 孙汉群：《地理信息技术与地理教学的整合》，100、181、249、257 页，南京，江苏人民出版社，2013。

（4）利用遥感技术加强情感教育。

遥感图像具有宏观展示地理环境的直观性，能将人类所面临的地球环境问题直观、真实地展示在学生的面前，能够有效地引起学生的关注和认识，对培养学生保护环境的意识有重要帮助。例如，从太空和卫星获取的壮观的地球影像有助于增强学生作为地球人的自豪感和对地球的热爱；通过对遥感技术获取的中国和世界其他各国地理环境的影像的对比，学生能够增强对中国国情的了解，有助于培养爱国主义情感；学生对家乡遥感影像的查找，有助于其了解家乡的地理环境，增强热爱家乡、建设家乡的情感。

2. 地理信息系统技术与地理教学的融合

在学校教育信息化普及与发展的今天，利用地理信息系统辅助地理教学已经较为常见。在地理信息技术辅助地理教学方面，地理信息系统辅助地理教学具有极其重要的作用。地理信息系统的教学功能主要表现在以下几个方面：一是从定性到定量，有利于提高地理教学的"理性"特征；二是为地理教学提供灵活的地图服务；三是为地理教学提供有效的空间查询与分析工具，帮助学生提高空间思维的能力；四是地理信息系统整合网络技术的辅助教学，为学生开展研究性学习提供条件。

3. GNSS 技术与地理教学的融合

GNSS 的全称是全球导航卫星系统（Global Navigation Satellite System），它泛指所有的卫星导航系统，包括全球的、区域的和增强的，如美国的全球定位系统（global positioning system，GPS）、俄罗斯的格洛纳斯卫星导航系统（global navigationsatellite system，GLDNASS）、欧洲的伽利略卫星导航系统（Galileo navigation system，Galileo）、中国的北斗卫星导航系统（Beidou Navigation Satellite system，BDS），以及相关的增强系统。在传统地理教学中，教师应用较多的 GNSS 技术是 GPS。

GPS 主要用于获取点的地理坐标和海拔。因此，GPS 在地理教学中的功能主要用于辅助讲授地理测量技术与方法，如喜马拉雅山海拔高度的测量。在地理野外实习中，教师可以引导学生应用 GPS 来测量地理坐标和海拔，确定地物之间的位置关系，绘制地形等值线图等；也可以使用 GPS 来开展研究性学习和合作学习，开展野外生存训练等。GPS的教学功能主要有以下几点。一是用GPS辅助讲授地理测量方法与原理。二是用GPS辅助地理野外实习和户外活动。三是用GPS辅助学生开展研究性学习，如可以用GPS测量校园的地理位置、海拔、面积，并绘制校园的地形图等。四是应用于地理教学的情感教育功能。例如，在地理教学中，教师可结合GPS技术的发展与应用，说明地理测量技术在生产、生活中应用的重要性，增强学生热爱科学技术的情感；通过比较我国与发达国家在地理测量技术方面的不足，增强学生努力学习、报效祖国的情感；通过讲解地理测量标志的建立来增强学生维护国家权益的意识。

北斗卫星导航系统与GPS十分类似，因此GPS能应用的方面北斗系统同样可以实现。《普通高中地理课程标准（2017年版2020年修订）》在"选修8地理信息技术应用"模块中的内容要求包括："学会运用全球定位系统（GPS）或北斗等卫星导航系统进行定位、路径查询等操作。"随着我国北斗卫星导航系统于2020年6月完成全球组网，教学时教师应更多列举北斗卫星导航系统在服务国家现代化建设和人们日常生活以及全球科技、经济和社会发展方面的成功案例，以彰显中国智慧与中国力量，对学生进行爱国主义教育。[①]例如，2019年人教版普通高中教科书地理必修第一册介绍了我国北斗卫星导航系统模型，并指出北斗卫星系统在防灾减灾中发挥了重要作用；也给出了我国的北斗卫星导航系统由35颗轨道卫星组成卫星星座，集卫星定位、短信报文、精密授时于一体，能够高效、快捷地实现信息传递。这些都是对北斗卫星导航系统大致的介绍和描述，教师可适当拓展北斗卫星构成、发展、应用等方面的具体情况，向学生具体讲述北斗系统。将我国自主研发运行的北斗卫星导航系统应用于教学中，不仅有助于拓宽学生的知识面，让学生进一步了解技术发展的最新状况，能够与时俱进，了解地理信息技术这一地理学的重要组成部分和发展方向，而且在对我国自主研发、运行的北斗系统了解和认知后，学生能够对祖国的日渐强大产生具体的认

---

① 郭剑峰：《地理信息技术助力学生地理学科核心素养的养成》，载《中小学数字化教学》，2021(1)。

知，从而培养探究精神和爱国主义情怀，并对高科技的地理信息技术的兴趣日渐浓厚，这是德育和思政教育的重要方面。[①]

4. 数字地球技术与地理教学的融合

数字地球技术是以计算机技术、多媒体技术和大规模存储技术为基础，以宽带网络为纽带，运用海量地球信息对地球进行多分辨率、多尺度、多时空和多种类的三维描述的技术。

地理教学中，最常见的数字地球是 Google Earth。Google Earth 已经建立了从陆地到海洋，从地球到星空的地理空间信息结构，具有强大的包容性和开放性。目前，Google Earth 的内容涵盖了天文、气象、水文、地质、地貌、生物、环境等自然地理的内容，并在不断地增加之中。通过 Google Earth，我们不仅可以了解世界各地的自然地理状况，而且能够通过其历史回溯功能了解其历史变迁过程，从而为自然地理教学提供丰富的、生动的资料，为探究自然地理过程提供有效的方法和途径。Google Earth 在人文地理教学中也能发挥重要作用，通过 Google Earth，我们可以了解到全球各地的人文景观、风土人情、城市布局、城乡结构、道路交通等情况，也可以分析研究不同地区资源的配置情况，以及旅游规划与设计等方面的问题。Google Earth 也体现了信息技术和地理信息辅助地理教学的优势。Google Earth 所集成的地理信息技术、多媒体技术、网络技术，深刻地改变了地理信息的呈现方式，能极大地培养和激发学生的探索兴趣和求知欲望，促进创造性学习、研究性学习和协作学习，为地理教学的教学方法、教学手段和教学模式的改革提供了有效的工具。

案例分析

在案例 2-10 中，教师使用了数字地球 Google Earth 软件。一方面，Google Earth 为学习"地形和地势"提供了 3D 视图模型，为教学提供了遥感图像素材，也提供了虚拟的地形地势观察空间。另一方面，通过绘制动态地形剖面图，学习"中国地势的起伏状况"。我国地势西高东低，大致以昆

---

① 刘勇：《北斗卫星导航系统在高中地理教学中的应用研究》，硕士学位论文，杭州师范大学，2018。

仑山—祁连山—横断山脉一线和大兴安岭—太行山—巫山—雪峰山一线为界，呈三级阶梯状分布。教材中出示了中国地势三级阶梯分布示意图。然而，静态图片不能很好地展示剖面图的制作过程，也就很难让学生通过剖面图立体感受我国地势的起伏状况。又因书中仅展示了一条较为特殊的剖面线，各级阶梯间地势陡降，形如三级台阶，这仅是我国地势呈阶梯状分布的典型代表，并没有反映我国地势起伏的一般状况，会给学生造成一种假象。基于Google Earth 自动绘制地形剖面图的功能，教师可以切割多条剖面线，让学生参与到剖面图的制作过程中，使其更加直观地感受我国地势自西向东的起伏状况。

从上述案例可以看出，Google Earth 软件极大地方便了地理教师的授课，不仅凭借其强大的功能为地理教学提供了丰富的素材，而且以其动态性、空间性、交互性强的特点，激发了学生的学习兴趣，有利于培养学生的地理空间思维能力。

> **实践操练**
>
> 请按照本讲关于地理课堂组织和呈现的方法，选择中学地理某一课时的特定教学内容进行课堂教学组织和呈现方式的优化改进，并与原教学组织和呈现方式进行比较，说明改进过程中都运用了本讲内容中的哪些理论和策略，简单撰写改进后的思考。

▶ 第七讲
如何设计并开展实践活动

地理实践是中学地理教学的重要组成部分，是培养学生地理实践力的重要载体之一。在真实情境下，通过地理实验、野外考察、社会调查等多种方式，来培养学生获取地理信息，探索和尝试解决地理问题，获得对地理环境与人类活动关系的认识，为学生能终身欣赏和认识这个世界、日后解决这个世界面临的诸多资源环境问题打下基础。因此，在地理教学中，教师要突出地理课程实践性的特点，在教学中注重培养学生的地理实践力。

一、为什么要开展实践活动

地理学研究地球表层，因此地理学家需要置身于地理环境中，进行深入调查和考察以取得第一手研究资料，就像美国地理学家索尔说的，地理学家的训练就是实地考察的训练。尽管现代地理学研究手段已经有了很大的发展和更新，但是地理调查和考察仍是地理学重要的研究方法之一。地理学也重视实验研究，因为对于一些具有大尺度、慢变量的地理现象，如地壳运动、大气环流、区域经济过程等，需要通过地理实验或模拟来发现其规律。因此，源于地理学的学科性质特点和研究方法，在中学地理教育中也需要将地理实践纳入地理课程当中。

《普通高中地理课程标准（2017 年版 2020 年修订）》和《义务教育地理课程标准（2022 年版）》都将"地理实践力"作为地理学科核心素养之一。《义务教育地理课程标准（2022 年版）》还将地理实践作为独立的课程内容模块之一，可见地理实践在中学地理课程中有着重要的作用。地理实践活动可以培养学生收集和处理地理信息的能力，发现地理问题、设计地理实践活动方案的能力和实施地理实践活动的能力等，促进学生地理实践力的养成，不仅能帮助学生理解地理学科特点，收获地理学知识与技能，而且能促进学生科学素养的养成，体现出地理学习的重要价值。

（一）什么是地理实践

中学地理实践着眼于培养学生的地理实践力。地理实践力是运用考察、实验、调查等方法来学习中学地理课程，培养学生掌握地理实践活动的技能和方法，养成科学精神和意志品质。通过地理实践，学生走进真实的自然和社会环境，用地理视角来观察、认识和理解真实世界中的地理现象和事物，并能够全身心地在与自然、社会的互动中增长智力、情怀和素养。地理实践力的隐性素质是一种意识、态度和精神，外显行为是通过实践体现出的可操作、能够解决问题的能力，具体包括收集和处理信息的能力、设计地理实践活动方案的能力和实施地理实践活动的能力，因此地理实践重视以真实问题为导向，在识别问题、解决问题的实践活动过程中来培养学生对地理学的认识，树立人地协调观，形成科学态度和科学精神。

地理实践能培养学生的专业技能，具体包括：地图技能，学生使用地图学习地理的技能，如识图读图、分析地图、填绘地图等；观察与调查技能，通过观察与调查获得野外第一手资料；地理分析技能，如分析地理要素特征及其相互联系的技能、分析区域特征的技能、对自然条件进行评价的技能、分析人类活动对环境影响的技能等；地理操作技能，如学生完成地理仪器的使用操作的技能、地理图表的运用与绘制的技能、地理统计与计算的技能等。在地理实践活动中培养学生的地理探究能力，能帮助学生形成科学思维，培养探究意识和兴趣，养成地理核心素养。

（二）地理实践的分类

按照地理实践活动形式，广义来说纸笔学习之外的地理学习，包括课堂讨论、课外研究性学习、参观访谈、野外考察等，都属于地理实践学习。地理实践不仅关注课内设置情境进行讨论、探究学习，而且重视课后的研究性学习。《普通高中地理课程标准（2017年版2020年修订）》和《义务教育地理课程标准（2022年版）》所聚焦的地理实践主要包括考察、实验和调查三种形式。野外考察倡导学生走进大自然，通过地理实践探究实际问题，考察的内容包括对地理环境的观察、描述、欣赏，对自然事物或现象的测量、取样、论证，对人类活动与环境关系的分析、评判、建议等。学生在地理考察中获得关爱大自然的情怀，学会生存、应对灾害的技能，学会利用地图工具和地理信息技术等，能够终身欣赏和认识这个世界。地理实验特指某种自然现象的模拟实验，可以在校园内建立地理模拟实验室，进行仿真模拟实验，也可以在居住区附近建设野外实习基地，在真实环境下选择局域空间进行模拟实验。模拟实验能够帮助学生掌握科学实验方法，体验科学严谨的研究过程，养成科学精神和态度。地理调查，特指面对真实的社会现象，发现问题、提出问题，并通过问卷调查、采访、访谈、入户调研等社会调查方法，认识与地理相关的社会现象并发现其中一些规律。调查活动可以培养学生的社会交往能力，能够使学生站在不同角度认识社会问题，并能够综合分析、评判、研究复杂的人地关系。

　　笔者曾对北京市的初中地理教师进行地理实践实施状况的调查（表 2-7），从调查结果看，在课程标准的指引下初中地理教学中实施了多种形式的实践活动，这些地理实践活动丰富了中学地理课程内容，对于在中学地理教学中探索如何培养学生地理实践力是有益的参考。

表 2-7　初中地理实践类型调查[①]

实践类型	实践活动举例
图表绘制	校园/教室平面图绘制；地形图、电子地图的使用；气温曲线、降水量柱状图的绘制；运用地图规划路线
学具制作	制作地球仪；制作地形模型；制作等高线模型；制作中国省区拼图学具
实验	科学实验；水土流失模型实验等
演示	模拟演示海底扩张、大陆漂移；地理教具模型的演示；地理仪器的演示，如利用地球仪演示公转和自转
野外观察	地理观测：观察不同季节（或一天内）太阳光下物体影子方向和长度的变化；使用测量仪器观测气温、降水和风向；实地观察河流；观察日食；定向越野；天文观测；植物的识别；月相观察与记录
社会调查	空气污染调查；家庭小调查；旅游活动计划；社区调查；电子产品调查统计；家庭用水、用电调查；学生的旅行规划；学生上下学路线考察；父辈及祖父职业调查
乡土地理考察	对家乡或某区域的实地考察；参观博物馆、科技馆；参观气象站和大气环境监测站；参观节水展馆或污水处理厂；聚落形态的考察；农业生产调查；工业活动的考察；北京文化的考察
课堂活动	开展辩论活动和讨论；开展学习交流活动，如收集区域地理特征资料、民族风土人情资料等；开展角色扮演活动，如热带雨林保护问题；拼图游戏；知识竞赛活动；撰写小论文

---

　　① 资料来源于对 2013 年、2014 年理科实验培训项目地理学科学员的调查。

按照教学组织场所，地理实践可以分为课堂实践活动、校园实践活动和野外实践活动。课堂实践活动与教学内容紧密结合，是在教室或实验室开展的包括地理实验、图表绘制、演示、学具制作、辩论、角色扮演、知识竞赛等形式的地理实践活动。校园实践活动指在校园进行的地理实践活动，包括校园内的野外观察（如正午太阳高度测量）、校园实验（如水土流失实验）、校园调查（如学校垃圾分类情况调查）等。野外实践是在野外进行地理考察、社会调查等形式的实践活动，包括参观博物馆、研学旅行等。不同教学组织场所由于实施实践活动的场景不同，因此具有不同的特点。一般来说，地理课堂实践活动紧密结合课程标准和教材内容，辅助学生学习地理概念、原理等教学内容，常用于验证地理模式和地理原理等，是地理课程的重要学习方式之一。校园实践活动的开展不拘泥于地理课堂教学，立足于学生身边的学习环境，为学生提供了更为多样化的学习资源，内容也不局限于验证式的实践活动而具有更多的开放性，让学生能够运用地理视角来解决真实世界中的问题，对于培养学生地理核心素养十分有帮助。地理野外考察，在丰富学生学习体验的同时为学生提供了更为广阔的视野，内容也更具有开放性，能为学生进行综合的科学探究提供更为丰富的课程资源，也为培养学生综合素养提供重要的途径。

二、如何开展实践活动

（一）开展地理实践活动的过程

中学地理实践活动让学生体验地理学研究的过程，通过制订实践计划来收集、分析、解释和评价信息并形成结论与行动提议。开展地理实践活动大致可以分为这样几个阶段：提出问题—调查分析—设计方案—实践探究—分析数据—总结反思。

提出问题是要提出一个具有探究意义的问题，中学阶段的许多实践活动是验证性的，但也要根据科学发展状况和学生的已有水平提出在实践行动上具有可行性的问题，选择那些对于中学地理学习来说具有重要意义的问题来进行实践活动。调查分析是就问题进行调研，包括做文献资料收集，对考察地点、调查地点、调查对象、地理实验所要用到的相关资料和数据、相关仪器等进行前期调研，并且对问题的可行性做出预估。设计方案是对实验流程、调查流程、考察方案进行规划设计，形成操作路线图，具体细化到时间、地点、实验和实践的实施步骤与方式等。实践探究是具体的实施过程，根据方案来实施。分析数据是在考察、实验或调查所得到的数据的基础之上进行理性思考，通过比较、判断、分析、综合等方法来对数据进行分析，来证实或证伪探究的问题。总结反思则是在分析数据的基础之上得到具有普遍意义的观点或命题，能够反思实践活动的不足并提出展望。

开展地理实践活动让学生体验科学探究的过程，使得地理实践活动的开展具有明确的目的性，学生围绕这一目的来开展个人学习、小组合作学习等多种方式相结合的实践学习。

（二）开展地理实践活动的方法与工具

地理课程是实践性很强的课程，地理课程标准重视学生地理实践力的培养。通过结合专题内容，地理实践活动倡导探究式的学习实践，实践内容涵盖课堂内外，实践类型多样，整合了学校、家庭与社会的资源，为培养学生地理实践力提供了多样化的途径与方法。总的来说，开展地理实践活动有如下方法与工具。

1. 地理探究

地理实践活动的开展遵循科学探究过程。地理实践聚焦地理探究问题，通过分析探究问题、制订研究计划、收集和选择数据、分析数据，做出相应的地理解释，学生在过程中评估和交流他们的研究成果，也对地理探究能力进行评价。地理探究过程会帮助学生获得野外考察、社会调查、使用地图等地理工具的技能，提高获取、处理和交流地理信息的能力。美国将地理探究能力分为五种，即提出地理问题（如在什么地方，为什么在那儿，位置的重要性是什么）；获取地理信息（任何与位置有关的信息，某地区的自然、人文特征或现象）；组织地理信息（利用图表和地理信息系统）；分析地理信息（寻求模式、关系、联系）；回答地理信息（提出决策解决方案）。[1] 这五种不同的能力在不同年级有着不同的要求，教师要根据学习内容和学生已有水平来进行探究。

2. 地理野外考察

地理野外考察是地理学习不可缺少的部分，许多国家的地理课程标准都强调了野外考察对地理学习的重要性。英国国家地理课程指出学生从野外考察实践中获取的信息对地理学习非常重要。澳大利亚提出野外考察的步骤：一是通过观测、绘制、测量和记录真实世界中的不同地方（包括学校）的现象，获取有关环境的知识；二是探索形成和改变环境的地理过程；三是使用一系列地理工具来帮助解释地理现象，进行决策；四是定位、选择、组织和交流地理信息；五是探索看待地理议题的不同视角。积极参与地理野外考察的经历能帮助学生产生对世界的好奇心，培养终身学习的兴趣和与人相处的能力。[2] 教师可以根据学校所在地开展基于乡土地理资源的野外考察活动，加深学生对地理教学内容的理解。

3. 地理调查

地理调查是地理学习最基本的方法之一，是进入调查对象所在的区域直接收集第一手资料的重要研究方法，在地理科学研究方法中占有重要地位。地理学研究的是地球表层空间范围内的地理事物和现象，探寻的是地理事物之间、人与环境间的关系，而获取这些地理信息最基本的手段正是地理调查。地理调查的方式有问卷和访谈调查、文献史籍调查、数据统计调查等。在中学地理课程中开展地理调查，教师可以根据教学内容设计相应的地理调查活动，如调查家族人口迁移情况等。

4. 地理实验与模拟

地理实验是通过不同探测手段，追踪和了解地理过程的规律，并且将地理过程人为地以不同方式再现，通过实验对比分析，找出其地理规律。其中人们又将人为再现并通过实验对比分析得到地理规律的过程称为地理模拟。

---

[1] 韦志榕、朱翔：《普通高中地理课程标准（2017年版）解读》，32页，北京，高等教育出版社，2018。
[2] 韦志榕、朱翔：《普通高中地理课程标准（2017年版）解读》，33页，北京，高等教育出版社，2018。

地球表层的地理现象，特别是自然地理现象具有大尺度、慢变量的特点，为了综合、整体地考察地理过程就十分有必要进行地理实验与模拟。但是，地理实验不同于一般的物理、化学实验，在于其具有综合性、区域性，因此不能以点代面，要特别注意与时空尺度的联系，地理过程涉及的时空尺度大，没有足够密度、足够时间的观测是很难全面揭示地理规律的。比如，在中学地理教学中，常常能看到的探究实践活动是在实验室中模拟不同降水量对不同地貌、岩性的地表的侵蚀冲刷过程，以探讨水土流失的机理，其中要注意的是设置好模拟实验的前提条件，并向学生进行说明。

5. 地图与地理信息技术

地图被称为地理学的第二语言，是学习地理学的工具，实质上是地理空间的模型化，是地理事物的空间表达。地图可用于揭示研究对象的空间分布、地理事物的空间关系和动态过程。从不同的地图上能识别出不同的地理信息，以用于分析问题，找到地理事物的分布规律与法则。随着现代地理信息技术的发展，现代地图制作方法有了新突破，人们可以利用卫星、航空照片等遥感技术提供地球表层的信息，并将其制作成纸质地图和电子地图，地图的应用形式逐渐丰富，应用范围也逐渐广泛。运用地图来开展实践活动可以与其他方法共同使用，来培养学生的空间观念，如可以开展地图制作活动等。

遥感和地理信息系统等地理信息技术的运用，为揭示地球表层的地理现象和事物的分布与动态变化过程提供了有效的、直观的工具与技术支持。地理信息技术的使用能够为实践活动的开展提供更为直观、动态的空间数据表达，展示出不同事物的空间分布与空间关系特征，为地理实践活动的开展提供高效的地理工具。

三、不同类型实践活动的设计与实施

地理实践活动的设计与实施大体可以分为设计准备阶段、实施行动阶段和总结反思阶段。设计准备阶段主要是规划出实践活动的实施方案或课程教学设计，明确活动课程的目标、内容、组织方式和评价等，以此作为实践活动的整体规划与实施依据。实施行动阶段是执行计划好的实践活动方案，在过程中培养学生的地理实践力。总结反思阶段是对实践活动的实施效果进行评价，总结经验并及时反思问题和不足，为接下来的改进提供思路和参考。

　　按照实践活动教学组织场所的不同，下面就分别选取地理课堂实践活动、地理校园实践活动和地理野外实践活动的案例进行分析，探讨不同类型地理实践活动的设计与实施。

（一）地理课堂实践活动

　　地理课堂实践活动是中学地理教学中常用的实践活动方式，紧密围绕课程标准和教材内容，通过多种实践活动来帮助学生学习地理概念、地理原理，认识并验证地理模式和地理原理等。地理课堂实践活动有三个主要的特征，分别是促进学生概念生成、丰富学生生活实践经验、让学生体验科学探究过程（图 2-4）。

图 2-4　地理课堂实践活动的特征

　　促进学生概念生成，由于地理课堂实践活动与课堂教学内容紧密相关，因此实践活动不能仅仅停留在丰富的形式上，而应当落实地理学习中的重要概念和原理，使学生认识并验证地理模式和地理原理。在实践活动中，学生能够厘清概念，建立概念与概念之间的联系，搭建起概念结构，把握住地理学习中的重要知识与关键能力。

　　丰富学生生活实践经验源于地理实践活动的生活性和实践性。学生在地理实践活动中能够掌握地理常识，习得地理基础知识，能够发现并分析、解释身边的地理现象和事物，养成地理视角，贯彻学习对生活有用的地理的理念。

地理课堂实践活动着眼于让学生体验科学探究过程，通过提出问题、调查分析、设计方案、实践探究、分析数据和总结反思等环节，让学生在实践活动中尝试应用科学方法、养成科学态度和科学精神。

案例 2-11

对一道锋面试题的探究[①]

《普通高中地理课程标准（2017 年版）》[②]将考察、实验、调查作为培养地理实践力的重要方法和途径，但是笔者认为这些并不是唯一的途径。《普通高中地理课程标准（2017 年版）》明确指出，地理实践力素养培养的深层次原因和目的在于培养学生行动意识和行动能力，更好地在真实情境中观察和感悟地理环境及其与人类活动的关系，增强社会责任感。因此，笔者以某省高二学业水平测试常熟卷中一道锋面题目为例，谈谈如何在日常的课堂教学中培养和渗透地理实践力。

【题目呈现】某天气系统过境后，家住我国南方的刘老师打开手机中的天气预报软件，获得了当地从昨天到接下来几天的天气资料。读图（图 2-5），完成（1）（2）题。

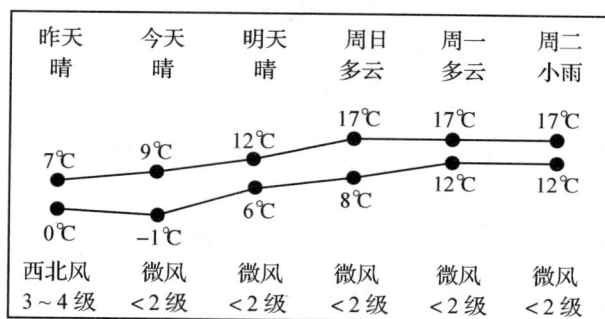

图 2-5　某地天气资料图

---

① 肖明、邓洪贤：《地理实践力在课堂教学中的另类培养和思考——以一道锋面题目为例》，载《地理教学》，2019（20）。收入本书时有改动。

② 该案例仍使用《普通高中地理课程标准（2017 年版）》，是因为《普通高中地理课程标准（2017 年版 2020 年修订）》与《普通高中地理课程标准（2017）年版》相比，对于地理实践力的要求并没有变化，该案例的题材和思维深度都符合《普通高中地理课程标准（2017 年版 2020 年修订）》的要求。

（1）上述天气系统最可能是（　　）。

A. 冷锋　　B. 暖锋　　C. 气旋　　D. 反气旋

（2）关于图中所示各日的说法，正确的是（　　）

A. 昨天大气污染较为严重

B. 今天大气保温作用较好

C. 明天水平气压梯度力较小

D. 周二白天洗车店生意较好

【参考答案】（1）A　　（2）C

【测试结果】绝大多数学生都错误地认为该天气系统是暖锋。判断的依据是该天气系统过境后，该地气温有较明显的上升现象，甚至在课后笔者询问学生思维过程的时候，学生首先排除的答案恰恰就是正确答案——冷锋。那么，冷锋过境后气温到底是下降的还是上升的呢？如果是下降的，那么这道题又如何解释呢？显然，学生的知识认知与真实生活情境在这道锋面题目面前产生了偏差和冲突。这是一个很好的培养学生地理实践力的契机，笔者选择了让学生课后自己去寻找证据来证明该天气系统为冷锋这一教学方法。

【实证探究】学生分别从逻辑推理、文献调查、实证考察三个与地理实践力培养途径契合度很高的方面给出了三个证明结论是冷锋的证据。

证据一：逻辑推理。分析一：通常所说冷锋过境后气温下降，其实应该是和冷锋过境前被暖气团控制时的气温相比的，而非与冷锋过境时的气温相比。因为，冷锋过境时，一般有大风、雨雪天气，气温受天气的影响会相对较低，甚至可能会比冷锋过境后的气温更低，至少体感温度应该是很低的（湿冷）。所以我们不能简单地根据过境后的气温比过境时的气温高而错误地判断该天气系统是暖锋。分析二：如该题所示，冷锋过境后气温上升的现象貌似异常其实不难解释，该天气系统（冷锋）刚过境，气温下降，但是过境后随着天气转晴稳定，太阳辐射、地面辐射对于近地面大气有加热作用，气温回升是很正常的事情。所以表现为该冷锋过境后气温较过境时有所回暖。分析三：就该题而言，材料中提示地点为我国南方，刚过境后绝对气温又很低（0℃左右），所以可以大致推断出时间大概率在冬半年，冷锋的可能性极大。

证据二：文献调查。学生找到某省学业水平测试的另一道题，与该题类似，题干显示的是北方地区冬季天气状况示意图，与本题类似，原理相通。

证据三：实证考察。学生通过天气预报网查到了与该题所反映的气温变化情况类似的实际案例，分别是 2016 年 11 月无锡和 2019 年 2 月南京两次冷锋过境前后真实的天气变化情况，从中发现冷锋过境后气温会较过境时有所下降，但随着天气的转晴，气温会有上升回暖的迹象。

在这个案例中，虽然学生并没有通过考察、实验、调查等地理实践力培养的一般方式进行户外实践活动，但是他们在面对认知与真实生活情境出现矛盾的时候展示出来的实证精神和行动能力，以及他们所采取的科学的求证方式，都是新课程标准所倡导的地理实践力的具体表现。

案例 2-11 是地理课堂实践活动中围绕一道错题，学生通过实证调查收集数据并进行分析，进而解决概念认知冲突的例证，同时满足了促进学生对冷锋概念的理解、丰富学生对天气状况的生活经验、让学生体验实证探究过程等特征，是地理课堂实践活动倡导的实施方式。

（二）地理校园实践活动

校园里有许多可供开展地理实践活动的教学资源，立足学生熟悉的学习与生活环境可以开展许多基于地理观察、实验和调查的地理实践活动，如校园植物观察、校园物候观测、校园气象观测、太阳高度角测量等。地理校园实践活动的开展，一方面将地理课堂拓展到了学生熟悉的环境中，丰富了学生的生活体验，另一方面能够让学生从身边环境中发现地理问题并进行探究，对培养学生基于真实世界的学习十分有帮助。

| 案例 2-12 |

校园植物观察——观察了解同类花草开花顺序[①]

温度和光照是影响植物开花的主要因素。温度是影响植物细胞分裂的主要因素，会影响酶的活性，低温会降低酶的活性，导致植物开花延迟。光照是植物进行光合作用的必要条件之一，可以制造有机物，为开花结果提供有机物，并储存在果实中。春晖校园里花草繁多，不同花草的开花时间差异很大，同类花草也会因为某些因素的影响，出现开花时间不同的现象。

【观察活动】春末夏初，教师组织观察小组的学生每天观察校园内广玉兰树的开花情况。这些广玉兰树种植在某幢三层高的建筑物的不同位置（图 2-6）。

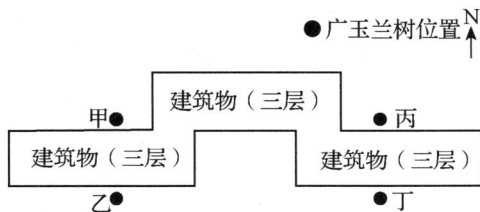

图 2-6　广玉兰树位置示意图

【观察结果】经过持续观察，同学们发现位于建筑物南侧的树乙和树丁开花最早，且两者开花时间差异不大；位于建筑物北侧的树甲和树丙开花较晚，尤其以树甲更晚一些。

【探究问题】教师组织学生对四棵广玉兰树开花时间不同的原因进行探究。学生讨论后认为，同是广玉兰树，开花时间的先后差异反映了建筑物四周光热状况的差异。春晖中学位于浙江省，图示建筑物的南侧为向阳侧，光热充足，东西向光热差异小，所以开花日期总体上南侧早于北侧，且南侧各棵之间的开花时间差异小。建筑物的北侧为背阳侧，光热不足，东西

[①] 张文军：《有效利用校园资源，培养学生地理实践力——以春晖中学校园植被观察为例》，载《地理教学》，2019(18)。收入本书时有改动。

向光热差异大，开花日期东侧早于西侧。

【探究提升】教师还提醒学生，上述分析仅仅考虑了气候的角度。影响开花的因素还有土壤、地形和水肥等。教师布置任务让学生在课后查找网络资料，较为全面地了解这些因素如何影响植物的各种物候现象。

案例 2-12 是利用校园植物观察的实践活动来认识气温、光照对植物生长环境的影响的实例。通过学习生物学、物候学等相关学科的知识，学生了解植物开花顺序是对气象条件的敏感认知，方便在课堂上学习气温、降水、光照等气象要素，能够将概念学习与日常生活实践经验相结合，促进对概念的理解。

（三）地理野外实践活动

地理野外实践活动是地理实践的重要活动形式之一，为学生提供了丰富的学习资源，开阔了学生的视野，帮助学生将所学所知与真实世界相连接。地理野外实践活动可以进行自然考察、社会调查等多种形式的户外考察实践，同时也需要聚焦某一问题或主题来进行科学探究学习，为提升地理实践力提供实施途径。

案例 2-13

永定河峡谷地理研学旅行课程设计[①]

永定河峡谷有着丰富的地理资源，依托地理研学旅行课程可以培养学生的地理实践力。本次地理实践活动采取"情境问题＋具体任务＋地理主题"的模式，突出"问题"导向，以"问题"驱动"任务"，逐步实现课程"主题"，具体课程内容如表 2-8 所示。

[①] 吴振华、袁书琪、牛志宁：《地理实践力在地理研学旅行课程中的培育和应用》，载《课程·教材·教法》，2019(3)。收入本书时有改动。

表 2-8　永定河峡谷地理研学旅行实践课程内容

地点	情境问题	具体任务	地理主题	课程目标
沿河城村	①仔细观察微型死火山口，并结合火山口分布情况，说说你对火山地貌特点的认识。②村落的内部空间结构是什么样子的？③为什么长城的隘口与沿河城断裂带走向一致？	①以小组为单位，探查周边死火山口，拍照并总结火山地貌特点。②以小组为单位，绘制村落内部空间结构示意图，探讨沿河城村布局特点及其成因。③结合该区域地质图、地形图、城镇分布图，独立思考并分析地质构造与人类军事设施布局的关系。	复合主题	①识别火山地貌，描述其景观主要特点。②解释村落内部空间结构，说明该乡村聚落的特点，并分析其成因。③分析内力对地表形态变化的影响以及与人类活动的关系。
斋堂镇马栏村	①对照马兰黄土标准自然剖面，你能否再找到一处类似的自然剖面？②观察周围地理环境，马兰黄土的主要形成因素有哪些？③观察马栏村的主要植被都有哪些，与马兰黄土有何关系。	①以小组为单位，结合马兰黄土标准自然剖面，讨论马兰黄土的主要特点。②以小组为单位，结合周边地理环境特征，推测马兰黄土形成的主要因素。③独立探查马栏村的主要植被类型，探究马兰黄土与植被的关系。	自然地理主题：土壤主题＋植被主题	①说出土壤的主要形成因素。②分析土壤与植被的关系。

续表

地点	情境问题	具体任务	地理主题	课程目标
斋堂镇东胡林村	①根据你的经验，旅游资源可以分为几类？②人类遗址为何珍贵？③根据你的观察，你认为东胡林人遗址可做怎样的旅游开发？	①利用手机进行网络搜索，结合国家标准GB/T 18972—2017《旅游资源分类、调查与评价》，在小组内部讨论并进行小组间展示，教师进行必要指导，让学生形成对于旅游资源分类的基本认识。②以小组为单位，讨论并归纳人类遗址的特殊价值。③以小组为单位，在全面客观评价该旅游资源开发条件的基础上，提出东胡林人遗址旅游开发的具体方案。（＊）	人文地理主题：旅游资源主题	①认识旅游资源的分类和内涵。②了解旅游资源的成因与价值。③评价旅游资源的开发条件。
门头沟王平镇韭园洞	①喀斯特地貌都有哪些常见的景观？②喀斯特地貌的独特之处有哪些？③哪些主要因素促使喀斯特地貌的形成？	①利用手机进行网络搜索，独立归纳喀斯特地貌的类型。②根据自己的独立观察，探究韭园洞的地貌特点。③以小组为单位，查阅该区域水文地质图、地形图，并结合实地探查，分析韭园洞的形成过程。（＊）	自然地理主题：地貌主题	①识别喀斯特地貌，描述其景观主要特点。②推断该地貌的形成过程。

续表

地点	情境问题	具体任务	地理主题	课程目标
门头沟野溪村桥头	①组成背斜的岩层之间有何关系？②你认为最大尺度的背斜有多大？③运用该区域地质图、地形图，推断该背斜的形成过程。	①对该单体背斜进行手机拍照，结合照片独立识别背斜构造特点。②独立思考背斜的体量大小与尺度的关系。③从该区域的地质图、地形图上，收集相关地理信息，推断该背斜的形成过程。	自然地理主题：地质主题	①识别构造地貌特点。②推断背斜的形成过程。
下苇甸至丁家滩	①如何区别灰岩、泥灰岩？②请自选一处露出地表的岩层，说说你是如何判断其为向斜、背斜或者褶皱的。③观察河流弯道处，说说河流对凹岸和凸岸的塑造有何不同。	①在教师的指导下，掌握灰岩、泥灰岩的主要特征，并独立进行灰岩、泥灰岩的标本采集。②观察沿环山路的山体剖面，独立查找并识别向斜、背斜、褶皱；结合地质图、地形图，识别不同尺度下的向斜、背斜、褶皱。③观察该段永定河的不同弯道，识别凹岸与凸岸；使用简易工具测量流速，并验证河流流速与河流凹凸岸地貌的关系。（＊）	自然地理主题：地质主题＋地貌主题	①认识灰岩、泥灰岩。②识别向斜、背斜、褶皱等地质构造。③识别河流地貌，描述其景观的主要特点。

　　本次实践活动的课程评价采用"定性＋定量"的综合评价方式。"定性"评价主要包括"个人＋小组""汇报＋行动"两个维度；"定量"评价主要包括"实践设想创新度水平""观察（调查）水平""使用工具水平"三个维度。现选取部分内容（即表 2-8 中加注"＊"的部分）为例，进行地理实践力评价量表展示。评价量表如表 2-9 至表 2-11 所示。

表 2-9　实践设想创新度水平量表

水平	具体标准	赋分
1	利用已有调查问卷，对东胡林人遗址旅游开发现状进行调研。	1～2
2	参考已有调查问卷，并进行适度调整，如考虑该村"农家乐"快速发展的条件，对东胡林人遗址旅游开发进行调研。	3～4
3	在已有调查问卷的基础上，独立或者小组合作设计新问卷，对东胡林人遗址旅游开发进行调研。	5～7
4	在已有调查问卷的基础上，独立或者小组合作设计新问卷，从可行性、时效性、综合性等方面，进行横向比较，与以前的问卷进行纵向比较，选取最佳问卷，对东胡林人遗址旅游开发进行调研。	8～10

表 2-10　观察（调查）水平量表

水平	具体标准	赋分
1	观察韭园洞的喀斯特地貌，初步了解喀斯特地貌特征。	1～2
2	观察韭园洞中的某类喀斯特地貌（如石钟乳），根据相应标准，判断该地喀斯特地貌的发育阶段，找出理由。	3～4
3	观察韭园洞的喀斯特地貌类型，对该地石钟乳、石笋、石柱、石旗、石盾等进行分类观察，并给出结论。	5～7
4	对韭园洞现存地理环境及如何开发进行观察和调查，预测未来发展方向和应对措施。	8～10

表 2-11　使用工具水平量表

水平	具体标准	赋分
1	作为测量小组成员，承担记录数据等专项工作，用自制简易浮标、普通测绳、常规秒表等测量工具，测量河流凹凸岸的流速。	1～2
2	独立或合作使用自制简易浮标、普通测绳、常规秒表等测量工具，测量河流凹凸岸的流速。	3～4
3	在与他人互助合作的前提下，有效分工，分担记录数据、安放测量工具等工作，合作完成测量河流凹凸岸流速的工作。	5～7
4	作为测量小组组长，合理安排组员做各自擅长的工作，组织同学完成测量河流凹凸岸流速的工作。	8～10

案例 2-13 是在永定河峡谷开展的地理野外实践活动课程，聚焦情境问题，设计具体的学习任务来进行不同地理主题的学习，课程目标明确、任务设计清楚、评价量表合理，为开展地理野外实践课程提供了很好的范例。

🖉｜实践操练｜

请结合本讲所学内容，选择自己所教学段的特定教学内容，设计出一份可行的地理实践活动方案，尝试着实施，并在实施的基础上进一步优化实践活动方案。

单元小结 ······▶

教学实施是地理教学的执行环节，是教与学实际发生的环节，该环节直接影响学生的学习生成。本单元从地理课堂管理与调控、地理教学内容组织与呈现、地理实践活动的设计与实施三个方面引导新手教师更好地进行教学实施。第五讲从如何营造地理课堂教学氛围、如何组织地理课堂教学互动、如何在地理课堂上倾听与观察、如何调控地理课堂四个具体方面帮助新手教师更好地管理和调控地理课堂。第六讲从如何在地理教学中规范语言与清晰讲解、如何在地理教学中有效提问与恰当解答、如何在地理教学中提炼概括和总结提升、如何在地理教学中恰当使用信息技术与数字资源四个方面帮助新手教师更好地组织和呈现地理教学内容。第七讲从为什么要开展地理实践、如何开展地理实践活动来阐述地理实践活动的重要作用与实施路径，并结合不同类型地理实践活动的案例分析来帮助新手教师设计和实施地理实践活动。

单元练习 ······▶

请结合本单元所学内容，对自己地理教学实施中的课堂管理与调控、

教学内容的组织与呈现中存在的问题进行诊断，并有针对性地完成一份教学实施优化方案（可以以某一课时的教学实施过程为例）。

阅读链接 ·····▶

1. 段玉山．地理新课程课堂教学技能［M］．北京：高等教育出版社，2003.

2. 崔允漷．有效教学［M］．上海：华东师范大学出版社，2009.

3. 李春艳．教师教学技能培养系列教程 中学地理［M］．北京：中国轻工业出版社，2019.

4. 江晔，刘兰．地理课堂教学技能训练［M］．上海：华东师范大学出版社．2008.

5. 李春艳．"以学生为本"的中学地理教学原则、方法与工具［M］．长春：东北师范大学出版社，2020.

6. 赵继红．初职教师 20 个怎么办［M］．北京：中国人民大学出版社，2017.

7. 李家清．原理·方法与案例：高中地理有效教学［M］．北京：科学出版社，2015.

8. 周尚意．人文地理学野外方法［M］．北京：高等教育出版社，2010.

9. 雷鸣．研学旅行：地理眼＋实践力［M］．北京：中国地图出版社，2021.

第三单元　教学评价

单元学习目标 ┈┈┈┈►

1. 理解地理核心素养所倡导的教学评价理念。

2. 能基于教学目标、内容特点、学生情况合理选择教学评价的方法及策略，并灵活应用。

3. 掌握教学评价设计的基本原则，能够依据不同的课型、环境和学习阶段，设计有效的教学评价。

4. 基于案例的分析，理解教学评价对于教学的价值和意义，反思和完善自我的教学评价方案。

单元导读 ┈┈┈┈►

对学生的学习情况进行评价是地理教学评价的重要方面。进行教学评价，不仅能借助必要的反馈信息使教师对教学目标的完成情况进行准确判定，而且能让学生通过评估标准了解自己的学习进程和学习效果，思考并选择自己的学习方案等，对学生的学习具有一定的激励和引导作用。

评价目的的多样性决定了评价方法的多样性。按照评价时机分类，评价方法可分为前测性评价、过程性评价和课后评价；按照评价功能分类，评价方法可分为诊断性评价、形成性评价和终结性评价；按照评价机制分类，评价方法可分为口头评价、书面评价和作品评价；按照评价形式分类，评价方法可分为自评、互评和他评。[①] 本单元主要阐述新手教师如何从教学实际出发，在教学的不同阶段，综合应用评价方法，提高评价实效性。

---

① 　游建波：《信息技术课程的教学策略与案例》，296 页，福州，福建教育出版社，2016。

单元导航 ……▶

教学评价

如何进行课堂学习评价
- 如何设计课堂学习评价
- 如何组织课堂学习评价
- 如何反馈课堂学习评价结果

如何选择与布置课后作业
- 如何选择和设计课后作业
- 如何布置课后作业
- 如何批改和讲评课后作业

如何进行阶段测试
- 如何理解阶段测试的作用
- 如何设计阶段测试
- 如何进行阶段测试的讲评

　　我从来没有凭学生在一节课上的回答（甚至所提的问题达二、三个甚至更多）就给学生打分数。我给的评分总要包括学生在某一时期内的劳动，并且包含着对好几种劳动的评定——包括学生的回答（也可能是好几次回答）、对同学的回答的补充、书面作业（不太长的作业）、课外阅读以及实际作业……

　　也许读者中会有人提出疑问：难道教师能把这一切都记在头脑里吗？也许，有些人会感到，要把有关学生脑力劳动的一切情况都记住有困难，但是我总觉得记住这些是一件最重要的事。难道把值得注意的事也忘记了，还能够对学生在教育中进行教学、在教学中进行教育吗？

——苏霍姆林斯基《给教师的建议》

▶第八讲
如何进行课堂学习评价

地理课堂学习评价是在地理课堂上开展的评价活动，如课堂提问、随堂练习等，既可以帮助教师提高课堂效率，也可以巩固教学。但一节课的时间有限，地理课堂学习评价需要精心设计、组织，同时也要及时反馈，这样才能取得相应的效果，将教、学、评一体化。

一、如何设计课堂学习评价

地理课堂学习评价，绝不是随意而为的，需要教师在课前进行精心的设计，这是课堂学习评价的第一步，也是最为基础的一步。

🔗｜案例 3-1｜

初中地理"世界的海陆分布"

为了强化学生对世界海陆分布状况以及七大洲和四大洋分布的认识，教师设计了"此起彼伏"的学习活动。参与的学生手中都有一张 A4 纸，上面写着一个大洲或一个大洋的名称。当教师给出一个语言指令后，认为与自己有关系的学生就要把自己手中的纸举到头顶上，让全班同学评判是否正确。比如，教师说赤道穿过的大洲，那么手持亚洲、南美洲、非洲、大洋洲的同学就要把手中的纸举起来。再比如，教师问与太平洋相邻的大洲是什么，与亚欧大陆相邻的海洋是什么，等等。通过"此起彼伏"的活动，学生强化了对七大洲和四大洋分布的认识，并不断熟悉它们之间的位置关系。该活动可以充分调动学生的参与度。

问题聚焦

Q1：课堂学习评价的意义是什么？

Q2：设计课堂学习评价时需要注意什么？

（一）明确课堂学习评价的意义

1. 对于教师：及时发现问题，并调整教学策略

教师在讲完一部分内容时，可以进行相应的课堂学习评价，如进行提问或者随堂小测，以检验学生对知识的掌握程度。这样有利于督促学生集中注意力，也能帮助教师了解学生对知识点的掌握情况。例如，在以知识模块为单元的地理教学中，教师可以视情况让学生自学并在课堂上安排前测，这样可以了解哪些知识是学生通过自学已经掌握的、哪些知识是需要教师精心讲授的。教师还可以通过课堂提问或测试了解哪个知识点学生已经掌握，哪个概念还需要进一步解释。

2. 对于学生：通过输出强化学习，基于反馈发现问题

评价是学习的一部分。课堂评价不仅可以帮助学生巩固已经知道的知识，而且有助于学生辨别出还不清楚的知识点。例如，在模块学习结束后，合理设计后测练习，可以帮助学生检查自己的掌握情况，并重新整合、巩固知识。另外，课堂评价也可以改善学生的注意方式、记笔记方式、提问方式和解决实际问题的方式。地理课堂上的评价活动，与课堂上的讲解活动紧密联系，教师当堂讲解、评价、答疑、反馈，学生可以直接、及时发现问题并调整自己的学习方法，提高学习的乐趣。

（二）设计课堂学习评价的注意事项

1. 评价目标要与学习目标有一致性

课堂学习评价不是教师根据个人的兴趣随意设计的，不是为了提问而提问，也不是为了活动而组织评价活动。课堂学习评价是为了给教学提供及时的反馈，因此教师设计课堂学习评价时的评价目标要与学习目标有一致性，这样教师才能将课堂评价要检查的项目与具体的学习目标进行对比。

2. 设计明确的评价标准

任何评价都应该有对应的标准。课堂上，教师对自己设计的学习评价，不仅要明确其在评价什么内容，而且需要明确学生需要达到的评价等级，只有这样，课堂学习评价才能实现其效果。如果课堂上教师对学生采用提

问的方式进行学习评价，那么就需要在设计问题时对学生的回答进行预设，并对各预设回答的反馈进行提前的思考。如果课堂上教师对学生采用实践操作或小组活动评价等表现性评价的方式进行学习评价，那么就需要提前设计好清晰的评价量表。

3. 评价要关注不同学生的需求

教师面对的学生一定是有差异的，针对不同学生的需求，要设计不同的课堂学习评价，只有这样才能提高不同学生的学习积极性。分层评价及激励是关注不同学生需求的评价方向。教师可以按照学生现有的学习水平和能力，将评价层次分为不同等级，每个等级采用不同的评价任务。分层评价是针对学生的个体差异，让不同层次的学生在增强自身竞争力的基础上提高竞争意识，循序渐进地进行突破，以实现目标。分层评价能够充分保护学生的学习积极性，及时地鼓励那些尽最大努力的学生，而不至于使学生因为评价任务难而"掉队"、因为评价任务简单而"吃不饱"的情况产生。

案例分析

案例 3-1 中，教师设计了"此起彼伏"的方法，让学生用把手举起来和把手放下去的方法来表达对问题的判断。这样的形式非常利于教师在课堂上及时评价学生对学习的掌握情况。而且教师设计的该活动，是与学习目标中的学习重难点问题"对世界海陆分布状况以及七大洲和四大洋分布的认识"相一致的，可以有效解决本节课的重难点问题。这个活动不仅可以使教师了解学生对这一知识点的掌握情况，而且可以使学生加强对知识点、概念的理解和学习。

二、如何组织课堂学习评价

课堂学习评价是指在课堂教学过程中，教师对学生在课堂上的学习态度、方法、过程、效果等方面的具体表现及时进行表扬或批评。教师对学生在课堂上的表现进行即时性评价，可以帮助学生了解自己的学习状况，对学生的课堂学习情绪进行调控；也可以让教师了解自己的教学方法和教学效果是否恰当和理想，及时发现和纠正学生在学习中的错误知识和错误认识。鼓励性的评价可激发学生的学习热情，促进学生积极参与学习活动，从而提高课堂教学的实效，提高教学质量。课堂学习评价一般是在课堂教学中进行的，可以是教师对学生在学习的某个环节中的表现进行评价，也可以是教师对全班同学参与学习活动的情况进行总体评价；可以是学生自评，也可以是一个学生对另一个学生参与活动、回答问题等的情况进行评价。评价要以肯定鼓励为主，将方法的点拨融入其中，为学生的学习指明方向。[①]

🔗 | 案例 3-2 |

高一地理复习课"大气受热过程"[②]

【活动任务】高一地理新授课"大气受热过程"一课中的学习片段。

【活动准备】准备六张宾果卡片（把班级学生分为六个小组），宾果卡片上的内容如表 3-1 所示。

表 3-1　活动中宾果卡片上的内容

卡片序号	卡片内容
卡 1	太阳辐射能 大气辐射 削弱作用 地面辐射 地面
卡 2	大气逆辐射 大气反射 削弱作用 地面辐射 太阳辐射能

① 宁夏教育厅教学研究室：《义务教育学科教学指导化学》，182 页，银川，宁夏人民教育出版社，2013。
② 本案例由北京市顺义区第一中学的陈勇平老师提供，收入本书时有改动。

续表

卡片序号	卡片内容
卡 3	削弱作用 地面辐射 地面 大气逆辐射 大气反射
卡 4	太阳辐射能 大气逆辐射 地面 削弱作用 大气反射
卡 5	地面 地面辐射 大气逆辐射 太阳辐射能 削弱作用
卡 6	地面 地面辐射 大气逆辐射 太阳辐射能 削弱作用

【活动过程】

步骤1：把班级学生分为六个小组并确定每个小组的组长。

步骤2：展示宾果游戏的游戏规则并解读部分规则。(①小组长随机分发给组员一张卡片，卡片上有几个概念或关键词，每张卡片上的概念或关键词有差异且顺序不同。②教师按1，2，3……顺序陈述，同学们把相应的序号填写在对应的概念或关键词前，全部对应完成后，喊"宾果"，待教师检查正确后，游戏结束；如不全部正确，游戏继续。③活动评价的方法是最先喊"宾果"且全部正确的小组获胜。)

步骤3：教师随机分发给各个小组宾果卡片，卡片上的内容是课堂中需要正确区分的地理概念。每个小组的学生都非常好奇卡片上所写的内容，小组内部开始讨论、识别相关概念。

步骤4：教师按序号陈述主要概念或关键词的含义，每个小组成员在本组的宾果卡上找到对应的正确概念。

教师表述内容如下。

①地球大气最重要的能量来源——太阳辐射能；

②大气对太阳辐射起到反射、吸收等作用——削弱作用；

③被大气中的二氧化碳和水汽等吸收大部分——地面辐射；

④近地面大气主要、直接的热源——地面；

⑤大气对地面起保温作用——大气逆辐射；

⑥夏季，有云的白天气温较低——大气反射；

⑦大气增温的同时，又以辐射的方式向外放射能量——大气辐射。

步骤5：当有小组喊"宾果"时，教师检查该小组的结论是否准确无误，如果全部正确，游戏结束；如果不全部正确，游戏继续，直到所有小组全部正确，游戏结束。

问题聚焦

Q1：课堂学习评价的方式有哪些？

Q2：组织课堂学习评价时需要注意什么？

Q3：如何组织有效的小组活动评价？

（一）了解课堂学习评价的方式

课堂学习评价是教学过程中的评价，最常见的是课堂学习即时性评价。课堂学习评价既要有教师对学生的评价，又要重视学生之间的互评和学生的自我评价。课堂学习评价可以以个人的形式，也可以以小组的形式开展。课堂学习评价由于教学方式的不同又分为课堂提问交流评价、课堂练习评价、课堂小组活动评价和课堂实践操作评价几种。[①]

---

① 中公教育教师资格考试研究院：《化学学科知识与教学能力（初级中学）》，290～291页，北京，世界图书出版公司北京公司，2012。

1. 课堂提问交流评价

目前，课堂教学的主要教学方法为讲授法和谈话法，通过教师的讲授和师生的交谈来传播和学习知识。这两种教学方法中最常用的评价手段是通过提问交流来进行评价。教师通过提问，评价学生在其讲解过程中的知识建构情况，对于实现有效教学是非常必要的。由于在讲授过程中教师无法了解自己讲授的内容学生是否已经理解，因此，在讲授完一定段落以后，教师通过提问交流了解学生知识的建构情况，及时调整教学进度和教学内容的难度，进行拓展或补缺是非常必要的。同时，提问交流对肯定学生听课的效果、激发学生听课的兴趣、启发学生对所学内容的情感体验也尤为重要。课堂提问交流评价流程如图 3-1 所示。

图 3-1　课堂提问交流评价流程

提问交流评价的重点在于评价学生建构知识的过程，以弥补教师运用讲授法教学无法了解学生知识建构过程的缺点。通过学生的回答，教师评价学生对于讲授内容是否已经理解，从而决定自己是否需要再次补讲教学内容。

2. 课堂练习评价

课堂练习是在教师指导下学生通过习题练习巩固知识和培养各种学习技能的教学方法。课堂练习常用的方法有：让学生直接写在黑板上；或让学生将练习内容写在纸上，然后用投影仪投射在屏幕上。教师使用这种方法教学，采用即时性评价能收到很好的效果。对于那些难度比较大的练习和规范要求比较高的练习，当堂进行即时性评价显得尤为重要，这种评价采用的手段是一种口头评价。课堂练习评价流程如图 3-2 所示。

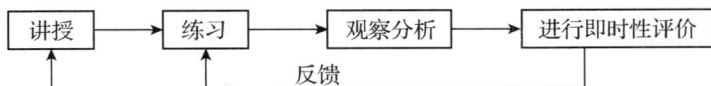

图 3-2　课堂练习评价流程

课堂练习评价对引导学生掌握解决问题的思路和方法是非常必要的。评价时，教师要将地理的基本观念等运用于评价学生的解题思路中，还要对学生能否运用地理常用的一些解题方法，如类比、迁移、比较、分析等进行评价，通过评价引导学生提高解决问题的能力。

3. 课堂小组活动评价

课堂小组活动评价是一种综合性的评价方式，是以学生为主体的评价方式，对于提高学生学科核心素养具有重要意义。因为地理学科具有较多观念性（如人地协调观、可持续发展观等）或思维性（综合思维）的内容，通过课堂提问或练习是无法直接进行评价的，需要通过小组完成一定的活动任务来进行表现性评价。通过小组活动及小组之间学生的交流，教师就可以了解到学生是如何思考问题、关联问题并解决问题的。这是一个综合的评价过程，既需要教师去观察，也需要教师进行适当的指导。

4. 课堂实践操作评价

实践操作教学是地理教学的重要内容之一。在以实践内容为主的课型中，教师一般把示范性的地理实践演示给学生，然后让学生通过观察或直接由学生经过预习以后模拟、重现实践的过程。在这一过程中教师的即时性评价非常重要，评价的主要作用是帮助学生提高观察能力，纠正学生错误的操作方法，开阔学生的思维视野。在学生实践的同时，教师需要通过即时性评价，给予指导和鼓励，使学生勇于动手和操作。

（二）课堂学习评价的注意事项

1. 提问评价要关注不同学生群体

课堂上经常会出现这样的情况：教师提出问题后，总是几个学生会主动回答问题，其他学生都没有回应。打破这样的僵局，新手教师在使用提问评价时要关注不同学习群体。

对于学业水平已经高于课堂内容的学生，教师可以设置一些可能只有他们才能回答出的问题，另外，可以让这类学生以"提问题"的方式进行回答，这样他们就会兴致很高地参与到课堂中，教师对他们的回答进行评价，为其他学生打开思路。教师需要从学业水平较高的学生的问题入手对解决问题的方法进行启发，从而使不同层次的学生都能够感受到课上所讲内容对他们方法上的提高。对于学习困难、容易与课堂脱离的学生，教师的课堂评价要关注如何帮助他们建立信心以及改变习惯，如专门设计较为简单的问题，并主动提问，学生回答后，一定要捕捉他们的优点并给予评价。

2. 评价要及时反馈

课堂评价的目的之一是使学生及时发现问题并调整学习策略。如果教师在课堂完成评价后，不进行反馈或不及时进行反馈，会使课堂学习评价的效果大打折扣。一方面，不及时给予反馈会打击学生参与的积极性。学生积极参与课堂评价，往往有"比赛"的心态，如果教师不能给出学生评价结果与评价标准，会让学生一直处于揣摩自己的表现到底如何的气氛中，进而影响学生的课堂注意力。另一方面，不及时给予反馈会使学生对自己学习程度的认识只停留在自己认为的阶段，并不知道与评价标准的差距，进而不能发现问题，也不能得到提升。

3. 明确告知学生评价标准

教师在组织课堂评价中，要明确告知学生评价标准，即学生必须知道对他们进行评价的标准是什么。明确的评价标准不仅可以让学生了解关键性信息，而且可以为学生确立奋斗的目标。

（三）如何组织有效的小组活动评价

1. 设计小组表现和个人表现的综合评价标准

利用小组活动进行课堂学习评价时，能否建立有效的评价机制是讨论能否完成目标的保障。为了保证活动评价的顺利开展，教师需要设计小组表现和个人表现的综合评价标准。评价的内容可以包括：过程性评价，即对讨论过程中成员的表现进行评价，这样可以使学生更加重视小组协作的过程，进而了解合作式学习这样一种学习方式，并认识到合作的重要性，即通过合作的方式，可以使团队及个人高效地完成共同的目标与任务；团队评价，即对整个团队进行评价，这样可以将团队评价内容作为个人评价的一个基础内容，让学生认识到只有通过团队的力量，才能更有效地实现自身的目标；个体评价，即对独立个体进行评价，这样可以有效地激发学生的参与积极性等。

2. 通过有效分组充分展示学生的水平

通过小组活动进行课堂评价的一个难点及关键点是如何保证每个学生都积极参与其中，让教师能真正看到他的水平。学生之间的差异较大，他们的兴趣、爱好、性格、能力、知识基础等都不同，在实际分组中，教师应按照"组内异质，组间同质"的原则合理分组，并让小组合理安排成员的工作，以免发生与以下类似的情况：小组成员都很内向，讨论无法展开；或小组成员都很活跃，讨论混乱，造成局面失控；或小组成员中学业水平高或平时表现好的学生一直担任组长，其他学生则处于被安排的位置。

3. 全程发挥教师的调控作用，促进活动的有序开展

在开展小组活动评价时，教师要随时关注活动动态，随时进行评价、调控，而不能布置完评价任务后置身事外，让学生自己来完成整个过程，不指导、不监督、不评价。教师调控主要表现在两个方面。一是把握好教师扮演的角色。教师应该是课堂小组讨论的组织者、维护者和规则制定者，然而，很多教师在学生进行讨论前并没有制定讨论规则，这样会导致课堂秩序混乱，没有规则可以遵循。二是把握好讨论时间的长短。教师需要利用有关经验对讨论时间进行预判。对于关联性较小的问题，教师应把时间控制在五分钟左右；涉及较全面的问题时，需要用整节课的时间进行小组讨论，最后由教师来总结。小组活动顺利时，教师应适当地给予表扬。小组活动出现问题时，教师应进行干预，及时点拨学生，以使小组讨论顺利开展。

案例分析

在案例 3-2 中，教师采用的是小组活动评价法，目的是评价学生对太阳辐射能、大气辐射、削弱作用、地面辐射、地面等几个主要地理概念的理解。活动开始前，教师非常详细地解释了评价活动的规则，这是在明确地告知学生评价标准。小组活动是需要发挥小组中每个成员的力量共同完成的，可以激发每个成员活跃参与的动力。另外，教师在评价活动过程中，也扮演着重要的角色，即在整个活动中教师都要随时参与评价。这对推动

活动的有序、顺利开展非常重要，因为教师在活动过程中是冷静的，可以有效控制节奏，如果安排学生自己来做这个活动，可能会出现场面混乱的情况。通过这样的即时性评价活动，教师可以有效引导学生正确区分主要的地理概念。

三、如何反馈课堂学习评价结果

对课堂评价进行反馈，是评价活动的最后一个环节，但也是至关重要的一个关节，其不仅影响学生的学习状态，而且影响学生下一步对学习过程的调节。

📎 | 案例 3-3 |

在学习"海洋和陆地变迁"一节时，我提出这样一个问题："哪位同学能举出海陆变迁的实例？"很多学生都跃跃欲试。突然，我发现一个平时对地理学习不是很感兴趣又不爱发言的学生把手举起来又放下了，犹豫不定。这时我向他点点头，示意由他来回答这个问题，他回答得非常好。我及时给出了肯定性的评价，"好，回答得非常好，你不仅把正确答案告诉了我们，而且有回答问题的勇气和自信。"这时我发现很多学生都向他投来了羡慕的目光。在以后的地理学习中，他非常积极，学习的信心增强了，经常在课堂上回答问题，成绩也不断提高，有了很大的进步。

在学习"时间的差异"这部分内容时，我提出这样一个问题："某人于4月30日5时从西十二区进入东十二区，此时应是几月几日几点？"刘晶立刻说："是4月31日5时。"我说："回答错误。"我在全班学生面前表扬了刘晶，肯定了刘晶知道从西十二区进入东十二区的日期应加一天，但是他的回答有不合理之处，学生们经过思考，都得出了正确的答案。这一次评价既照顾了学生的自尊心，也指出了学生答案中不正确的地方；既鼓励了他的勇气与做法，也指出了他考虑问题不够细心；既让他受到鼓励，也让他受到挫折。这样做，不但没有打击他的学习积极性，而且激发了他更高的

学习兴趣，对其他学生起到了示范作用。[①]

问题聚焦

Q1：课堂学习评价反馈哪些内容呢？

Q2：课堂学习评价反馈需要关注什么？

Q3：针对不同课堂学习评价方式有什么不同的反馈策略呢？

（一）明确课堂学习评价反馈的内容

课堂学习评价为即时性评价，因此教师在课堂上对学生的总结性评价就是对评价结果的反馈。课堂学习评价反馈的内容主要有以下几方面。[②]

1. 评价反馈学生对知识的反应

课堂学习评价反馈要关注学生的反应情况，如是否积极参与课堂活动，是否提出问题，是否能理解和利用知识等。而不仅仅反馈学生是否完成评价的内容。

2. 评价反馈学生学习目标的完成情况

学习目标是评价反馈的依据。教师在做教学设计时，主要依据课程目标、课程标准和教学内容制定教学目标，重点知识肯定要成为教学目标的一部分。依据课程标准，教学目标用语常以"了解""掌握""理解"等行为动词开头，如果我们将其转换为"能够""形成""知道"等行为动词开头的用语，则成为学生学习评价目标，所以教学设计中采用的教学目标和学生学习评价目标还是有区别的。在教学设计中，不能缺少学生学习评价目标，有了学生学习评价目标才能够确定评价反馈内容，进而实施评价反馈。学生学习评价目标是针对教学目标而设计的，在教学中，有针对性地设计评价目标，评价反馈学习目标完成情况，使得课堂评价反馈成为教学过程的一个环节，是衡量教学完整性的一项重要内容，对教师的教和学生的学起到指导作用。

---

① 马丽娟：《初中教学评价 地理》，51、52页，北京，光明日报出版社，2006。收入本书时有改动。

② 游建波：《信息技术课程的教学策略与案例》，270~272页，福州，福建教育出版社，2016。

3. 评价反馈学习成果

学习成果是指学生通过一定时间的学习，获取了多少知识。在课堂学习中，教师可以采用下列标准来评价反馈学习成果。一评价反馈学习目标完成度如何，获得了哪些知识，即实施学习评价后学生取得的学习成绩。二评价反馈学生在教师的指导下，是否积极主动地参与学习，是否掌握了有效的学习方法，是否有积极的情感体验。三评价反馈课堂活动中学生掌握理论知识和操作技能的情况如何，即学生是否将学到的知识转化为自身内在的知识。

（二）课堂学习评价反馈的关注点

课堂学习评价反馈，一要体现评价反馈的即时性，在学生参与活动之后、回答问题之后、小组讨论之后及时评价反馈。二要体现评价反馈的准确性，教师要用恰当准确的语言对学生的学习情况及时进行评价反馈；根据学生的基础，根据学生回答问题的情况做出简要准确的评价反馈，对学生学习中存在的问题要及时给予指导。教师要树立评价反馈的意识，使课堂学习评价反馈成为教学过程的组成部分。[1]

课堂学习评价反馈可以关注以下几个方面的标准。[2]

1. 关注学生的参与与获得

课堂教学是围绕学生进行的，其目的是使学生真正参与进来，获得知识和技能等。因此，在课堂学习评价反馈中，教师要尤为关注学生的参与性与获得感。学生是课堂教学的主体，学生在课堂上不能仅仅扮演配合教师完成教学任务的角色。课堂教学应该实现陶行知先生所倡导的那样，学生充分解放大脑、双手、嘴巴、眼睛。学生能通过多种感官全方位地参与学习，调动起学习积极性，使课堂焕发出生命的活力。课堂教学的立足点是人而不是"物化"的知识，应使每一个学生都有参与的机会，每一个学生在参与的过程中都能体验学习的快乐，获得心智的发展。

---

[1] 宁夏教育厅教学研究室：《义务教育学科教学指导化学》，181页，银川，宁夏人民教育出版社，2013。

[2] 唐晓杰等：《课堂教学与学习成效评价》，75～78页，南宁，广西教育出版社，2000。

2. 关注学生的全面发展

课堂教学，要实现学生认知、情感、意志、道德品质的发展和养成，而不仅仅是把认知性任务当成课堂教学的中心或唯一目的。教学目标设定中最具体的是认知性目标，由此导致的结果是课堂教学关注知识的有效传递。体现素质教育理念的课堂教学需要的是对完整的人的教育。学生仅仅达到认知目标是不够的，应全面发展。学生除了获得一种知识，还要拥有一种立场、一种态度、一种不懈追求的精神。因此，教师在进行课堂评价反馈时，切记不能只关注学生是否获取了知识，还要考虑学生是否有全面的发展方向。

3. 关注学生的创新意识和创新思维

课堂教学鼓励独创性和多样性。学生不应该只是简单接受教师的思维方式与对问题的结论，而应该能自己思考、去得出结论，发表不同意见和观点，自由讨论，有独立见解，形成求异思维和多向思维。因此，在进行课堂评价反馈时，教师一定要对有创新意识和创新思维的内容进行重点评价反馈。

（三）针对不同课堂学习评价的反馈策略

1. 课堂提问交流评价的反馈要关注学生的学习情况

课堂提问交流评价一般用时较少，所以在课堂中经常被采用。对课堂提问交流评价的反馈，教师不可只关注问题的答案，还要关注学生的学习情况，即关注学生对知识或问题的理解如何，关注学生的学习状态如何，关注学生是否在积极思考。在这些关注基础上，反馈语言一方面要以鼓励为主，这可以较好地维持学生学习的生成；另一方面要有恰当的总结和提升，这可以有效发挥评价对知识的巩固和对下一步学习的指导作用。

2. 课堂练习评价的反馈可利用对比法

课堂练习评价的反馈可利用对比法。首先是学生之间评价结果的对比。在评价过程中，教师可以随时观察学生的状态，并分类选择部分典型的学生评价结果进行集中点评、反馈、分析，由于采用的是他们自己的结果，学生会更加关注和感兴趣。一方面，他们希望看看教师对自己的评价分析；

另一方面，也希望看看其他学生的评价结果和过程中的思路。其次是与评价标准的对比。在评价过程中，教师将对学生的评价结果与评价标准对比，可以让学生清晰地了解自己学习中存在的问题，并找到正确的修改方法。

3. 课堂小组活动和课堂实践操作评价的反馈可采用展示互评法

教师利用课堂小组活动和课堂实践操作评价进行评价活动时，一定要总结与反馈。教师应挑选部分活动开展得较好的小组进行汇报，有必要时，还可以把学生的表现拍摄下来。在回放给全班学生看时，教师应加以点评，指出学生讨论时的优缺点，尽量以表扬、激励为主。

学生除了关心老师对自己的评价，还关心自己在同伴中的印象，因此，将同伴互评应用到课堂上也有利于提高课堂效率。在这种互评压力下，学生想要给同伴留下好印象，就会很认真地完成任务。而评价的学生，因为需要进行点评，在认真倾听别人发言的过程中，不仅需要做好记录，而且需要将自己的成果与同伴的成果进行对比，最后才能依据标准说出评价的观点，这样可以促进学生深度思考，相互学习，提高能力。

案例分析

案例 3-3，在第一个案例中，教师采用的是课堂提问交流评价的方式，提问后教师观察到"一个平时对地理学习不是很感兴趣又不爱发言的学生"的犹豫，可见教师密切地关注着课堂上学生对知识的反应，并及时地给予鼓励——"点头示意"，这在一定程度上给予了学生参与的动力。学生回答后，教师及时给出肯定评价，不仅对学生的回答内容的准确性进行了评价——"把正确答案告诉了我们"，而且对学生的表现给予认可——"有回答问题的勇气和自信"。这种方式一方面可以给学生带来愉悦之感，使学生产生良好的兴趣，另一方面可以激发学生的学习动力和强烈的需求，并将其转化为内在驱动力，驱使学生进行自我反思、自我教育。这不仅有助于本节课上学生的学习，而且对该学生的长期发展有非常好的效果，"在以后的地理学习中，他非常积极，学习的信心增强了，经常在课堂上回答问题，成绩也不断提高，有了很大的进步"。可见，课堂学习即时性评价，对学生发展具有非常重要的意义。

　　在第二个案例中，教师采用的依然是课堂提问交流评价的方式，但在该案例中，除了对学生的学习成果——"答案"给予准确的评价——"回答错误"外，教师还关注到了学生的参与与获得，并关注到了学生的全面发展。课堂教学要实现学生认知、情感、意志、道德品质的发展和养成。学生的答案有误，如果教师仅仅对结果进行评价，会严重影响学生的参与感，但是像案例中教师那样对学生的参与给予高度评价，并逐步分析他回答的合理之处和不合理之处，让学生在这个过程中，一方面获得"正确"的知识，另一方面知道了自己"不够细心"的缺点，并"受到鼓励"，同时增强了抗击挫折的能力，这是在多方面关注学生的发展。教师在真诚赞赏的同时，巧用善意的批评，这样可以很好地保护学生的自尊心，并对学生的结论进行指正评价，从肯定的反面促进、引导、激励学生充分发挥其潜能。

> **| 实践操练 |**
>
> 　　请按照本讲地理课堂学习评价的方法，选择中学地理某一课时的内容进行课堂学习评价的设计、组织和反馈，并说明课堂学习评价过程中都运用了本讲内容中的哪些理论和策略。在完成上述任务的过程中，请同步思考在中学地理课堂教学中，课堂的即时性评价与学习生成的关系是怎样的。

▶ 第九讲
如何选择与布置课后作业

　　作业，是学生巩固新知识、运用新知识解决新问题的重要途径之一，也是教师教学反馈的重要手段之一。地理课后作业布置与批改，是常规教学工作中不可缺少的一个重要环节，是地理课堂教学的延伸和补充，是教师用来检查教学效果、指导学生学习和获得教学反馈的重要手段，是连接教师和学生的"桥梁"。课后作业练习也是一种学习的过程。通过作业，教师不仅可以检查课堂教学的效果，弥补课堂教学的不足，加深学生对所学地理知识的理解和运用，而且可以培养学生的地理思维能力、探究能力和创新能力，还可以让学生探索获得知识的方法，体验知识形成的过程。所以，新手教师要注重地理课后作业的选择与布置，以及作业的评价。

一、如何选择和设计课后作业

课后作业的选择和设计是课后作业评价的第一步，关系到后面评价实施的各个环节，如评价什么、如何评价等，因此，新手教师需要高度关注课后作业的选择和设计，思考布置什么样的作业效果最好，只有这样才能有效利用课后作业促进教学效果的提升和学生的发展。

案例 3-4

"可持续发展"的思想是一个新概念，怎么向学生讲？课题组教师经过集体商讨，决定让学生先进行实地考察：人们在征服自然、改造自然的同时，造成了严重破坏环境的问题，有些环境问题正危害着人类的生存。选择有代表性的现象拍摄成照片或画下草图，到课堂上展示给同学们看。

第一组展示的是草图：光秃秃的山地上矗立着一个大烟囱及一排房。小组长说："这是我们村的一个大砖厂，附近的山被挖平了，方圆几公里没有一点绿色。晴天黄沙尘土飞扬，雨天一片积水，对农田及村民的日常生活危害不小。"

第二小组展示的是照片：千疮百孔的一个山头。小组长说："这是我们拍摄到的一个采石厂。山边的村民告诉我们，因为这里有较好的矿石，附近部分村民私自开采，乱砍乱挖，造成水土流失，危害农业生产。"

第三组展示的也是照片：一条小河，水面漂着脏物，上游是一眼望不到头的参差不齐的房子。

第四组展示的是草图：稻田里农民正在喷洒农药，水面漂着很多药瓶和死去的小鱼、青蛙等。

第五组展示的也是草图：一个工厂正在向外排放大量的污水。

各小组一张一张地展示照片或草图，同学们都在认真看、用心听，连平时最活跃的几个男生都一动不动地坐着，满脸的凝重。①

问题聚焦

Q1：地理课后作业的类型有哪些？

Q2：地理课后作业设计的策略有哪些？

（一）了解地理课后作业的类型

从表现形式上，地理作业分为以下几种类型。②

1. 书面作业

书面作业是一种传统的作业形式，它要求学生把所学知识用书面的形式表达出来。

2. 口头作业

地理口头作业，既能培养学生的语言表达能力，又能培养学生的逻辑思维能力。

3. 手工作业

这种类型的作业能提高学生动手操作的能力，使其有效地巩固所学知识。例如，学习等高线地形图时，教师可以让学生用橡皮泥自制等高线地形模型。

4. 绘制图表

地理学习应注重地理图表的运用，在高考中几乎每一道地理题都配有图表，因此，在日常学习中，教师应注意培养学生的读图和绘图能力。例如，在学习地球运动时，教师可以让学生自己绘制不同类型的日照图，帮助学生理解、分析问题；在学习等高线时，教师可以让学生根据等高线图绘制地形剖面图；在学习人口问题时，教师可以让学生根据不同年份的数据绘制人口数量变化趋势图、在世界和中国空白图上绘制人口分布情况等。

---

① 马丽娟：《初中教学评价 地理》，70 页，北京，光明日报出版社，2006。收入本书时有改动。
② 肖川：《中国名师作业设计》，145～147 页，北京，大众文艺出版社，2010。

5. 调查并撰写报告

这种类型的作业需要学生通过进行社会调查，用地理的眼光来分析调查所得资料，从而进一步认识我们的周围世界，提出解决生活中实际问题的建设性的方案。

6. 实地观测

这种类型的作业需要一段时间的观测，可以让学生把所学的知识与实际相结合，激发学生学习兴趣。例如，教师可以让学生观察并记录一个月内月相的变化，并用书本上的知识解释其原理；测算当地二分二至日的正午太阳高度角，了解其变化规律；观测当地气象、物候特点等。

7. 小实验

这种类型的作业可以让学生加深对地理规律和原理的理解。例如，在学习热力环流时，教师可以让学生用：①长方形的玻璃缸（长 100 厘米，宽 30 厘米，高 40 厘米）；②胶合板（一侧开有一个小洞）或塑料薄膜；③一盆热水；④一盆冰块；⑤一束香；⑥火柴来验证热力环流的存在。

8. 小论文

这种类型的作业既重视学生对乡土地理知识的理解和巩固，又重视基本技能的训练，并尽可能地联系家乡的实际问题，使学生学以致用。比如在学习人口时，教师可以让学生查阅北京市各年人口数量，分析其增长趋势，写一篇《北京市人口增长与经济发展的关系》的论文。通过撰写小论文，学生对课本上的知识产生新的认识，由理论走向实践，使量的积累实现到质的升华。

（二）地理课后作业设计的策略

地理课后作业设计可以关注以下几个方面的策略。[①]

1. 设计分析型作业——经常组织"热点新闻分析"课

通过热点新闻分析，教师可以帮助学生学习各种地理原理与知识，使其正确认识各种地理现象，逐步树立正确的人地观念，大大提高地理课堂

---

① 廖丽芳：《教师设计好作业指南》，117～120 页，长春，东北师范大学出版社，2010。

教学的实效性。热点新闻分析的重点在于分析。热点新闻收集要做到主题集中，给学生提供高质量的思维材料；设计思考题既要依据教学目标，又要贯彻创造性思维的要求，提出"是什么""为什么""怎么办"，引导学生认清地理现象的本质，分析地理现象的来龙去脉。

2. 设计游戏型作业——安排学生进行形体表演

地理课程中地理事物分布和特点的教学一直是教师非常头痛的教学难点，学生往往不能掌握抽象的内容并运用于学习的实际。例如，气候是地理课程教学的难点，对于各种气候特点，特别是气温和降水变化的特点，许多学生经常"张冠李戴"。不少教师在讲解这部分内容时采用读图教学，或展示图片课件，或采用挂图说明，方法单一，学生不能形成直观印象，学习的积极性不高，常常学完后仍是"一头雾水"。针对这种情况，在教学过程中，有些教师采用了布置"形体"作业的方法，取得了较好的教学效果。

教师先让学生读课本上的降水柱状图和气温分布图，然后请 12 个学生上讲台做一道大型"形体"作业，让他们各自用身体的高低变化来"扮演"12 个月的降水量。比如，教师说我国的温带季风气候，代表 7、8 月的两个学生马上站得很高，其他学生依次降低身体高度；教师说欧洲的地中海气候，学生们马上调整"阵容"，代表 12、1、2 月的学生连忙站起来，而代表 7、8 月的学生下蹲。这种方法也可来表示气温的变化。抽象问题具体化是"形体"作业的最大特点，它使抽象思维和形象思维结合起来，使静态记忆和动态记忆联系起来，可以达到普通作业难以达到的目的。

3. 设计研究性作业——让学生开展社会调查

地理研究性作业必须建立在社会调查的基础上。要做好地理研究性作业，学生必须主动地深入社会，走出书本和课堂，最大限度地收集资料，并做到对这些资料进行"去粗取精、去伪存真、由此及彼、由表及里"的分析和归纳，能够把获取的资料融入自己的知识能力体系，不断提高自身的整体素质。

4. 设计开放性作业——试题答案不唯一

教师在平时教学中应多设计高质量的、答案不唯一的作业。这类作业答案不必强求一致，应当允许多种答案并存，鼓励学生大胆发表自己的看法，以全面培养学生的批判性思维和创新思维，让学生的作业闪现出创造性的"火花"。例如，在讲解"人口问题"后，教师可以出这样的题目：人口越少越好吗？通过练习，学生知道并非所有国家都在控制人口增长，人口的增长要结合本国本地区现阶段的具体情况，对于一部分发展中国家来说，人口太多、增长太快，会影响经济发展，所以要控制人口增长；而对一些发达国家来说，人口增长太慢，有些甚至负增长，出现劳动力不足等问题，所以要适当鼓励生育。这样，学生的答案各异，答案中讲到了许多新颖的东西，很好地达到了教学目的。

5. 设计口述型作业——让学生多"说"

设计地理练习，过去往往重视书面作业而忽视口头作业，然而地理口头作业可以很好地培养学生的逻辑思维和语言表达能力，因为学生在口头回答问题时，必须调动所学的知识进行积极思考和语言组织，主观性题目训练要尽可能地让学生口答，重要的概念、原理也要求学生口述，但不是死记硬背。所以，新课程下，教师要积极引导学生在课间、课后多思考地理作业，课前或一节课临近结束时让学生多"说"作业，让他们的嘴巴动起来。

6. 设计实践型作业——让学生动手制作

地理学是一门实践性很强的学科。教师要鼓励学生学以致用，增加一些学生动手的实践活动。"动手动脑，心灵手巧"，结合教学，教师可以让学生收集废旧材料，制作简单的地理教具、模型，如地球仪模型、褶皱断层模型、七大洲拼板、中国政区拼图、长江黄河干支流简图、测定降水量仪器等。这种类型的作业能使学生提高动手操作的能力，有效地巩固所学知识。

案例分析

案例 3-4 中设计的课后作业，属于调查结合口头报告调查结果的类型。教师针对"可持续发展"这样一个抽象的概念，让学生自己去现实生活中考察——"人们在征服自然、改造自然的同时，造成了严重破坏环境的问题，有些环境问题正危害着人类的生存"。实践考察作业促使学生联系身边的实际生活、实际环境，不仅能促进学生去深入地思考这个问题，而且能激发学生解决身边实际问题的动力。

案例中，学生的作品有草图，也有照片，这些作品都是学生自己考察后，根据自己的思考筛选出来的，汇报的语言也体现了学生对身边环境问题的痛心。由于是学生真实地去考察得到的结果，因此他们对"环境污染""可持续发展"的领悟更加深刻，参与感和责任感也油然而生。"各小组一张一张地展示照片或草图，同学们都在认真看、用心听，连平时最活跃的几个男生都一动不动地坐着，满脸的凝重。"调查结果以不同形式、不同类型展示了大家熟悉的身边的环境问题，能引发学生的共鸣和关注。

从上面案例我们看到，这次通过学生的课后调查结果来完成的"可持续发展"教学使学生在挖掘社会生活这本大教材的内容的同时，所获得的对知识理解的深度、自身能力的提高、观念的转变甚至行为方式的转变是一般教学难以达到的。学生在实地考察社会生活的过程中，通过自身的体验，能够深刻地感受到环境危机的存在，深刻理解什么是"可持续发展"的思想，也在自己选择、自己探究、自我超越的成功中体验到学习的兴奋与喜悦，充分体现出新课程作业的特点。

二、如何布置课后作业

课后作业选择和设计好后，教师需要将作业布置给学生，这是师生就课后作业第一次交流的过程，关系到学生具体如何完成课后作业，是课后作业评价至关重要的环节。

案例 3-5

高中地理"地球运动"课后表现性任务设计①

学习完"地球运动"后，教师布置了设计表现性评价任务的课后作业，要求学生结合日晷的计时原理，根据幸福学校的文化特色，设计一个校园

---

① 本案例由北京交通大学附属中学的刘一明老师提供，收入本书时有改动。

日晷作品，然后组织学生进行宣讲答辩，最后师生通过七个维度的表现性评价量表（见表3-2），对设计作品进行评价。

"设计一个校园日晷"评价量表的设计围绕实践活动展开，包含计时原理、前期准备、设计理念等七个维度，根据完成任务的能力要求，每个维度赋予了不同的分值，特别关注了设计理念、文稿撰写、汇报展示几个维度的表现，同时每个维度对应三个不同的表现水平。

表 3-2 "设计一个校园日晷"评价量表

评价内容	分值	水平1	水平2	水平3	自评	他评	师评
计时原理	10	尚未理解赤道日晷的计时原理，或理解不透彻	理解了赤道日晷的计时原理，用于指导设计过程	理解并创造性地运用赤道日晷的计时原理进行设计			
前期准备	10	收集了资料，但资料散乱，对设计无支持作用	收集了一定量的资料，但资料对设计的支持作用不大	收集了丰富的与主题相关的资料，且资料对设计有较强的支持作用			
设计理念	20	设计平淡，缺乏新意，在一定程度上体现了幸福学校理念	设计富有创意，能将幸福学校理念融入其中，加入了其他元素	极具创意，融入幸福学校理念的同时，能够融合多元素，底蕴深厚			
文稿撰写	15	逻辑混乱，格式不规范，没有将其设计过程和设计理念表述清楚	逻辑表述清晰，格式规范，表达出其设计过程和设计理念	内容完备，格式规范，表述清晰，能突出设计过程和设计理念			
合作参与	10	参与的积极性不高，组内缺乏分工，独自完成任务	积极参与，兴趣浓厚，分工明确，能够有效合作	具有求真务实的科学态度和较强的团队合作意识，分工明确，密切配合			

续表

评价内容	分值	水平1	水平2	水平3	自评	他评	师评
汇报展示	20	依赖 PPT 或文稿，表述完整，缺乏逻辑性，紧张拘束	借助 PPT 和文稿，表述清晰，表达能力强，放松自信	全程脱稿，借助 PPT，表达清晰、流畅，重点突出，充满自信，轻松自如			
实施价值	15	停留在理论层面，难以实施	具有一定的实施价值	科学、具有较高的实施价值			

学生设计的校园日晷作品和特等奖作品如图 3-3 所示。

图 3-3　学生设计的校园日晷作品和特等奖作品

问题聚焦

Q1：课后作业布置的原则有哪些？

Q2：课后作业布置的操作要点有哪些？

（一）课后作业布置的原则

课后作业的布置需要注意以下几个原则。[①]

1. 基础性原则

课后作业的内容首先要紧扣基础性，以每节课的基本概念、基本原理、基本规律、基本方法和基本技能的训练为主。

---

① 肖川：《中国名师作业设计》，139～140 页，北京，大众文艺出版社，2010。

2. 多样性原则

地理作业和其他学科作业一样，分书面作业和非书面作业。课后作业既有绘图题、问答题，也有课外调查报告、课外小制作、专题小论文以及演讲稿等。

3. 探究性原则

课后作业要激发学生思维，使思维具有灵活性；要开拓学生思维，使思维具有深刻性；要延展学生思维，使思维具有开放性。也就是课后作业所引发的学生思维量要大。

4. 主动性原则

在传统教学中，课后作业往往由教师设计好习题让学生完成，学生被动应付，其主动性得不到发挥。事实证明，学生对自己"创造"出的习题更感兴趣，练习也更主动、投入。

5. 开放性原则

课后作业的设计要突出以学生实践活动为主的作业题，不要把学生解题做作业的注意力仅仅引导在课本知识范围之内，局限在从课本中去寻找答案这一狭窄的途径。传统教学中"一刀切"的现象往往无法顾及各层次学生的认知要求，限制了学生个性的发展。现代教育心理学认为，在激发学生学习动机的种种诱因中，成就动机是普通的、有效的一种。为此，可精心设计布置"超市"型作业，让不同水平的学生自主选择，给学生做作业的"弹性权"，实现"人人能练习、人人能成功"，使每一层次的学生都能得到训练、发展。

6. 合作性原则

21世纪的教育应该由重点培养竞争能力转向重点培养合作能力，通过合作教育，培养学生的合作意识、合作精神、合作能力和合作品质，学生学会了与人交往、与人共处、与人合作，实际上也就掌握了自己生存与发展的能力。这也是当今社会对他们最基本的要求。学生的合作精神与合作能力是重要的培养目标之一。新课程要求学生必须加强合作，学会合作。学生面临的作业更多的将是探究性作业，需要学生密切合作。课后作业要

打破传统作业"独立作战"的形式，变个体型为合作型，采用互动协作原则，让学生与学生、学生与家长、学生与教师相互切磋，共同合作完成作业。

（二）课后作业布置的操作要点

课后作业的布置需要注意以下几个方面的操作要点。[①]

1. 课后作业的形式要体现新颖性、多样性和思维性

在传统的课程与教学中，作业几乎都是文字的形式，以学生个人为对象。新课程环境下则要求改变这种单一的作业形式。作业以"练习""思考""观察""探究""小实验""想一想""做一做""实践"等不同的面目出现，但在题目的表述上尽量趣味化和心理化，符合学生的年龄特点。

可以说，布置课后作业对新手教师来说是一项重要的技能。在新课程标准下，教师要通过多种形式的课后作业激发学生的兴趣，让学生真正喜欢做作业，变"要我做"为"我要做"。教师对课后作业的认识，应该突破以往的框架，可以根据学校的特点和学生的发展状况，丰富作业的形式。如果每一位教师都能在课后作业设计上多花一番心思，那势必会提高学生做作业的兴趣，提升学生的做作业效率，最终提高教育质量。

2. 课后作业的内容要突出开放性和探究性

传统作业强调答案的唯一性和确定性，而新课程下除保留部分传统作业外，大部分作业的内容突出开放性和探究性，也就是说学生解答问题时要有一定的思考性、实践性和探究性，答案具有开放性和不确定性。

教育学家苏霍姆林斯基说："人的内心有一种根深蒂固的需求——总想感到自己是发现者、研究者。在儿童的精神世界中，这种需求特别强烈。"[②]因此，在布置课后作业时，教师应依据学生年龄特点和认知水平，设计探索性问题，给学生提供探索的机会，引导学生观察、操作、猜测及独立思考，培养学生自主探索的意识和能力。

3. 课后作业的功能要呈现应用性和创新性

培养应用意识，提高解决问题的能力，是新课程作业的主要目的。特

① 马丽娟：《初中教学评价 地理》，71～72页，北京，光明日报出版社，2006。
② [苏联]B. A. 苏霍姆林斯基：《给教师的建议》，周蕖、王义高、刘启娴等译，79页，武汉，长江文艺出版社，2014。

别是实验和实习作业，通过活动，学生能了解一些生产过程，积累一些社会常识、社会经验，开阔视野，进而更好地理解一些地理应用问题，增强应用地理知识解决社会问题的意识。

所以说结合学生生活的实际，加强地理知识的应用与实践，无疑是提高学生学习地理科学兴趣的有效途径，更是弥补地理理论知识教学不足的有效措施，可进一步培养学生的协作精神和组织能力，促使学生在与他人共同学习、分享经验的过程中，养成合作与共享的个性品质。培养学生的创新能力已成为基础教育的核心问题，把地理知识应用到生产与生活领域，就是学生创造性活动的体现。在地理作业中，学生处于一个开放性的活动环境，在民主、平等、和谐的研究气氛中积极地动手、动脑、动口。在探索过程中，他们必须创造性地思考问题，自己决定要进行的实验步骤，特别是一些探究性作业必须在师生共同的讨论中完成，学生也能从中学会处理和解决实际问题。

4. 课后作业的容量要呈现出量力性和差异性

课后作业是课堂学习的辅助手段，教师和学生都不应该过分依赖课后作业来提高课程学习效率。课后作业布置一定要保证质量，而不是追求数量。因此，教师在布置课后作业时一定要思考：布置的课后作业真的必须做吗？学生做了真的会有收获吗？量是否合理，学生有足够的时间完成吗？课后作业符合学科核心素养吗？布置课后作业时考虑学生的最近发展区了吗？课后作业的难度和区分度是合适的吗？……因此，课后作业布置，一定要呈现量力性，充分考虑课后作业的合理性，确认课后作业布置很有必要。

传统的课后作业布置，教师往往要求学生在一定的时间内完成同一的内容，期望达到同一的目标，不但作业量大，而且忽视了学生的个性特点。其实学生是有差异的，发展性教学理论认为"差异是一种资源"。为此，教师应该尝试作业的分层布置，对作业量、作业难度和作业方式做适当的调整，力争让每个学生在适合自己的作业中都取得成功，获得轻松、愉快、满足的心理体验。课后作业在容量上更要考虑量力性，既不加重学生学习负担，又能尽可能发挥学生潜能。

　　总之，课后作业的布置遵循的不是多多益善的原则，而是少而有效的原则。同时，课后作业的布置要正视学生的差异，发挥学生的主动性，让课后作业成为促进学生发展的一个成长点。

案例分析

　　案例 3-5 中涉及的作业包括设计校园日晷作品、展示作品，属于表现性评价。该作业是紧密贴合前期的课程内容"地球运动"而设计的，评价是对"过程"和"作品"两者的组合，最后的作业评价"特别关注了设计理念、文稿撰写、汇报展示几个维度的表现"，强调学习和思考的方法，特别是解决实际问题的高层次思维能力。另外，任务也是与真实生活情境相联系的，是课后作业探究性、主动性、开放性的结合，这可以大大激发学生的参与兴趣和解决问题的动力，不仅可以评价学生知道什么，而且还可以评价学生能够做什么。

　　该案例事先确定了评价学生表现的规则和标准，即"设计一个校园日晷"评价量表，这为学生开展表现性评价任务提供了执行依据。量表对评价内容及其对应的分值和水平等级，进行了细致的规定，内容有可观测的行为，为后期评价实施提供了"可信""可执行"的标准，这对于完成表现性评价至关重要。最后，教师对学生完成任务的情况进行评价，并及时反馈评价结果，评价出了不同等级的作品，如"特等奖作品"，可有效鼓舞和激励学生。

三、如何批改和讲评课后作业

　　教师除了重视作业的设计，还应充分认识到作业讲评对学生发展的作用，努力使作业成为学生成长的"兴奋剂"。作业讲评是教学评价的有机组成部分，具有纠正偏差、改正错误、巩固基础、强化技能以及提高学生智力等功效，是检验教学效果的重要手段。所以，教师必须重视对学生作业的讲评，认真上好每一堂作业讲评课。[①]

　　———————————

①　阚智：《中小学教师教研工作读本》，67 页，合肥，安徽教育出版社，2015。

案例 3-6

作业题目：目前，海南省已经成为全国最大的冬季菜篮子基地。为进一步建设好菜篮子基地，从农业区位条件的社会经济因素角度看，海南省可以采取哪些举措？（至少答两点）

某学生的答案为：劳动力丰富适合大力发展种植农业；热量充足可使商品生产率大幅度提升。

作业评价课上，教师以该学生的作业答案为例进行讲解，给其他学生出示了这个学生的答案之后，引导他们分析这个学生的答案为什么错，马上有其他学生指出，题目关键词是农业区位条件的社会经济因素，是因为答题方向错。教师肯定了大家对错误的剖析，并向大家指出无论选择题还是主观题，每道题目中一般都有一个解题的突破口，在教学中我们形象地把它称为"题眼"，也就是关键词。在上作业讲评课时，不仅教师注意找"题眼"，而且让学生学会找"题眼"，长期坚持、长期要求，效果非常好。[①]

问题聚焦

Q1：课后作业批改和讲评的原则有哪些？

Q2：课后作业批改和讲评的方式有哪些？

Q3：课后作业讲评的操作要点有哪些？

（一）课后作业批改和讲评的原则

课后作业批改和讲评需要注意以下原则。[②]

1. 可行性原则

根据中学生的生理、心理特征，教师对作业批改和讲评方法的使用应结合实际，切实可行。教师要注意对情感层面的素质培养，不宜硬性地使用量化标准或记等第的方法，可以质性评定为主，并与量化评价相结合。对于作业评价标准的制定和评价结果的运用，教师还可与家长、学生沟通

---

① 向莉：《提高高三地理作业讲评有效性的思考》，载《上海教育》，2015(Z1)。收入本书时有改动。

② 马丽娟：《初中教学评价 地理》，74～75 页，北京，光明日报出版社，2006。

和协商，推敲其可行性，尽可能用通俗的、学生易于接受的形式，客观地呈现出来，以帮助学生自我分析、自我调节。

2. 激励性原则

教师在批改和讲评作业时要善于发现并挖掘学生优势，给学生创设自我展示的舞台和机会，鼓励学生展示自己的努力和成绩，使其在作业中获得自信与成功的体验，从而激励他们在今后的学习中加倍努力，不断进步。

3. 发展性原则

发展性原则指的是批改和讲评不仅要关注学生的现实表现，而且要重视学生的未来发展，重视每个学生在自己已有水平上的发展。发展性评价要设法让学生发挥他们的长处、表现出自己最佳的水平。为此，教师应该与学生共同协商制定发展目标，不把评价结果作为奖惩依据，在宽松、和谐的环境下，给学生以弹性化、人性化的发展空间，通过这种评价促进学生自觉、主动地发展。

4. 差异性原则

学生由于各自智力方面的因素，对学习内容存在一定的认知差异。教师在作业讲评中要承认这个差异，关注学生的个体处境和需要，保护学生的自尊心和自信心，不能用同一个标准去评价和衡量所有学生。

（二）课后作业批改和讲评的方式

及时批改、认真讲评，既能使学生及时了解、审视自己的学习情况，也能起到督促学生学习的作用。它还是教师检查教学效果的手段之一，使教师能及时发现教学中的疏漏，进行纠正弥补，从而保证教学的质量。[1]

1. 作业批改的方式

作业批改有多种方式方法，教师可根据教材内容、作业性质及学生作业完成情况灵活掌握。

第一，教师批学生改，即教师批阅所有作业，指出正误或将改正的思路、要求稍加提示，由学生改正。这种方式应与讲评结合。否则，对于那

---

① 陈文涛、刘霄：《教育实习指导》，111页，郑州，河南大学出版社，2015。

些普遍存在的问题，难度大、错误多的作业，学生仍旧找不到正确的答案。

第二，教师全批全改，即教师既批阅又修正错误。这种方法适合于个别学生存在的小错误。

第三，教师抽查批改，即教师抽查不同学业水平的学生的作业，以便了解整体教学情况，也能起到督促学生学习的作用。

第四，学生自批或互批，即当作业难度不大，又有客观、标准的答案时，教师组织学生自批或互批，可调动学生的积极性，同时使学生理解教师的劳动。

第五，面批面改，即教师对某些特殊学生的作业当面批改并讲评。

2. 作业讲评的方式

作业讲评的方式有以下几种。

第一，综合讲评，即对全部学生的作业做比较全面的评析。

第二，专题讲评，即对普遍存在的、有明显特征的一两个问题做深入剖析。

第三，比较讲评，即对好、差作业进行对比式的举例分析讲评。

第四，典型讲评，即找出独到的、深刻的、生动的例子讲评。

课后作业批改和讲评的方式，教师可灵活掌握。对新手教师来说，批改和讲评作业应做到以下几点。一是全批全改，全面掌握学生的作业情况，及时获得教学反馈信息。二是讲评准确，揭示主要问题。保护学生创造性，讲评以鼓励为主。对一些主观性的作业答案一般不要全盘否定。三是批改符号应规范、美观，注意保护学生的自尊心。例如，对的画"勾"，错的画"圈"。有些教师习惯正确的不做记号，错误的则画一个大"×"，这不仅是不规范的，而且是对学生心灵的伤害。有些教师的批阅符号或过大，或过小，或连笔过多，这些是不美观的。四是可写适当而精练的作业批语。批语应具鼓励性、启发性，即使对作业完成不认真的学生，教师也切忌讽刺、挖苦，而应理智地指出问题。对于一些学生，当其作业有所进步时，教师鼓励和赞赏的批语能产生较好的教育效果。五是作业评定要合理、客观。作业成绩评定一般采用百分制或等级制，评分标准应客观、公正，不能因

"晕轮效应"的偏差,不顾学生作业实际情况。六是批阅后应做适当记录和分析研究。教师可以按人记录,也可以按类记录,经分析、归纳、综合后的结果可作为讲评和改进教学的依据,记录和分析的内容也是学生学习情况的集中反映。

(三)课后作业讲评的操作要点

1. 转变思想观念,高度重视作业讲评课

在现实的教学过程中,许多教师关注作业批改,但轻视讲评,认为新授课、复习课需要准备,作业讲评课只要拿着作业讲评一下就可以了;或者认为作业讲评就是简单地提供标准答案,由学生自己进行校对,在平时的教研活动中也很少研究作业讲评课。要上好作业讲评课,教师首先必须转变思想观念,高度重视作业讲评课,给作业讲评课以应有的地位。

2. 精心设计教案,明确讲评目标

教师要像上新课一样来准备讲评课,做到不备好讲评课不评讲。只有经过充分的准备,精心设计作业讲评课教案,讲评时才能做到有备无患,切中要害,才能上好作业讲评课,课堂才会有实效。

明确讲评目标应当是备课时首先要考虑的问题,讲评课的教学目标应由教师根据学生作业中暴露出的问题,有的放矢地确定。教师要根据作业批改记录,梳理出问题所在,特别是记录下大部分学生易犯的典型错误,确定作业讲评课的教学目标。在讲评过程中,教师要让做错的学生弄懂错的原因,让其他学生吸取教训,避免出现类似的错误。

3. 及时批改、反馈作业,发挥累计效应

教师批改作业的及时程度,十分影响作业对教学的辅助作用。如果教师能够及时完成作业批改并指出问题,学生就会更有完成作业的动力。课堂学习—课后作业—作业反馈—学生调整,这一流程连贯进行下来,学生的思考是连续的,能实现相互补充、相互促进的作用。反之,如果作业反馈不及时,学生查看反馈时,对前面的内容和思考都间断了,就会大大影响学生的思考深度。学生及时收到反馈,就能及时了解自己作业中暴露出的学习问题,就可以及时调整。一次一次小而具体的调整,会积累成越来

越多的量变，最终产生质变——不断成长。

4. 营造民主的讲评氛围，构建和谐课堂

作业讲评课一般以教师的分析讲解为主，但教师一讲到底的"一言之堂"，应尽量减少。教师经常性地单独讲评往往会造成学生视觉和听觉的疲劳，容易使学生产生倦怠情绪，学生的注意力也会被分散，导致讲评效果不理想。所以在讲评中，教师要积极创造条件，为学生搭建交流的平台，以发挥学生的主体作用；要倡导自主、合作和探究的学习方式，多让学生自己讲，给学生表述思维过程的机会。特别是当学生对所评作业已独立思考解决过，或多或少已形成个人的认识时，教师可适时改自己主导下的"讲"为师生共同参与下的"议"，让学生充分展示自己的思考过程，加之教师的引导、点拨，在质疑和争辩中实现作业问题的有效解决。

5. 注意使用鼓励性语言，增强学生自信心

作业讲评课是以学生作业中出现的典型错误为教学重点的，但教师绝不能把作业讲评课变成对学生的批评课，一味地责怪学生，甚至冷嘲热讽，在言语中伤害学生的自尊心和自信心，导致学生情绪紧张，进而厌恶作业讲评课。教师应学会欣赏学生，在讲评课开始时，对作业做得好的、进步快的学生提出表扬，鼓励其再接再厉；在讲评过程中，对学生作业中的优点（如书写整洁、思路清晰、解题规范，解法有独到之处、富有创造性等）予以肯定，激发其更大潜能。

对作业中出现错误的学生，教师要和他们一起寻找原因。教师既要从学的角度分析，也要从教的角度分析，就学生的错误解法指出其中合理的成分，并和学生一起探寻获得正确答案的方法。让学生感到教师对学生是出自真心的爱护，愿意在情感上靠近教师，达到"亲其师，信其道"，从而提高作业讲评课的效果。

6. 重视讲评后的练习与拓展

讲评完作业，教师一般让学生对错误的作业进行订正，自己等着批改。但仅有这些是远远不够的，学生难以达到强化、巩固知识的效果。要想使学生思维能力不断提高，扩大讲评课的辐射效果，就要设计有针对性的练

习。教师设计有针对性的练习，在讲评后及时布置给学生进行强化矫正，拓展提高，这样才能达到举一反三、巩固提高的效果。

案例分析

案例 3-6 中，教师选用的作业讲评方式为典型讲评，即找出典型例子进行实例性讲评。讲评过程是师生共同参与的过程，即教师引导学生逐步分析。这种师生共评的形式，营造了民主的讲评氛围，构建了和谐的课题，可以激发学生的思辨兴趣，"给其他学生出示了这个学生的答案之后，引导他们分析这个学生的答案为什么错，马上有其他学生指出……"

"教师肯定了大家对错误的剖析"，讲评中，教师注重鼓励学生，增加了学生的自信心。在作业批改及讲评过程中，教师可以将学生典型错误答案和正确答案都呈现出来，师生共评。作业讲评的过程充分展示学生思维过程，暴露错误根源，以引导学生自主纠正；反映正确分析和解答的本质，推广典型思路，鼓励学生大胆探索。

在作业讲评后，教师还指出"无论选择题还是主观题，每道题目中一般都有一个解题的突破口，在教学中我们形象地把它称为'题眼'，也就是关键词"。在上作业讲评课时，教师不仅注意找"题眼"，而且让学生学会找"题眼"，对讲评进行拓展提高，达到举一反三、巩固提高的效果，使得学生的解题方法得到强化、巩固，使学生思维能力不断提高，扩大了讲评课的辐射效果。

🔗 | **实践操练** |

请按照本讲地理课后作业选择和布置的方法，选择中学地理某一课时或某一单元的教学内容进行课后作业的选择与设计、布置、批改和讲评，并说明课后作业讲评过程中都运用了本讲内容中的哪些理论和策略。在完成上述任务的过程中，请同步思考问题：在中学地理教学中，课后作业评价如何更好地促进地理核心素养的培养？

► 第十讲
如何进行阶段测试

阶段测试，即为传统意义上的测试性评价，或纸笔评价，是最常用的学业评价方法之一。阶段测试是教学的重要组成部分，可以对当前的教学质量进行有效的评估，为下一阶段的教学计划提供指导。阶段测试中除了需要科学编制测试题以外，教师还需要对阶段测试的结果进行合理的分析、了解学生的学习情况，并合理应用于指导教学。那么，究竟该如何分析与应用呢？本讲围绕这些问题展开。

一、如何理解阶段测试的作用

心理学的研究成果和教育实践经验表明，经常向教师和学生提供有关教学进程的信息，可以使他们了解在学习中易犯的错误和遇到的困难。如果教师和学生能有效地利用这些信息，按照需要采取适当的修正措施，提高教学效率，能使教学成为一个"自我纠正系统"[1]。因此，阶段测试的应用对于提高教学效果和促进学生发展非常重要。

案例 3-7

试题：澳大利亚有"世界活化石博物馆"的美称，说明澳大利亚的动植物有（　　）。

A. 古老性　　　　B. 独有性　　　　C. 多样性　　　　D. 多化石

这道题的正确答案是 A，大部分学生错误地选择了 C，教师大致统计了一下，正确率不足 20%。试题讲评时，在学生七嘴八舌的议论中，教师意识到出现这种结果主要是由教学不严谨造成的。因为在对"澳大利亚"一课中的第一个内容"世界活化石博物馆"进行知识展示时，教师不加选择地

---

[1]　田园：《高等数学的教学改革策略研究》，136 页，北京，新华出版社，2018。

使用了大量幻灯片让学生认识澳大利亚的动植物，由于缺少引导，因此学生产生了错误认识，误认为这道题的"题眼"是"博物馆"。教师立即意识到教学辅助手段的使用一定要遵循适时、适当、适量的原则，防止过多过滥，必须突出主题。过多地注重多媒体的声、光、色等视觉效果，有时不但影响学生对知识的思考，而且会使学生产生错觉，不知道教师想要传达什么样的信息，难以在众多知识信息中抓住核心内容。所以当告诉学生这道题的正确答案及理由时，学生们顿时醒悟。[①]

问题聚焦

Q1：阶段测试有什么重要作用？

Q2：阶段测试应用的具体表现有哪些？

（一）阶段测试的重要性

如果阶段测试只是给学生的学习结果以单一的综合评分且只对已完成的学习做出总结性确定，那么这种测试极易使学生产生情感上的焦虑和抵触。因此在教学中，阶段性测试要注重对学习过程的测试以及测试结果对学生和教师的反馈，并注重经常进行的检查。其目的主要是利用各种反馈改进学生的学习和教师的教学，使教学在不断地测评、反馈、修正或改进过程中趋于完善，从而达到教学的终极目标。[②]

（二）阶段测试应用的具体表现

阶段测试应用的具体表现包括以下几个方面[③]。

1. 改进学生的学习

阶段测试的结果可以表明学生在掌握教材中存在的缺陷和在学习过程中碰到的难点。当教师将批改过的试卷发给学生并由学生对照正确答案自我检查时，学生就能了解这些难点，并根据教师的批语进行改正。当发现某个或某些题目被全班大多数或一部分学生答错时，教师可以立即组织班

---

① 王海：《地理试卷讲评课要突出"三级阶梯"》，载《地理教学》，2016(5)。收入本书时有改动。
② 田园：《高等数学的教学改革策略研究》，136 页，北京，新华出版社，2018。
③ 田园：《高等数学的教学改革策略研究》，137～138 页，北京，新华出版社，2018。

级复习，重新讲解构成这些测试题的基本概念和原理；如有可能，教师应该用不同于先前的教学方式进行复习。当有些错误只存在于个别学生身上时，教师可以提供符合其特点的纠正途径，或者制定自修教科书的相应内容，或者进行个别辅导，或者由两三个学生组成小组讨论。

2. 为学生的学习定步

用测试结果为学生的学习定步是阶段测试的另一个有效用途。某门学科的教学可以划分为若干循序渐进、相互联系的学习单元，学生对前一个单元的掌握往往是学习下一个单元的基础。阶段测试可以用来确定学生对前面单元的掌握程度，并据此确定该学生下一单元的学习任务与速度。如果阶段测试能有计划地进行，就可以使学生一步步（一个单元接一个单元）地掌握预定的教学内容。

3. 强化学生的学习

阶段测试的结果可以对已经完成或接近完成的某一单元学习任务的学习起积极的强化作用。正面的肯定，一方面通过学生的情感反应加强了学生进一步学习的动机和积极性，另一方面通过学生的认知反应加深了学生对正确答案（概念、法则、原理等）的认识，并在与错误答案的比较中澄清含糊的理解和不清晰的记忆。

要使阶段测试发挥这种强化作用，重要的一点是，阶段测试不要简单地打等第分数，而应通过适当的形式让学生较容易地知道他是否已掌握了该单元的学习内容。如已掌握或接近掌握，应明确指出；如没有掌握，应尽可能地使用肯定性和鼓励性的评语，并提出改进建议。在使用阶段测试时，教师切忌简单打分，掌握程度较低的学生反复获得低学业水平会使他们失去学习的兴趣。反复获得失败的体验，将使学生对自己学习某门课程的能力产生怀疑，甚至丧失干其他事情的自信心，无法以饱满的情绪投入学习。

4. 给教师提供反馈

阶段测试可以给教师提供有关其教学效果的必要反馈。通过对阶段测试结果的分析，教师可以了解自己对教学目标的叙述是否明确，教材的组织和呈现是否有结构性，讲授是否清晰并引导了学生的思路，关键的概念、原理是否已经讲清、讲透，使用的教学手段是否恰当等。这些信息的获得将有助于教师重新设计和改进自己的教学内容、方法与形式。

要把阶段测试用于改进教学，首先，教师应把测试引向提供信息，而不要把它作为简单的鼓励学生学习或终结性评价收集资料的手段。其次，教师应把阶段测试和对学生的日常观察结合起来，把从学生的课堂行为中获得的经常性反馈与通过阶段测试获得的反馈结合起来，从而清楚地了解自己的教学。最后，教师应仔细地分析测试的结果，逐项鉴别学生对每道试题的回答情况。如果班上大多数或相当一部分学生对某个试题的回答有误，那就说明，很可能教师的教学在这个方面有问题，应及时予以调整。

案例分析

案例 3-7 中，通过阶段测试试题分析以及试题讲评，教师发现了该题目正确率低的原因是授课时不恰当地使用多媒体辅助图片。教师进行了认真的反思和总结，为下一步教学实施提供了有效的策略。可见，阶段测试试题讲评过程能暴露教师的教学问题、学生的学习问题，不仅可以使教师发现教学中的问题，促进教学反思，而且可以促使学生尽快复习、反思学习内容。

二、如何设计阶段测试

阶段测试的设计应注重紧密联系社会实际与学生生活经验，强调对综合运用知识分析、解决实际问题能力的考查，要有利于学生地理核心素养的发展。

🔗 | 案例 3-8 |

材料一：贡嘎山（101°N，29°E）是横断山系第一高峰，主峰海拔 7556 米，被誉为"蜀山之王"。这里平均气温 20℃，垂直差异显著，造就了生物气候的多样性，形成了从亚热带到寒带的多个垂直气候带和植被带（图 3-4）。海洋性冰川分布广泛，冰川脚下或森林环抱中，多高原湖泊、沸腾矿泉。

材料二：兔狲，一种猫科哺乳动物，大小似家猫，毛色灰，能适应寒冷、贫瘠的环境，常栖居于岩石之中。其视觉和听觉发达，具有夜行性，多在黄昏开始活动和猎食鼠类。

材料三：海螺沟是发源于贡嘎山主峰东坡的一条冰融河谷，分布着大量红色石头，是世界上面积最大的红石滩群之一。研究发现，石头上因生长乔利橘色藻而呈红色，此种藻类喜湿、喜低温（最适宜温度在 20℃ 以下），常生长在海拔 2000～4000 米，依附在岩石、树叶或树皮上。

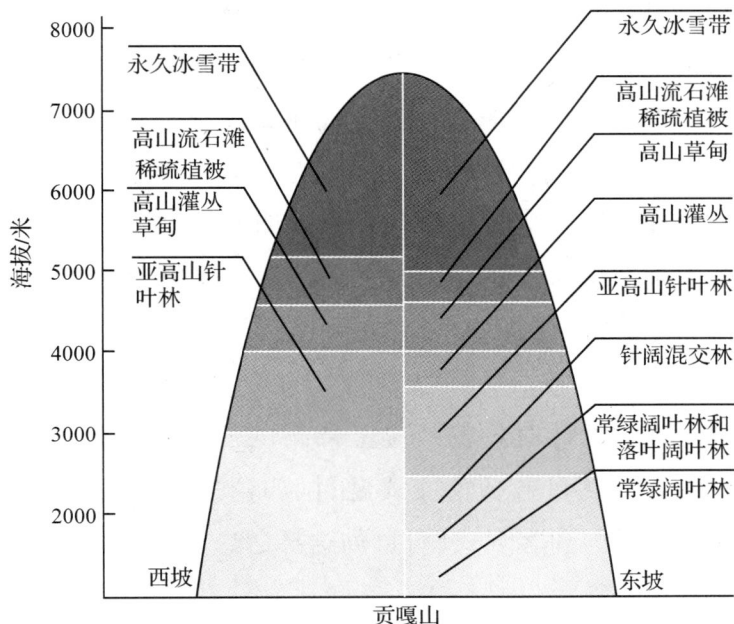

图 3-4　贡嘎山东西坡植被垂直带谱图

问题 1：指出兔狲栖息所在的植被垂直带谱，并说明游客难以遇见兔狲的原因。

问题 2：科学家将一块红石带至海拔 1300 多米的康定市观察，大约一个月后红石的颜色褪去，分析其原因。

问题 3：请为贡嘎山的旅游开发和生态环境保护提几点建议。①

①　李嘉嘉：《基于人地协调观的试题设计——以"贡嘎山"为例》，载《地理教学》，2020(9)。收入本书时有改动。

问题聚焦

Q1：阶段测试设计的原则有哪些？

Q2：阶段测试设计的注意事项有哪些？

（一）阶段测试设计的原则

阶段测试设计应遵循目标多元化、题目多样化和层次性等基本原则。[①]

1. 目标多元化

阶段测试可以从观察、描述与解释简单地理现象的能力，初步学会运用所学的知识站在地理视角对有关物质的性质、变化进行分析、判断的能力，识别与运用地理用语的能力，探究简单地理问题的能力等方面考查学生的学业水平。阶段测试设计不仅要关注学生掌握知识的情况，而且要关注学生的能力发展情况。因此，阶段测试设计要坚持设计目标多元化的原则，既要考核学生知识与技能掌握的程度，又要评价学生的地理关键能力，还要关注学生的地理价值观。

2. 题目多样化

在进行阶段测试设计时，教师应坚持测试题目多样化的原则。可用于地理阶段测试设计的题目包括论文式题目（如论述题、问答题），限制式题目（如简答题、填空题）和客观式题目（如选择题、是非题、配对题）三类。

3. 层次性

在进行阶段测试设计时，教师应关注设计的层次性。设计的层次性既包括根据新版课程标准控制题目的难易程度，也包括根据学生的学习进展控制题目的难易程度。即新授课后的同步作业题目、单元检测题目、期末测试题目和中考或高考题目的难度应有所区分，特别要注意同步作业题目的难度控制。

（二）阶段测试设计的注意事项

高质量的阶段测试试题需要从多角度进行系统思考。进行阶段测试设

---

① 中公教育教师资格考试研究院：《化学学科知识与教学能力（初级中学）》，296 页，北京，世界图书出版公司北京公司，2012。

计时教师需要注意以下几点。

1. 阶段测试设计的基本思考角度

进行阶段测试设计时，教师需要从题目的考查内容、题目的认知水平要求和题目的结构三个基本角度进行思考。[①]

（1）题目的考查内容。

阶段测试设计题目的考查内容应覆盖知识与技能，过程与方法，情感、态度与价值观三个方面。

知识与技能的考查应基于课程内容的要求，关注学科基础知识和基本技能的考查，重点考查学生对地理学科主干知识的理解和掌握的情况。

过程与方法的考查要兼顾一般科学研究方法和能力、科学探究能力和学科思想方法与地理认识方式的考查。

情感、态度与价值观的考查要紧密联系实际，突出"地理—技术—社会"的教育思想。不仅题目的背景尽可能涉及新能源、科学实验、环境保护等方面，而且要让学生将地理知识应用于解决生产、生活实践的真实问题，增强学生的安全意识和珍惜资源、爱护环境、合理使用资源的可持续发展观念。同时要求学生具有勤于思考、敢于质疑、严谨求实、乐于实践、善于合作、勇于创新等品质。

（2）题目的认知水平要求。

为了便于分析，可将认知要求分为记忆、理解、直接应用和间接应用四种水平。直接应用指的是在问题解决过程中能够运用所学知识对比较熟悉和比较简单的具体情境进行分析与判断，建立起知识和实际问题之间的直接对应性联系。间接应用指的是在问题解决过程中能够运用相应的地理知识对新型陌生问题进行分析和说明，对解决新型陌生问题的方案进行评价，以及能够设计新的方案解决新型陌生问题。记忆、理解和直接应用水平多指向直接考查学生对特定知识本身（内涵、外延）的学习水平；而间接应用水平更强调考查学生对知识关联、迁移、转换、重组等的能力，以及

[①] 中公教育教师资格考试研究院：《化学学科知识与教学能力（初级中学）》，296～298 页，北京，世界图书出版公司北京公司，2012。

学生将所考查的知识作为认识方式去分析和解决新问题的能力。

（3）题目的结构。

除了题目的考查内容和认知水平符合阶段测试设计的要求外，作为一道高质量的试题，题目的结构还要符合命题规范，保证科学性。题目的结构主要包括题目直接问点、间接问点、条件信息、背景信息，特别是不同问点之间及其与试题主题之间的关系，以及试题的呈现方式（如语言、图表）等。

2. 阶段测试设计的总体思路

阶段测试设计要根据阶段测试的性质（单元测验、期末测验、中考或高考模拟等）确定试题的认知水平要求的比例，然后根据考查内容和认知水平要求选择、改造或编制相应的阶段测试评价试题，组成阶段测试评价试卷。[①]

阶段测试设计的实施包括阶段测试任务的布置、组织等。在布置阶段测试任务时，教师应向学生明确测试的目的和要求，如用多长时间完成、开卷还是闭卷等。在阶段测试之后，教师应要求学生从错题原因、正确解答、相关知识和体会等角度进行试题分析，以提高他们自我诊断、自主分析、自我反思与评价的能力。

3. 按地理学科学业水平分级进行阶段测试设计

《普通高中课程方案（2017 年版 2020 年修订）》规定："学业水平合格性考试以必修课程要求为准，考试成绩合格是毕业的重要依据。普通高等学校招生全国统一考试和计入高校招生录取总成绩的学业水平等级性考试以必修课程和选择性必修课程的综合要求为准。考试命题应注重紧密联系社会实际与学生生活经验，强调综合运用知识分析解决实际问题能力的考查，要有利于促进学生核心素养的发展。"高中地理课程作为计入高校招生录取总成绩的学业水平等级性考试科目，从考试命题来说，理应符合课程标准的要求，即考核学生核心素养的达成度。因此，将核心素养作为考试命题的依据是必然的。

---

① 中公教育教师资格考试研究院：《化学学科知识与教学能力（初级中学）》，298 页，北京，世界图书出版公司北京公司，2012。

地理阶段性测试也要按地理学科学业水平质量分级进行设计，凸显不同学生在学业学习上的学科特长，体现学生的选择性。学业质量是学生在完成学习后的学业成就表现，依据不同水平学业成就表现的关键特征，学业质量标准明确将学业质量划分为四级。每一级水平主要表现为学生整合不同的地理学科核心素养，在不同复杂程度的情境中运用各种重要概念、思维、方法和观念来解决问题的关键特征。水平 1 至水平 4 具有由低到高逐渐递进的关系。地理学业质量标准与地理学科核心素养四级水平相对应：水平 1 和水平 2 为学业水平合格性考试的要求，水平 3 和水平 4 为学业水平等级性考试的要求。[①] 理解和把握学业质量标准与地理学科核心素养，是进行阶段测试设计的关键。

案例分析

案例 3-8 的测试只是一个题目的设计，但其考查内容是非常清晰的，即"人地协调观"这一核心素养。本试题通过贡嘎山这一区域，交叉生物学知识考查学生的综合思维能力，旨在让学生通过阅读材料，欣赏我国的秀丽景观，激发学生探究新奇地理现象的积极性，培养其学科核心素养，增强其爱国意识和人地协调观。

案例中测试题目的设计体现了发现地理现象—探究现象背后的原因—提出解决问题措施的层次，体现了发现问题—探究问题—解决问题的思路，彰显了命题设计的目的。本道试题总体难度适中，但要运用综合思维，考虑多方面因素，准确答题具有一定难度。

案例中测试题目的考查内容应覆盖知识与技能，过程与方法，情感、态度与价值观三个方面，"请为贡嘎山的旅游开发和生态环境保护提几点建议"作为开放性题目，可以很好地考查学生的人地协调观这一核心素养。

三、如何进行阶段测试的讲评

教师在讲评阶段测试的结果时应根据测试目的选择不同的参照点。对

---

① 韦志榕、朱翔：《普通高中地理课程标准（2017 年版）解读》，212 页，北京，高等教育出版社，2018。

日常教学而言，阶段测试不是为了确定每个学生在群体中的位置，而是为了诊断教育教学中存在的问题，促进每个学生的发展，因此教师要参照教学目标讲评阶段测试的结果，努力实施有利于学生发展的参照性评价。在反馈阶段测试结果时，教师应让学生了解自己的学习状况，明确进一步努力的方向和需要克服的弱点。此外，教师在向学生反馈阶段测试结果时，可以通过对"是否可以继续实施原定的教学计划？""学生现有的知识基础和能力水平是否可以接受新的课程内容？""用什么教学方法才能有效地帮助学生解决学习中存在的具体困难？""哪些学生需要接受个别帮助以克服学习障碍？"等问题的思考，促进教学反思，调整教学计划。[①]

案例 3-9

教师在一次阶段性测试完成后，在开始讲授新课前，对阶段性测试进行讲评。表 3-3 是阶段测试讲评过程。[②]

表 3-3　阶段测试讲评过程

教师活动	学生活动	设置意图
展示测试成绩相关数据：丰台区、我校主观及客观题平均分，各分数段人数，试题知识结构及得分率高低，让学生明确掌握该试题知识的薄弱点。	观看	激发学习动机，寻找知识漏洞
一、海洋与陆地 【诊断反馈】 反馈学生在经纬线底图上绘制世界海陆分布状况相关情况。 指出学生存在的问题：脑中无图，心中无图。 【原理再现】 出示选择题第4、第5题答题情况。	找出自己绘图错误的原因，重新绘图	培养学生读图能力，通过绘图培养学生对海陆轮廓的认知

　　① 中公教育教师资格考试研究院：《化学学科知识与教学能力(初级中学)》，300～301 页，北京，世界图书出版公司北京公司，2012。
　　② 王秀菊：《"借题发挥"，提升地理学科能力——初三地理试卷讲评》，载《中国多媒体与网络教学学报(下旬刊)》，2019(9)。

续表

教 师 活 动	学 生 活 动	设 置 意 图
【知识回顾】 引导学生在世界轮廓简图中标大洲大洋的名字，在正确位置绘制出 0°经线，180°经线和赤道。并完成学案中的第 2 题。 小结：地理图像是地理学科的重要表达方式，地理学科是经常以图为依托考查基础知识。所以建立"脑地图"是学好地理的重要前提。 【习题重做】 出示选择题第 5 题。提出问题：据图选出正确答案，指出其他选项错误的地方并订正。		

问题聚焦

Q1：阶段测试讲评的方法有哪些？

Q2：阶段测试讲评的操作要点有哪些？

（一）了解阶段测试讲评的方法

教师对阶段测试讲评课的处理，可以归纳为以下四种形式。[1]

少数教师将试卷答案以书面的形式贴在教室的墙上或课堂黑板上，甚至有时让学生把答案念完就了事。这种只公布答案而不讲评的形式，使相当一部分学生对一些题目根本不知道为什么是这个答案，更谈不上练习的巩固、强化，能力的提高。这是对讲评课极不负责的处理方式。

一些教师从试卷的第一题开始，一讲到底，题题不放过，这样一套试卷往往要花上两三个课时才能讲完。这种形式既达不到讲评的目的，也浪费学生的时间，容易使学生产生厌烦心理。

多数教师根据试卷测试情况，有所侧重。多数学生做对的试题不讲，错误较多的试题重点评讲。这种做法虽比前两种好，但仍然是教师讲、学生听，形式单一，就题论题。学生的收获只会解一道题，不能通一类题，

---

① 王其权：《上好地理测试的讲评课》，载《地理教学》，2006(6)。

未能很好地体现学生的主体性和能动性及教师的主导作用。

优秀教师在学生测试的基础上，首先让学生反思测试的情况，提出自己迫切要解决的问题，其次梳理学生的意见，结合典型问题，分析学生错误的原因，最后在典型试题的基础上，进行变式训练，从而达到培养学生举一反三的综合分析的能力。

（二）阶段测试讲评的操作要点

阶段测试讲评的操作要点如下。[①]

1. 讲评前精研细磨，教学相长

从字面上看，测试讲评课就是"讲"和"评"，传统上，学生的主要活动就是知道为什么错并改错。如此做法，使得测试讲评课与平时的作业纠错区别不大。测试讲评课如果仅仅围绕"错"字做文章，难免"层次"太低了。其实测试讲评课从学生上交试卷走出教室那一刻就已经开始了，这个阶段是测试讲评课的基础阶段。

磨试卷。磨试卷就是教师通过对试卷的分析，揣摩学生完成试卷所需的时间甚至完成每道题的时间，借此了解学生在正常情况下完成试卷应该需要的时间，这样在课堂上就可以针对这次考试，结合学生在时间使用上出现的问题，进一步规范答题要求，使学生能在有限的时间里从容、高效地答题、检查、分析、验证，提高答题质量。在这样反复的考试实践中，学生就会逐渐形成自己的答题经验。要想产生这样的效果，就需要教师事先对试卷有一个仔细的研磨过程，这样才能对学生在时间的使用上做出正确的规划和指导。

磨学生。除了对学生学习水平的掌握外，考试结束后，教师应立即与学生进行交流，因为此时学生还处于刚刚考完的兴奋中，对怎样解答问题的欲望正浓，此时对学生反馈出来的问题和疑问进行解答，效果要比考前和考后集中讲评好得多。

2. 讲评中挖出根源，提炼思想

不少教师将测试讲评课局限于纠错、改错，其实这仅仅是讲评课的一

---

① 王海：《地理试卷讲评课要突出"三级阶梯"》，载《地理教学》，2016(5)。

部分，将测试中的闪光点作为讲评内容并对学生提出表扬，有时比单纯纠错、改错更重要，所以测试讲评课既要讲评错误，也要讲评优点。

3. 讲评后对比提升，深入反省

测试讲评课要真正做到高效，仅仅依靠讲和评有时是无法实现的，这个过程还需要师生不断地对比提升、深入反思总结，因为只有这样才能有所感、有所悟，才能实现知识认知上的升华，学生才能真正收获知识。所以测试讲评不仅仅是为了改正测试中的错误，在测试讲评基础上的提升、反思、总结，才是测试讲评课的最后阶段，也是最高层次阶段。

案例分析

案例 3-9 中，教师非常重视阶段测试的讲评，详细地设计了讲评课的教学过程，通过诊断反馈—原题再现—知识回顾—习题重做多个环节，师生共同分析问题，拓展提升，充分发挥了阶段测试讲评的作用。

案例中，教师先对试题和学生的答题情况进行了细致的分析，进行了问题"诊断"，并将这个情况反馈给学生——"反馈学生在经纬线底图上绘制世界海陆分布状况相关情况"，让学生"找出自己绘图错误的原因"，讲评中做到了挖出根源，也提炼了思想，"指出学生存在的问题：脑中无图，心中无图"，并进行了拓展提升——"建立'脑地图'是学好地理的重要前提"。最后，教师又给出了新的题目让学生进行巩固、扩展，让学生在做中消化，培养学生的读图能力，通过绘图培养学生对海陆轮廓的认知。

案例中，在试题的知识分析前，教师展示了学校及区域相关题目的平均分、各分数段人数、试题知识结构及得分率，让学生明确掌握该试题知识的薄弱点，让其寻找知识漏洞，而且可以激发其学习的动力。整个案例，让学生参与反思测试的情况，发现自己迫切要解决的问题，然后分析学生出现错误的原因，最后在试题的基础上，进行变式训练，从而达到培养学生举一反三的综合分析能力的目的。

◇ | **实践操练** |

　　请按照本讲地理阶段测试评价的方法，选择中学地理某一单元的教学进行阶段测试评价的设计、分析和讲评，并说明阶段测试评价过程中都运用了本讲内容中的哪些理论和策略。在完成上述任务的过程中，请同步思考问题：在中学地理课堂教学中，如何让教师、学生更好地利用阶段性测试。

单元小结 ⋯⋯▶

　　教学评价是地理教学的重要环节，评价也是教师教与学生学的一个部分。本单元根据教学的不同阶段——课堂学习评价、课后作业、阶段测试来阐述新手教师如何从教学实际出发更好地进行教学评价。第八讲从如何设计地理课堂学习评价、如何组织课堂学习评价、如何反馈课堂学习评价结果三个方面帮助新手教师更好地开展地理课堂即时性评价。第九讲从如何选择和设计地理课后作业、如何布置地理课后作业、如何批改和讲评地理课后作业三个方面帮助新手教师更好地利用地理课后作业评价促进地理教学。第十讲首先希望新手教师理解地理阶段测试的作用，其次从如何设计地理阶段测试、如何进行阶段测试讲评两个方面指导新手教师通过阶段测试提高地理教学效果的有效性。

单元练习 ⋯⋯▶

　　请结合本单元所学内容，选择中学地理某一单元的教学内容，完成一份包含课堂即时性评价、课后作业评价、阶段测试评价的地理教学评价报告。在教学评价的每个环节中都力求至少体现所学的一条设计原则或设计策略。

阅读链接 ┈┈▶

1. 桑代克，桑代克-克莱斯特．教育评价：教育和心理学中的测量与评估[M]．方群，吴瑞芬，陈志新，译．8 版．北京：商务印书馆，2018.

2. 杨向东，崔允漷．课堂评价：促进学生的学习和发展[M]．上海：华东师范大学出版社，2012.

3. 韦伯．怎样评价学生才有效：促进学习的多元化评价策略[M]．陶志琼，译．北京：中国轻工业出版社，2016.

4. 李春艳．"以学生为本"的中学地理教学原则、方法与工具[M]．长春：东北师范大学出版社，2020.

5. 希尔．设计与运用表现性任务——促进学生学习与评估[M]．杜丹丹，杭秀，译．福州：福建教育出版社，2019.

第四单元　教师教学反思与教师专业发展

单元学习目标 ⋯⋯▶

1. 明确教学反思的概念、结构与基本方法，能结合具体问题撰写一份案例式教学反思。

2. 掌握观课、议课、说课的一般方法，能基于特定的观察点进行专业的听评课。

3. 知道制订专业发展计划的方法，能结合自身的实际情况制订出一份简约可行的专业成长计划。

单元导读 ⋯⋯▶

反思与发展是教师专业能力的组成部分，是促进教师专业成长的重要动力。好的教师需要具备教学反思的能力，反思教学过程中的得失，针对教育教学工作中的问题进行探索从而改进教育教学工作；能够通过观课、议课、说课的形式与同行互相交流、共同研究，汲取团队的力量促进专业成长；能够通过制订专业发展计划来规划个人的教师专业成长路径，促进专业发展。本章将讲述教师需要具备的反思与发展能力，期望助力新手教师的专业成长。

单元导航 ‥‥‥‥▶

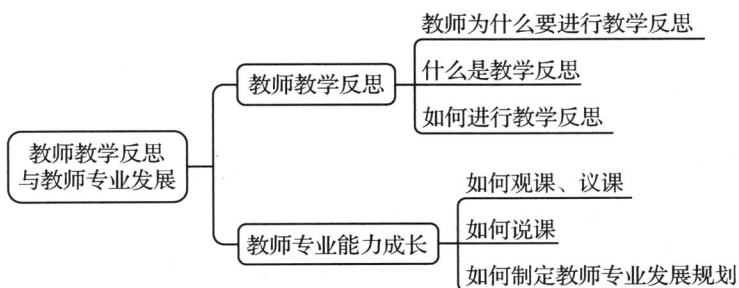

教师教学反思
与教师专业发展

教师教学反思
- 教师为什么要进行教学反思
- 什么是教学反思
- 如何进行教学反思

教师专业能力成长
- 如何观课、议课
- 如何说课
- 如何制定教师专业发展规划

没有反思的经验是狭隘的经验，至多只能形成肤浅的知识。如果教师仅仅满足于获得经验而不对经验进行深入思考，那么 20 年的教学经验，也许只是一年工作的 20 次重复；除非善于从经验反思中吸取教益，否则就不可能有什么改进。

——［澳］斯坦托姆

▶第十一讲
教师教学反思

反思是教师需要具备的很重要的一项能力，是教师教育教学认知活动的重要组成部分。新手教师需要认识到教学反思的重要性，能够通过教学反思来迈出教师专业成长的第一步。好的教学反思有助于教师梳理教育教学中遇到的问题，寻求解决办法，促进教育教学水平的提升，助力教师专业发展。下面就结合案例进行具体分析，使新手教师获得对教学反思的基本认识。

案例 4-1

教与学究竟有多远[①]

期末考试一道材料题目的答题情况，让我很意外：37个考生，得分率只有0.54。题目很简单："平谷大桃"的背景。这是平谷学生熟悉的问题情境，且题目素材完整，答案要点都能从材料中提取加工而得。

针对学生的这种情况，我设计了一节复习课——"地理图文阅读训练"。计划通过让学生分组绘制解题过程的思维图式，暴露出阻碍他们答题的思维环节，将各组的思维过程展示出来，我再有的放矢地强调解决问题时"分析图文内容"的重要性和方法，希望学生会有醍醐灌顶般的觉悟。本节课给出的原"小组任务"是这样的：基于例1，绘制思维图式，将相关地理知识、图文材料中的关键词句以及问题答案三者之间的关系表达出来，充分展示出你解答问题的思维过程，且至少展示三级逻辑关系，用时不超过15分钟。

然而，我精心设计的教学设计用到课堂上却出了"岔子"：预计20分钟的活动设计，十几分钟过去了，大部分小组居然都没有动笔。有的在小声讨论，有的在焦虑地问其他组，还有的干脆做无所事事状……问之，则答

---

① 王浩建、李春艳、余新：《教与学究竟有多远》，载《新课程》，2019(1)。收入本书时有改动。

"不知道干什么""不知道怎么做"……为了让课堂继续下去，我只好深入各个小组，把任务拆分为几步，运用语言指令引导小组成员一步一步行动起来。在我的步步指引下，一节课勉强结束，几个小组的确热热闹闹地画了几幅图，汇报过程也表达了几句自己的想法。但我深感失落：学生绘制的解题思维过程，并不是他们自己的做题过程，而只是机械地展示了教师的解题思路。显然，我的教法出了问题。那么，该怎么"教"才能促使学生真实"学习"呢？我陷入深思。

与通识课思维教师沟通之后，我了解到学生对思维工具(主要是思维导图和概念图)的掌握多停留在认知层次，应用程度则因人而异。我又通过学生访谈和试卷分析发现学生的答题情况分为三类：第一类学生知识逻辑很完善，却习惯机械记忆，缺少对具体情境的分析能力，该类学生占大多数；第二类学生知识逻辑不清，但了解一点知识概念；第三类学生没有掌握相关知识点。面对这样的学情，这节课的问题就出在小组任务的设计上，我设计的小组任务超出学生已有的学习经验。布置小组任务时，用词偏离学生常用的词汇库和实践经验，使学生产生陌生感；而且，绘制"思维图式"也不是学生熟练的技能，"至少展示三级逻辑关系"这样的专业描述，很多学生并不理解。由期末试卷答题情况可看出，大部分学生并不具备明确的解题思路，多是凭感觉、按经验来直接答题，贸然要求他们绘制自己的解题思路，对学生能力的要求跨度太大，因此导致课堂教学效果不好。

基于学生已有的思维工具基础和解题能力基础，首先我应该优化任务小组结构，保证每个小组都有三类不同层次的学生，便于小组内部相互学习，"取长补短"；其次，对小组任务的描述做出调整，语言要通俗易懂，任务描述要简单明了。为了检测该任务是否恰当，我随机找了5名高一学生来尝试，他们拿到任务稍加思索就能够开展学习和探究，达到了我的预期。

问题聚焦

Q1：这位教师反思的问题你遇到过吗？你觉得他的教学反思解决了什么样的问题？

Q2：你觉得这位教师的教学反思对他的教学工作能起到什么作用？

一、教师为什么要进行教学反思

《中学教师专业标准（试行）》将"反思与发展"作为教师需要具备的一项专业能力。舒尔曼认为，教师的教学反思是教师回顾、重建、再现及批判性地分析自己的课堂表现，并给出基于证据的简单解释的过程。[①] 申继亮等认为，"教学反思指教师为了实现有效的教育、教学，在教师教学反思倾向的支持下，对已经发生或正在发生的教育、教学活动以及这些活动背后的理论、假设，进行积极、持续、周密、深入、自我调节性的思考，而且在思考过程中，能够发现、清晰表征所遇到的教育、教学问题，并积极寻求多种方法来解决问题的过程"[②]。

教师的教学反思立足于教师的教学经验，通过深刻的内省来调控自己的情绪和行为，整合自己的知识与信念。教学反思强调对问题的深度思考，力图找出问题背后的原因，对教育教学问题进行深度剖析进而找出解决方案。自我反思是循环推进、逐步深入的，因在情境中产生问题而出现反思的愿望，在不断反思中思考解决的路径，在实践中检验问题解决的思路并用以指导以后的行动。因此，教师的教学反思是教师审视自己的教学过程和活动，对自己的教学行为进行主动思考，在思考中发现问题、剖析原因并解决问题的过程。教师需要具备反思的意识，将教学反思视为个人专业成长的重要途径，并且科学理解和灵活应用相关理论，养成教学反思的能力，以调节教学活动。

联合国教科文组织曾对"教师的教育经验和教育效果的关系"做过调查，结果发现，教师在刚走上教学岗位的五年内，教学效果和教龄成正比关系。五到八年，普遍出现一个平稳发展的"高原期"。八年后，教师群体逐渐开始分化，大部分人的教学水平和教学效果出现徘徊甚至逐渐下降趋势，只有部分教师经过不断反思，教学水平和教学质量不断提升。可见，教学反思对教师教育教学水平的提升有着很大的促进作用。

---

① 王陆、张敏霞：《教学反思方法与技术》，29 页，北京，北京师范大学出版社，2012。
② 申继亮、刘加霞：《论教师的教学反思》，载《华东师范大学学报（教育科学版）》，2004(3)。

美国心理学家波斯纳提出过一个公式："教师的成长＝经验＋反思"。这个公式说明了教学反思在教师专业发展中具有重要的作用。陈向明提出教师应具备"实践性知识"，认为在教师专业成长中教师实践性知识占据着重要地位，而反思是教师实践性知识形成的重要途径，教师通过对自己的教育教学经验进行反思和提炼形成实践性知识，并在行动中体现出对教育教学的认识，以反思促进专业发展。[①] 可见，反思在教师成长过程中有着重要的作用。

总的来说，教学反思是教师专业发展的内在动力，是教师升华经验的桥梁，是提升教育教学水平、追求卓越的路径。因此，新手教师需要认识到教学反思在教师专业成长中的重要作用，并在教学实践中通过教学反思来解决问题、不断成长。

二、什么是教学反思

教学反思是教师以自己的教学活动过程为思考对象，研究自己的教学实践，反思自己的教学行为、教学观念和教学效果，对自己所做出的行为、决策以及由此产生的结果进行审视和分析的过程，是一种通过提高参与者的自我觉察水平来促进其能力发展的重要途径。

（一）教学反思的类型

教学反思有许多类型，不同类型的教学反思有不同的特点（表 4-1）。

表 4-1　教学反思的分类[②]

分类依据	名称	特点
按反思的发生时间分	教学前反思	聚焦如何更好地做好教学设计
	教学中反思	聚焦如何更好地及时优化课堂教学行为
	教学后反思	聚焦如何进一步改进教学，可包括对教学进行回顾、研究解决某一问题等

① 陈向明等：《搭建实践与理论之桥——教师实践性知识研究》，147～155 页，北京，教育科学出版社，2011。

② 王陆、张敏霞：《教学反思方法与技术》，64 页，北京，北京师范大学出版社，2012。收入本书时有改动。

续表

分类依据	名称	特点
按反思对象分	自我指向型反思	教师以自己的教学观念、教学兴趣、动机水平、情绪状态等因素为反思内容，以实现自我教学实践行为调节为目标
	任务指向型反思	教师以教学目标、教学任务、教学材料、教学方法等因素为反思内容，以实现教学实践行为改进为目标
按反思者群体分	自我反思	教师以自我对话为基本形式
	集体反思	教师与外部团队进行持续而系统的专业对话，并逐渐形成反思共同体

按反思的发生时间，教学反思可以分为教学前反思、教学中反思和教学后反思。教学前反思聚焦教师的备课，聚焦如何更好地做好教学设计，具有前瞻性。教学中反思聚焦上课过程，包括在课堂教学中实时监控教学，关注学生学习、教学方法、教学手段和教学效果等方面，不断反思如何优化课堂教学行为，确保教学的顺利进行。教学后反思是最为常见的形式，是在教学结束后思考教学目标是否完成、教学过程和学生学习过程中出现了哪些问题等，聚焦如何进一步改进教学，是对教师教学的批判性思考。

按反思对象，教学反思可分为自我指向型反思和任务指向型反思。自我指向型反思是教师以自己的教学观念、教学兴趣、动机水平、情绪状态等因素为反思内容，以实现自我教学实践行为调节为目标的反思，是教师将自己作为教学反思研究工具的一种认知探究过程。任务指向型反思是教师以教学目标、教学任务、教学材料、教学方法等因素为反思内容，以实现教学实践行为改进为目标的反思，期望通过反思具体的教育教学工作任务来提升教育教学水平，解决教育中遇到的问题。

按反思者群体，教学反思可分为自我反思和集体反思。自我反思是教师自身开展的以自我对话为基本形式的反思活动，是教师反思自身教育教学的活动。集体反思是教师与外部团队（如同行或专家）进行持续而系统的专业对话，共同就某一个问题或话题进行反思从而寻求解决方案，并逐渐形成反思共同体的反思活动，教师能够在反思中与同行或专家一起研究来获得深入的认识。

（二）教学反思的结构

教学反思的结构是由教学反思的内容、过程和水平三个维度组成的，由这三个维度构建起对教学反思的整体认识。图 4-1 为教学反思的结构模型。[①]

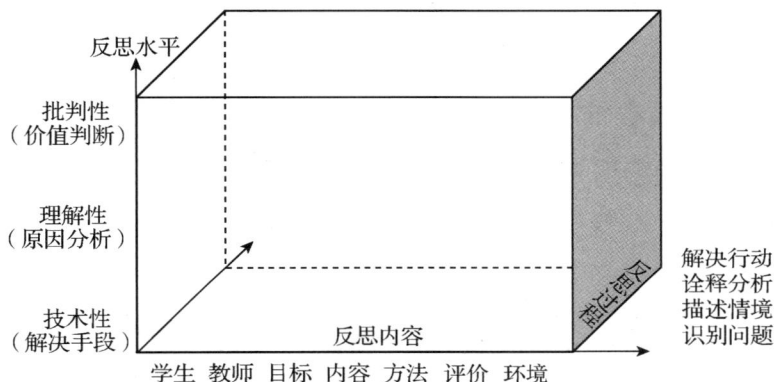

图 4-1　教学反思的结构模型

1. 教学反思内容维度

教学反思可以就学生、教师和目标等内容进行反思，涵盖日常教学工作的方方面面。教学反思内容可以划分为以下五个指向：一是课堂教学指向，包括反思教学内容、教学方法、教学策略等，如分析和评价教学内容的重难点是否得当、教学方法的运用是否有效等；二是学生发展指向，分析与学生发展、素养培育相关的因素，如学生的学习成绩和各种能力的培养，学生的学习兴趣和学习方法的培养，学生健全的心理、人格发展等；三是教师发展指向，针对教师自身的专业成长来进行反思，如关注教师专业知识水平和专业能力是否提高等；四是教育改革指向，如关注核心素养的培育、考试制度的改革、课程改革的实效性等；五是人际关系指向，包括教师如何与学生互动，如何与学生家长相处，如何与同事协同合作等。

---

① 赵明仁：《教学反思与教师专业发展》，60 页，北京，北京师范大学出版社，2009。

教学反思内容的五个指向涵盖了日常教学工作的方方面面，教师可以选取其中某一指向内容作为切入点来进行深入反思。依据教师专业发展理论，新手教师的主要发展任务是"正确把握教材内容、学会备课上课，把握学科知识体系，了解学生"[①]。因此，教学中是否正确把握了教材内容，是否能够根据事实性知识、概念性知识、程序性知识的特点采取相应的教学方法，在备课过程中教学设计是否充分考虑到教学内容与学生特点，在上课过程中如何改进和优化教学行为等，都可以作为新手教师教学反思的主要内容。

2. 教学反思过程维度

教学反思过程维度，诠释了教学反思的过程与方法，遵循问题解决的一般流程和步骤，大致可以分为识别问题、描述情境、诠释分析和解决行动四个环节(图 4-2)。

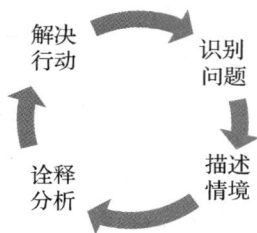

图 4-2　教学反思过程示意图

第一个环节是识别问题，即教师在课堂教学中发现教学实际情况与预期不符合，或者不断反思并对自己的教与学理念提出疑问。第二个环节是描述情境，对问题出现的情境进行细致的描述，由于问题不能脱离特定的情境存在，因此只有进行细致描述才能明确问题产生的背景，为原因分析做准备。第三个环节是诠释分析，从多个角度来诠释问题可能产生的原因，借鉴理论来揭示问题可能产生的原因，分析影响因素并进行比较、分析，寻求问题的解决方案。第四个环节是解决行动，经过诠释分析，教师对自

---

① 钟祖荣、张莉娜：《教师专业发展阶段的调查研究及其对职后教师教育的启示》，载《教师教育研究》，2012(6)。

已的教学行为有了更深入的理解，将这些概念化后的行动付诸实践，检验所期望的改进效果，并进行不断的反思。

📎 | **案例 4-2** |

关于"山前洪(冲)积扇形成"实验的反思与实践[①]

笔者执教人教版"必修 1"第四单元第三节"河流地貌的发育"交流研讨课时，组织六个学习小组模拟教材上的"山前洪(冲)积扇形成"的实验，然而六个小组连做两遍的结果都非预料的扇形，而是近乎锥体，预设的教学环节被这个实验的意外结果打乱。

实验材料是一杯小米或细沙、一本书、一张白纸。实验步骤是将白纸铺在桌面上，将书打开并倾斜放置在桌面上，将小米或细沙由书的中缝从高处向下缓缓倾倒，观察在白纸上形成的堆积体的外形特点。问题思考：①小米或细沙在书前形成的堆积体外形是否具有山前洪(冲)积扇的特征？②流水搬运物体的重量与水流速度的 6 次方成正比，据此推断山前洪(冲)积扇沉积物颗粒的大小分布有什么规律。③这个实验能否反映山前洪(冲)积扇不同颗粒沉积物的分布规律？为什么？④如何改进这个实验？

课后反思，这个实验操作简单，过程简单，实验预设的效果是能看到堆积体的扇形特征。但是由于书下方存在空隙，直接导致堆积体的扇形特征不明显，外形几乎是一个锥体。笔者鼓励每个小组展开讨论，尝试找出失败的原因。经过讨论，大家达成一致看法：第一，书中缝凹槽和河流河床的差异很大，坡度过于均匀，没有考虑到河道的实际情况；第二，选用小米或细沙颗粒大小相当，分选性差，颗粒物沉积分布规律不明显；第三，模拟实验中没有流水，流水沉积作用没有被直观体现出来；第四，河流地貌的发育包括侵蚀地貌和堆积地貌，实验堆积的河床模型应该既可以作为流水侵蚀地貌模型，又可以作为流水堆积地貌实验工具。

基于以上，笔者鼓励学生思考实验如何改进。学生按照上述问题进行

[①] 赵东宇：《关于"山前洪(冲)积扇形成"实验的反思与实践》，载《中学地理教学参考》，2013(3)。收入本书时有改动。

分工，就土壤、河流、山谷、雨水和污水的情况进行再设计，完成了新实验步骤设计。新实验材料采用若干粒径大小多样的沙粒，自制多孔喷水壶，一个浅木槽。实验步骤：用沙粒在木槽上做一个河流流域分布图，用水壶在河流上游区域洒水，观察山谷口形成的堆积体的外形特点，观察河流下游地貌的形成特点。新实验可以得出结论：河水在流动过程中，会通过流水的侵蚀、搬运和堆积等作用使得地表形态发生改变。

问题聚焦

Q1：这位教师的教学反思包括哪些步骤？你能按照教学反思的四个环节来梳理这篇教学反思的过程吗？请将梳理成果尝试填在表4-2内。

表4-2 《关于"山前洪（冲）积扇形成"实验的反思与实践》的教学反思过程

篇名	教学反思的过程			
	识别问题	描述情境	诠释分析	解决行动
《关于"山前洪（冲）积扇形成"实验的反思与实践》				

3. 教学反思水平维度

按照范梅南对教学反思水平的划分，教学反思可以分为技术性反思、理解性反思和批判性反思三种水平。技术性反思水平关注程序性、技术性的问题，关注利用怎样的教学方法和手段以获得更好的教学效果、达到教学目标，并在现实中寻求有效解决手段以处理面临的问题。处于技术性反思水平的教师最关心的是达到目标的手段。

理解性反思水平关注教育教学过程中生成的事件，重在诠释背后的意义，对教学行为做出解释，并依据理论分析问题的原因，反思并诠释对自己实践的深入理解，挖掘在特定背景下的意义，强调教师自身的理解。

批判性反思水平能够在广泛的社会、政治、文化、经济背景下来审视问题，关注教育理念与知识价值，教师要在社会背景下关注教育教学实践并推动教育教学发生积极的变化。

📎 | **案例 4-3** |

<h2 style="text-align:center">这节课为什么不像地理课①</h2>

在地理教学实际中，一些教师过于重视课堂活动，突出多种多样的教学活动形式和学生探究形式，甚至出现公式化、程式化的表演，把地理课上成了类似综合活动、思想教育的课……教师把一些现象和具体的、事实性的知识误认为是最有用的地理知识让学生反复学习和记忆，对概念、原理等也主要强调它们的具体定义内容，而忽视了这些具体知识背后的基本地理观念、地理思想方法……笔者拟用一节课的课例分析来说明这个问题。

"野生动物资源的保护"是教师根据课程标准要求自行开发设计的一节八年级地理研究课。教学过程是这样的：首先展示了大量的有关藏羚羊被屠杀、丹顶鹤失去家园、餐馆里血淋淋屠杀野生动物的系列图片，然后让学生汇报看到这些图片后的感受，学生边看边唏嘘不已，很有心理感受，踊跃举手回答。接着教师把话题引到自己家乡，让学生汇报课下调查到的有关自己家乡野生动物的生存情况。学生更加活跃了，把课下调查来的关于自己家乡野生动物变化的情况以及目前它们的生存情况一一做交流汇报。之后教师设计了三个活动：一是学生汇报交流是否吃过野生动物，请学生进行角色扮演，劝家人和同学以后不要吃野生动物；二是设计一个保护野生动物的宣传口号或标语；三是前后桌讨论，提出一些保护野生动物的建议。学生积极参与三个活动，互动场面热闹，教师自己很满意。课后研讨时，许多教师从体现新课程理念等方面给予了很高的评价，但也有一些教师质疑，他们认为这像一节综合活动课，还有一位生物老师认为这是生物课讲的内容。

为什么这节课的地理味不浓呢？粗看课程标准，很多人以为这节课是按照课程标准设计的。但从地理视角来看，地理学从空间来观察世界，认

---

① 张素娟：《这节课为什么不像地理课——一节初中地理研究课的课例分析》，载《北京教育学院学报（自然科学版）》，2010(2)。收入本书时有改动。

识地球表层系统各种自然和人文现象的空间分异与地域组合；从时间过程上动态地观察世界，认识和研究空间上地理现象变化的过程、性质、程度、机制以及进一步的动态监测、优势调控及预测预报；从相互作用来观察世界，认识人类与环境在特定地点和位置的相互作用，即从综合、系统、整体的视角观察世界。显然，综合性、地域性和人地关系研究是其他学科不可替代的地理学独特的研究视角，是学科本质特性和学科价值的体现。而这节课并没有揭示出地理学科本质特性，出现问题的原因是：第一，时空不分明，没有具体的时间和空间地区或案例；第二，地理要素不分明，不是从地理要素角度来解析野生动物资源在地理环境中的作用的；第三，人地关系不分明，没有从人地关系的地理视角来认识野生动物资源的保护问题。

要解决这个问题，就要通过实际观察找到建立人地关系链条的方法：通过一个具体的区域案，如自己家乡这个特定区域，从空间分布上阐明家乡在哪里，自然环境是什么样的，应该有哪些野生动物资源，现在有什么样的问题；然后从地理环境的要素入手，找到野生动物与这个自然地理要素和其他自然地理要素的关系，再分析一个要素发生变化引起的环境后果，认识要素之间的相互作用，认识人类活动与地理环境的关系，让学生学会用地理学科的视角和方法思考问题，学习对终身有用的地理知识和地理思维。

地理课要教给学生什么，是中学地理教学中需要注意的问题……教学内容是否体现地理学科本质的问题，不是一般的教学问题，而是关系到社会对地理学科地位、对学科价值的理解和认同的重大问题。

问题聚焦

Q1：你觉得案例4-3属于哪个层次的反思水平？请你说出判断的理由。

Q2：你觉得案例4-1、4-2分别属于哪个层次的反思水平？也请你说出判断的理由。

处于不同反思水平的教学反思，反映出教师不同的主体意识。从技术性到理解性，再到批判性，反思的层次越来越高，反映出反思者所关注和聚焦的问题呈现出的差别。技术性反思的内容一般聚焦课堂教学工作和行为；理解性反思从教师的价值观、教育信念等出发来关注教育教学中出现的问题及背后的原因，也关注学生的发展；批判性反思关注的尺度更大，对问题的理解也更为深刻。新手教师的反思可以从技术性反思入手，在不断反思中解决教育教学遇到的问题，在实践中逐渐提升教学反思水平。

三、如何进行教学反思

教学反思有多种方法，可以反思并记录日常教育教学工作中的成功之处与遇到的问题，可以观察其他教师的教学行为并借鉴到自己的教育教学工作中，还可以聚焦教师专业发展中的关键事件来进行深入反思以改进行动。这些方法都有助于教师在行动中与自我对话，在反思中成长。

（一）如何反思日常工作

教师日常工作很多，可以记录下日常工作中较有感触的体会与事件，为今后的教育教学工作积累经验。记录日常工作的反思方法有很多，如记录教育日志、教学心得、教育随笔等，记录的内容可以涉及教育教学工作的方方面面。在记录时，教师需要确定"为什么要记录""记录什么"等的标准，以方便更好地梳理日常教学工作。以下提供三种用于梳理和记录日常工作的反思方法。

1. 教育日志法

教育日志法一般以一周为单位，是教师对一周的教学过程进行描述和记录并进行分析的方法。教育日志法重视日常观察与及时记录，需要持之以恒，要注意在进行描述性记录的同时也要进行解释性记录，做到总结经验与检讨失误相结合。表 4-3 提供了自我指向型反思和任务指向型反思的两种教育日志的反思框架，可以用作教学反思工具。

表 4-3　教育日志的反思框架[①]

教育日志类型	供思考的问题	描述与分析
自我指向型教育日志	在本周，我感到最自豪的教学活动是什么？为什么？	
	如果给我一个重试的机会，我最有可能改变本周的哪些教学？为什么？	
	作为一名教师，我在本周中感到最沮丧或焦虑的事情是什么？为什么？	
	在这周/次教学中，我最有收获的是什么？	
任务指向型教育日志	本节课教学目标完成情况如何？成功之处是什么？为什么？不足之处是什么？为什么？再教设计怎么做？	
	本节课各种教学行为的有效性如何？教学程序、教学策略、教学内容等与预设相比有何不同？为什么？	
	教学之前的计划或期望是什么？实际的教学情境又如何？两者之间是否存在差距？为什么存在差距？对以后的教学有什么启示作用？	

2. 教学审计法

教学审计法可以被看作反思的反思，一般以一学期或一学年为单位，在教学日志的基础上来审视教师一段时间内的教学反思，帮助教师梳理所得，及时进行总结。教学审计的反思框架与示例如表 4-4 所示。

表 4-4　教学审计的反思框架与示例[②]

教学审计框架	描述与分析（示例）
参照过去的一个学期，现在我知道……	反思能够帮助我有效改进教学行为，获得专业成长
参照过去的一个学期，现在我能够……	习惯性每周六撰写一份本周的教学日志，能够通过自我对话"质疑"自己以往的经验与观念

[①]　王陆、张敏霞：《教学反思方法与技术》，70页，北京，北京师范大学出版社，2012。
[②]　王陆、张敏霞：《教学反思方法与技术》，73页，北京，北京师范大学出版社，2012。

续表

教学审计框架	描述与分析（示例）
参照过去的一个学期，现在我能够教给同事如何去……	做计划性的课堂观察与课后反思
参照过去的一个学期，我从学生那里学到的最重要的事情……	他们的学习需要是我开展教学的起点及最重要的教学设计依据
参照过去的一个学期，我学到关于教学最重要的事情是……	反思性实践与反思性教学，尽管我还不能十分全面地理解与阐述，但是我认为这是我今后努力和践行的方向
在过去的一个学期里，我学到的关于自己的最重要的事情是……	我能够通过反思，实现自己，改变自己
在过去的一个学期里，我原有的教学假定和学习假定中，最能得到确证的是……	合作学习是可以实现高质高效学习的
在过去的一个学期里，我原有的教学假定和学习假定中，受到最严重的挑战是……	学生不会认真对待小组间的相互评价

在记录日常工作的反思时，教师应注意不要记"流水账"，而是要对日常教学中的问题进行筛选，重点记录那些影响和触动很大、对个人教育教学来说有较大影响的事件或问题。

3. 自我审视法

自我审视法是在日常记录的基础上，超越经验进行的批判性反思，关注的是"我为什么要这样做"，是具有较高反思水平的理性反思方法。自我审视的反思框架如表 4-5 所示。

表 4-5　自我审视的反思框架[1]

供自我审视的问题	描述与分析
我知道自己的教学理念吗？在我的所有行为中，哪些行为是体现自己的教学理念的？哪些是违背自己的教学理念的？	
我的课程/教学/评价观是什么？合理性的依据又是什么？	
我理想中的地理课是什么样的？为什么？	

---

[1]　崔允漷：《有效教学》，307 页，上海，华东师范大学出版社，2009。

续表

供自我审视的问题	描述与分析
在我的各种教学惯例中，哪些是合理的，哪些是有待改进的？	
我该依据什么来分析自己的教学经验？	
我能够借助某种理论分析/解释/证明自己的某种做法吗？	
……	

（二）如何反思借鉴他人

反思借鉴他人，即教师将自身经验与他人经验进行比较，从不同的视角发现并认清自己的优势或问题，把他人当作"镜子"来学习，借鉴别人的经验，从而获得对问题的全新理解或深刻洞察。比较反思的对象可以是同事，也可以是专家型教师，可以比较的内容包括对教学设计、教学实施等多个环节进行行为和理念等层面的比较，期望能够从他人那里获得新的解决思路。下面提供两种他人比较型反思工具。

1. 角色模型法

角色模型法是教师将自己认可并尊敬的同事或师长作为榜样，通过对自己与同事或师长的教学过程进行比较分析，实现改进教学的反思方法。通过细致观察，教师记录下对同事或师长的认识，提炼出值得借鉴的方面并能够用于改进自身的教学工作。角色模型法的反思框架如表 4-6 所示。

表 4-6　角色模型法的反思框架[①]

角色模型分析要点	分析结果
以你的观点，你认为你的老师或周围哪位同事是真正好教师的代表？	
就你的观点，你在这些人身上所观察到的什么特征让你如此敬佩他们？	
当你考虑这些人的工作行为时，他们的哪些行为使得你认可并敬佩他们的那些特征？	
当你思考这些人在哪些方面比较突出时，你最愿意借用他们所表现出的哪种能力并将其整合进自己的教学之中？	

[①]　王陆、张敏霞：《教学反思方法与技术》，75 页，北京，北京师范大学出版社，2012。

2. 同伴观察法

同伴观察法是教师与一位同伴结成学习共同体，通过课堂观察、研讨等手段进行相互观察、相互指导的一种方法。在角色模型法的基础上，教师可以选取一位同事来结成同伴，实施同伴观察法，以共同研讨、共同进步。

同伴观察法的实施步骤是，在建立同伴关系的基础上，与同伴研讨达成共识，邀请同伴进入你的课堂进行课堂观察，课后由同伴对照角色模型法或同伴观察法的反思框架来分析你的教学行为，并在研讨沟通中共同探讨教学行为的改进方案，保证持续有效而深入的反思。同伴观察法的反思框架如表 4-7 所示。

表 4-7　同伴观察法的反思框架

供反思的问题	描述和分析
我的教学设计与同伴的有什么不同？	
我的课堂讲解与同伴的有什么不同？	
我的教学风格与同伴的最大差异在哪里？各有什么优缺点？	
我对问题学生的处理方式与同伴有什么不同？	
我与学生/家长交流的方式与同伴有什么差异？各有什么利弊？	

同伴观察法能够为教师的自我反思提供多方面的视角，也能够作为验证教师对自我认识的判断依据。对于新手教师来说，与同事结成同伴，通过相互合作来进行研讨交流，是促进专业成长的有效方式之一。

（三）如何做聚焦关键事件的案例式教学反思

关键事件是教师在教学工作中发生的具有重要性和典型性的教学事件。聚焦关键事件反思是教师以叙事的方式对选取的事件案例进行反思，通过还原关键事件的情境与过程来达到改进日常工作、促进教学反思能力提升的目的，促进教师专业发展。

案例式教学反思对一个真实的教学活动情境进行描述，发现明显的教育疑难问题及矛盾冲突，运用相关理论进行分析以找到应对这些问题的解决方法。案例式教学反思聚焦教育教学工作中真实发生的关键事件，通过教学反思来分析事件背后的问题与原因，提出解决问题的方法和方案，对于教师解决教育教学中遇到的实际问题、提升教育教学水平有着重要的作用。案例 4-1 就是比较典型的聚焦课堂教学事件的案例式教学反思的文章，通过反思课堂教学中教学活动设置是否合理的过程，教师能够运用以学习为中心的相关理论分析背后的原因并提出解决方案，从而达到改进教学的目的。

案例式教学反思法以具体事件案例为对象，遵循教学反思过程的四个环节。

1. 识别问题

案例式教学反思的第一个环节，就是要确定反思的主题，通过挑选案例来找准反思点，发现和识别教学中的问题。挑选案例可以遵循如下策略：一是思维策略，思考为什么会选择这个案例、还能怎样对待这个问题、什么是处理它的正确方法等；二是质疑与挑战策略，不断追问，持续提出为什么来探究深层次的问题与原因；三是窘境鉴别策略，辨析窘境并分析隐含的冲突，在不同的窘境中做出判断、分析和决定；四是思想批判策略，选择一些公认的观点来分析出不一致的地方，判断其合理性并说明理由等。通过以上一些策略，挑选出课堂教学当中的关键事件，并能够将其作为案例式教学反思的案例，通过不断反思来提升对教育教学的理解。

挑选案例之后还需要有问题意识，找准问题，通过比较等方法找准反思点，通常采取以小见大的方式进行，说清楚为什么会识别出这样的问题，以此作为教学反思的切入点。

2. 描述情境

描述情境是将所选取的案例的发生过程和背景叙述出来，描述教学过程中的关键事件的整个过程。描述情境又可以分为直接描述、阐释性描述等方式，教师需要在进行回顾和描述时区分有效信息和无效信息，因为关键事件的过程可能涉及很多方面。教师不需要面面俱到，只需要把与所要反思的问题直接相关的过程清晰地描述出来即可，从而为发现教学中存在的问题和需要改进的方面奠定基础。

3. 诠释分析

诠释分析是要确定焦点问题并寻找原因，尽可能运用相关证据来说明问题。在诠释分析问题的原因时，教师需要以一些理论依据为指导，对问题的原因进行深入的分析和思考，并对解决问题的关键方法和路径进行建立和构建。例如，在诠释分析原因时，教师可以用归因理论来进行思考，判断是属于自身的问题还是属于外部环境的问题，是突发的问题还是隐性长期存在的问题等。归因分析能够为问题的解决寻找方向。

4. 解决行动

在分析问题产生的原因之后，教师找到解决问题的方法和途径，并将它们纳入实践行动当中，来调整教学行为，从而实现改进教学的目的。解决行动的过程是检验解决问题的方案的过程，改进教学也可以呈现出不断反思和调整的过程。在具体制订行动解决方案的过程中，教师可以通过查找相关文献寻求理论支持、借鉴优秀课例、与优秀教师交流研讨等方式来研制行动改进方案。

案例式教学反思聚焦课堂教学中的关键事件，通过教学反思过程来识别问题、寻找原因、提出解决方案并付诸实践，是教师进行教学反思时比较常用的方法。前文所述案例 4-1、4-2、4-3 都是较为典型的案例式教学反思的文章，都针对日常教学中的关键事件，提炼问题并按照案例式教学反思的四个环节来逐步解决课堂教学中面临的问题。案例 4-1 针对课堂教学过程中出现的"窘境"事件，即设计的小组学习活动并没能达到预期，引发教师的反思。教师在分析问题原因时引入"以学生为中心"的理念，找到问题的症结在于学习活动的任务超出学生的已有经验，由此提出的改进措施是要重视学情、细化小组合作任务、重视小组内分工合作等，改进后的教学实施过程也印证了教学改进措施的效果，可见反思对教师教育教学水平的提升有很大的帮助。案例 4-2 针对教材中的实验提出疑问，教师认为教材实验的材料、步骤、效果等存在不合理的地方，分析背后的原因在于实验设计无法模拟出相对准确的洪积扇形成过程，因此提出从材料、环节等多个方面进行改进，并进行了实践行动。整个过程遵循了案例式教学反思的四个环节，反思也促成了教师教学的改进。案例4-3针对一节地理课没有"地理味"展开分析，也遵循了案例式教学反思的四个环节，描述出"野生动物资源保护"这节课的主要环节，分析背后原因是缺乏对于学科本质特性的思考。解决问题的方法就是围绕学科特性来重新组织教学内容，以体现出地理学科重要的学科价值。该案例式教学反思能够站在学科本质上来思考地理教育的理念与价值，体现了教学反思层次中的批判性反思水平，改进后的教学也收到了比较好的效果。

案例 4-4

基于教师 PCK 的中学地理教学——以初中地理"聚落"一课为例[①]

学科教学知识（Pedagogical Content Knowledge，PCK）一词始于1986年美国舒尔曼的报告，报告将其定义为"教师个人教学经验、教师学科内容知识和教育学知识的特殊整合"，是"教师最有用的知识代表形式"。

（以下为案例式教学反思节选，笔者注）

一、识别问题

"聚落"一课是中国地图出版社初中地理八年级下学期的教学内容，是初中地理教学阶段为数不多的单独以章节的形式存在的人文地理教学内容，是落实人文地理核心内容、思维方式、教育价值的关键内容。然而，在多次现场听课和翻阅大量"聚落"一课的教学设计时，笔者发现以下问题。①教师缺乏扎实系统的有学科逻辑的人文地理知识（含聚落），没有从整体上把握人文地理的内在知识体系，或知识系统掌握不清晰，或知识线索不清晰。②在将学科逻辑转化为学生的认知逻辑过程中，授课教师缺少人文地理经验，即使身边的人文地理现象素材很多，也看不出其中的地理门道，找不到一棵"救命稻草"。因此，在处理抽象的地理概念时，教师只是就概念说概念，难以使学生将形象的地理事实转化为对抽象地理概念的理解。③不能在核心教学内容上准确诊断学生的基础和困难，教师采取的教学策

① 李春艳：《基于教师 PCK 的中学地理教学——以初中地理"聚落"一课为例》，载《地理教学》，2013（2）。收入本书时有改动。

略在突破教学重难点上没有发挥更大作用。④教师找不到带领学生走进地理的方法，也就是教师找不到把学科逻辑转化为学生认知逻辑的途径。因此，很多人文地理内容的教学只见人文现象，不见人文地理。

二、描述情境

教学案例描述："聚落"一课的教学环节及策略

（一）聚落的概念

师：我们居住的正房都朝南吗？

生：是。

师：图片中的房屋都适合于图片中的哪个地区？

生：冰屋在寒带，帐篷在温带草原，窑洞在黄土高原，竹楼在热带雨林，平顶房在沙漠地区。

师：为什么北非民居的屋顶多为平顶？因纽特人冰屋的建筑材料是从哪来的？热带雨林地区的民居有什么特点？黄土高原的窑洞有什么特点？蒙古包有什么特点？

生：寒带终年气温低，人们住冰屋；温带草原的居民以游牧生活为主，要住帐篷；黄土高原有厚厚的黄土，适合挖窑洞；热带雨林又热又湿，适合建竹楼；沙漠地区气候干旱，降水少，房屋多数是平顶的。

师：如果一个地区房屋多了，组成了集合体，就是聚落。聚落是人类各种形式的居住场所。

....

三、诠释分析

（一）"聚落"一课最有价值的知识是什么

在本节课最后的开放性练习中，学生画出的"心目中最美聚落"都是各式各样的房屋。反思这一教学效果的产生，最根本的原因是授课教师没有深刻理解聚落概念的内涵、知识间的逻辑关系以及核心知识的确定……实质上，解决问题的基础是准确理解聚落概念的内涵、明确不同聚落类型间的本质差别，在此基础上探讨聚落与环境的关系，这才是本节课需要重点突破的核心知识内容……该教师在本节课的教学处理暴露出了以下问题：

将聚落等同于房屋，将乡村和城市的区别等同于景观的区别。

（二）"聚落"一课知识的横纵联系

将教材内容逻辑转化为学科知识逻辑，再将学科知识逻辑转化为学生心理认知逻辑，这样的教学才能使学生易懂易会。如果一节课缺少学科知识间的横纵联系，那么整堂课学生应该建构什么就成了一个混乱的问题。所以，教师施教的第一步是认真研究教材，梳理出知识的来龙去脉和相互关联，再去考虑以什么方式呈现给学生。如果没有这个过程，教师的教学就不得要领……就思维逻辑来说，本节课应该先建立起聚落的地理形象，再区分不同聚落的本质差异，建立在不同聚落本质差异的基础上分析不同聚落中留下的地理环境烙印，从而认识聚落与环境的密切关系以及聚落保护与聚落环境保护的关系及意义。

（三）到底学生在哪里会出现学习障碍

本节内容对学生来说最难之处是建立聚落的地理形象，以及在此基础上深刻理解聚落与环境的关系。这两个知识的学习除了需要学生建立在较大空间视角的基础上，还要学生运用地理学的基本特点——区域性和综合性进行分析，更要体现人地关系这一学科主线……

（四）帮助学生学会的策略

建立关于聚落的地理形象的教学策略：第一，概念的学习是需要理解过程的，在较高理解层面上教给学生聚落的概念，是一个可借鉴的做法；第二，按照学生的思维过程设计对抽象概念的理解过程。

学习"聚落与环境的关系"的教学策略：第一，从学生熟悉的或有兴趣的实例入手，运用地理综合思维进行分析；第二，运用学生喜欢参与的方式展开学习，在活动过程中深化对该问题认识的思维。

…………

案例 4-4 也是一个典型的案例式地理教学反思，遵循了案例式教学反思的四个环节，部分呈现出案例式教学反思的过程。

案例中教师的主要问题在于不理解聚落的概念内涵，因此在明晰问题及其背后的原因之后，确定出这节课的核心内容是理解"聚落"的概念以及认识"聚落与环境的关系"。教师应该从地理学科本质出发讲出这节课的学科育人价值，也要注重教学方式和方法，让学生掌握"乡村和城市"的概念不仅仅可通过景观图片，还要遵循从事实现象中逐步归纳出概念的过程，并且要通过概念的辨析来巩固认识，根据学生的学情来选取相关教学策略，从而达到很好的教学效果。

总体来看，案例式教学反思是教师在日常工作中聚焦教学任务开展教学反思的重要形式。案例式教学反思应当选取课堂教学当中一些鲜活的关键事件，通过不断反思来研究解决问题的方法，从而提升教师的教育教学水平，促进教师的专业成长。

（四）教学反思应注意的问题

教师在进行教学反思时需要注意如下问题。

第一，主动学习，在学习中提升自我反思的品质。教师要主动学习教育教学的理论知识，学习学科教学知识，在理论知识的充实下提高对教育教学问题的认知能力和敏感性，能够依据理论来解决教育教学中遇到的教育事件与问题。

第二，养成坚持反思的习惯，将反思作为一种思考方式坚持下来。凭借一两次的反思来提升教育教学水平的想法是不切实际的，唯有成年累月地持续反思和践行才能够帮助教师在专业上成长。尽管教师日常工作繁忙，但是一旦挤出时间做好反思并养成反思的习惯，将会对终身学习和专业成长非常有帮助。

第三，不断积累反思材料，在整理中提升教学反思水平。坚持记录教育日志，定期开展教学审计和自我教学审视，选取关键事件进行重点剖析，做好案例式教学反思，并在不同的时间和环境下不断找寻问题解决的最优方案，促使教师形成对某一问题的深刻思考，帮助教师提升教学反思水平。

此外，教师也要寻求学校与教研部门的支持，培育自我反思的学校文化，为定期做好自我反思提供平台和机会，为自身的专业成长创造空间。

✎ | **实践操练** |

　　请结合本讲内容的学习，针对中学地理教学过程中的某一关键事件，撰写包括教学反思过程各环节在内的案例式教学反思。

▶第十二讲
教师专业能力成长

　　走进教师队伍就意味着要走一条持续的专业发展之路。实现教师专业能力提升，一方面，教师需要不断地学习—实践—反思，提升对教育教学、学科、学生等的理解，深入地运用理论指导实践，让自己的教学能力和教育教学实践水平不断提升；另一方面，教师还可以借助其他教师和专家的力量，来提升自身的专业能力。观课、议课和说课是参与集体研修的主要形式，通过观课、议课和说课，教师能够充分展示教学设计与教学实施过程，并能通过教师团队集体研讨和实践来提升教育教学水平。此外，新手教师通过制定专业发展规划，能明确专业发展方向和重要任务，对提升自身专业能力十分有帮助。本讲将围绕观课、议课，说课和制定专业发展规划三个方面来谈如何提升教师专业能力。

一、如何观课、议课

（一）教师为什么需要观课、议课

　　观课、议课是教师专业发展最重要且最有效的途径之一。观课指的是观察课堂，即课堂观察，是有计划、有目的地使用一定的观察工具收集课堂教学的信息并对其进行记录、分析和研究的过程。基于课堂观察，教师能够认识、理解、把握课堂教学中的关键事件，弄清教学实践的焦点问题，并在观察、分析信息的基础上反思教学行为，寻求教学改进策略。议课是围绕观课所获得的信息提出问题、发表意见，是展开对话和促进反思的过程。议课以"改进、发展"为取向，鼓励教师主动暴露问题以获得帮助，从而寻求发展。通过观课、议课，参与的教师能互相提供教学信息，共同收集和感悟课堂教学信息，围绕共同话题进行对话和反思，改进课堂教学行为，提升教育教学水平，切实提升自身专业能力。

观课、议课的关注重点随着主体和目的的不同而有所不同。培训者和学科专家的观课、议课旨在发现学科教学中的普遍问题，从观课、议课中总结规律，提出教学策略，目的在于促进教师专业发展；教师同行之间的观课、议课关注点在教学内容的处理方式和个性化的教学策略上等，目的在于吸取经验，用于自己的教学。由此会产生不同水平（形式学习水平和有意义学习水平）的观课、议课。形式学习水平关注教学过程中的形式因素，如教具使用、学生学习形式等，新手教师尤其容易关注教师局部的教学策略和教学技巧，而很少去追问策略和技巧背后的东西，对于新课程的理解也限于形式。有意义学习水平的观课、议课，会对教学技术、教学质量、教学理念等进行分析，从整体上对教师的教学设计与教学实施的有效程度进行分析并寻求问题解决策略。案例 4-5 展示了对同一节课的不同水平的议课，为我们的议课从形式学习水平走向有意义学习水平提供了很好的借鉴。

🔗 | **案例 4-5** |

"海拔与相对高度"一课的议课[①]

初中地理"海拔与相对高度"的主旨是比较海拔与相对高度的本质区别，在此基础上为学习等高线、等高线地形图的判读做好准备。教师将图中甲、乙两地的三个高度依次动态地演示出来，并提问学生："观察并说出 500 米、1000 米、1500 米三个高度分别是怎样计算出来的。"学生们争抢着要回答，最后教师请一个学生作为代表，他回答道："甲地比海平面高出 1500

---

① 王漫：《转益多师：听课评课的要领》，9 页，北京，北京师范大学出版社，2016。收入本书时有改动。

米，比乙地高出 1000 米，乙地比海平面高出 500 米。"这个答案得到了同学们的认可。教师在此基础上又追问："高出的距离有没有条件?"学生立刻想到了什么，一个学生大声喊到"是垂直距离"，这个补充得到了教师的肯定。在此基础上，教师与学生一起得出了结论："地面某个地点高出海平面的垂直距离称为海拔；某个地点高出另一个地点的垂直距离叫作相对高度。"得出两个概念后，为了使学生加深理解，教师又以学生的身高、学生爬山时的经历为例，分析两个高度的概念。

【观课、议课】

议课时，有的教师关注点在形式学习水平层次上，提到了教师注意抓住学生的问题进行追问，能联系学生的自身体验进行举例，帮助学生理解概念。

但从有意义学习水平层次反思本节课，教师可以从不同角度来深入理解，不同的教学理念会影响议课的内容。

例如，观课教师如果本着"注重学生获得抽象概念的理解过程"的理念，就会认为授课教师对概念的处理采用寻找表象、归纳特征、形成概念、具体化应用四个步骤，非常符合初一学生的认知特点，收到良好的教学效果。

观课教师如果本着"学习对生活有用的地理"的理念，就会对授课教师将海拔和相对高度的概念与学生身高的差异、学生的爬山经历联系在一起给予充分肯定。

观课教师如果本着"把握学科本质是一切教学法的根"的理念，议课情况就会发生变化。"海拔"指地面某个地点高出或低于海平面的垂直距离。授课教师对于"海拔"概念的讲解不透彻，导致课后检测时发现学生对海拔概念的理解出现了偏差。因此教学方法固然重要，但教师要对概念本质进行挖掘，清楚知道应该教给学生什么才更为重要。

（二）如何观课

观课通常包括自我观察和他人观察。自我观察是观察自己上课的录像并进行自我反思的活动，他人观察是观察其他教师的课例或录像并进行议课的活动。观课过程通常经历观察点的选择，观察记录工具的开发与使用，对观察信息的分析与解释三个环节。

观课多依赖观察者的主观考察，受观察者的视角、观察力、价值观、关注点等影响。对于同一节课，不同的观察者带着不同的目的去观察，会呈现出完全不同的认识。因此，要做到客观地观课，就需要明确观察任务，根据观察的目的选择合适的观察点，选用恰当的观察记录工具并制订详细的观察计划来进行观课。

1. 如何选择课堂观察点

观察点的选择是进行课堂观察的关键。有效的观察需要教师带着明确的目的，凭借自身感官及有关辅助工具，直接或间接从课堂上收集资料，并依据资料做相应的分析和研究。处于不同发展阶段的教师的课堂观察点会有所区别，对于新手教师来说，他们通常是带着观摩学习的目的去看上课教师如何教授的，因此常关注教法，力求学会操作。新手教师观课可以根据工作需要来确定观课的重点内容。选择观察点要注意的是，选择那些可观察、可记录、可解释的内容。选择课堂观察点的步骤如下。

第一步，确定明确的观察目标，不同目标下可观察的内容是不同的。一节课承载的信息非常多，教师不可能记录下所有发生的事情和细节，因此要根据观察目标筛选出与观察目标相关的信息。比如，如果选定的观察目标是学生学习，那么，观察点的选择就要围绕学生学习目标的设定来进行，可供选择的观察点包括：学生知道这节课的学习目标吗，教师设计的学习目标能否完成，用什么样的评价工具来证明学习目标的完成，班里有多少学生能够完成目标，完成到什么程度等。这些观察点都是围绕学生学习来选择的。如果不明确观察任务，观课就只会对课堂教学留下模糊的一般印象，或对某个问题的认识停留在现象和表面上，没法在课后基于观察数据记录进行深入的研讨分析。

第二步，确定观察点，即确定需要记录的事件和行为。按照不同分类标准，可以区分出不同类型的观察点。按照观察内容分，观察点可以涉及学生学习、教师教学、课程性质、课堂文化等方面，表4-8列举出了可供参考的观察点。

表 4-8　课堂观察的维度框架与观察点举例[①]

维度	视角	观察点举例
学生学习	准备；倾听；互动；自主；完成	准备：学生课前准备了什么？是怎样准备的？准备得怎么样？有多少学生做了准备？学优生、学困生的准备习惯怎么样？ 倾听：有多少学生能倾听教师的讲课？能倾听多长时间？有多少学生能倾听同学的发言？倾听时，学生有哪些辅助行为（记笔记/查阅/回应）？ 互动：有哪些互动/合作行为？学生的互动能为实现目标提供帮助吗？参与提问/回答的人数、时间、对象、过程、结果怎样？参与小组讨论的人数、时间、对象、过程、结果怎样？参与课堂活动（小组/全班）的人数、时间、对象、过程、结果怎样？学生的互动/合作习惯怎样？出现了怎样的情感行为？ 自主：学生可以自主学习的时间有多长？有多少人参与？学困生的参与情况怎样？学生自主学习形式（探究/记笔记/阅读/思考）有哪些？各有多少人？学生的自主学习有序吗？学生有无自主探究活动？学优生、学困生情况怎样？学生自主学习的质量如何？ 完成：学生清楚这节课的学习目标吗？预设的目标完成有什么证据（观点/作业/表情/板演/演示）？有多少人完成？这堂课生成了什么目标？效果如何？
教师教学	环节；呈示；对话；指导；机智	环节：由哪些环节构成？是否围绕教学目标展开？这些环节是否面向全体学生？不同环节/行为/内容的时间是怎么分配的？ 呈示：怎样讲解？讲解是否有效（结构/主题/语速/音量/节奏）？板书是怎样呈现的？是否为学生学习提供了帮助？媒体是怎样呈现的？是否适当？是否有效？动作（如实验/制作）是怎样呈现的？是否规范？是否有效？ 对话：提问的对象、次数、类型、结构、认知难度、候答时间怎样？是否有效？教师的解答方式和内容如何？有哪些辅助方式？是否有效？有哪些话题？话题与学习目标的关系如何？ 指导：怎样指导学生自主学习（阅读/作业）？是否有效？怎样指导学生合作学习（讨论/活动/作业）？是否有效？怎样指导学生探究学习（实验/课题研究/作业）？是否有效？ 机智：教学设计有哪些调整？为什么？效果怎么样？如何处理来自学生或情境的突发事件？效果怎么样？呈现了哪些非言语行为（表情/移动/体态语）？效果怎么样？有哪些具有特色的课堂行为（语言/教态/学识/技能/思想）？

[①]　沈毅、崔允漷：《课堂观察——走向专业的听评课》，104～106 页，上海，华东师范大学出版社，2009。收入本书时有改动。

续表

维度	视角	观察点举例
课程性质	目标；内容；实施；评价；资源	目标：预设的学习目标是什么？学习目标的表达是否规范和清晰？目标是根据什么（课程标准/学生/教材）预设的？是否符合该班学生？在课堂中是否生成新的学习目标？是否合理？ 内容：教材是如何处理的（增/删/合/立/换）？是否合理？课堂中生成了哪些内容？怎样处理？是否凸显了本学科的特点、思想、核心技能以及逻辑关系？容量是否适合该班学生？如何满足不同学生的需求？ 实施：预设了哪些方法（讲授/讨论/活动/探究/互动）？与学习目标适合度如何？是否体现了本学科的特点？有没有关注学习方法的指导？创设了什么样的情境？是否有效？ 评价：检测学习目标所采用的主要评价方式是什么？是否有效？是否关注在教学过程中获取相关的评价信息（回答/作业/表情）？如何利用所获得的评价信息（解释/反馈/改进建议）？ 资源：预设了哪些资源（师生/文本/实物与模型/实验/多媒体）？预设资源的利用是否有助于学习目标的完成？生成了哪些资源（错误/回答/作业/作品）？与学习目标完成的关系怎样？向学生推荐了哪些课外资源？可达到的程度如何？
课堂文化	思考；民主；创新；关爱；特质	思考：学习目标是否关注高级认知技能（解释/解决/迁移/综合/评价）？教学是否由问题驱动？问题链与学生认知水平、知识结构的关系如何？怎样指导学生开展独立思考？怎样对待或处理学生思考中的错误？学生思考的人数、时间、水平怎样？课堂气氛怎样？ 民主：课堂话语（数量/时间/对象/措辞/插话）怎样？学生参与课堂教学活动的人数、时间怎样？课堂气氛怎样？师生行为（情境设置/叫答机会/座位安排）如何？学生间的关系如何？ 创新：教学设计、情境创设与资源利用有何新意？教学设计、课堂气氛是否有助于学生表达自己的奇思妙想？如何处理？课堂生成了哪些目标/资源？教师是如何处理的？ 关爱：学习目标是否面向全体学生？是否关注不同学生的需求？特殊（学习困难、残障、疾病）学生的学习是否得到关注？座位安排是否得当？课堂话语（数量/时间/对象/措辞/插话）、行为（叫答机会/座位安排）如何？ 特质：该课体现了教师哪些优势（语言风格/行为特点/思维品质）？整课堂设计是否有特色（环节安排/教材处理/导入/教学策略/学习指导/对话）？学生对该教师教学特色的评价如何？

2. 如何开发与使用观察记录工具

课堂观察可借助一定的观察记录工具进行有效的观察记录，收集基于观察目标的数据供分析阐释。观察记录时可以选择已有的观察记录工具，也可以结合需要开发新的观察记录工具，关键在于与观察点是否匹配，能否反映出观察目标的取向。观察记录工具可根据不同的观察对象、观察目的形成两种范式，即定量观察工具与定性观察工具。无论选择哪种研究范式，课堂观察都需要依据观察目标，选择适合的观察记录工具进行观察信息的收集和记录，为观察信息的分析提供数据基础。

定量观察工具常采用标准化的观察框架，收集的资料以定量数据的形式呈现，如频率、事件发生的百分比和等级量表的分数等。定量观察工具有三种记录方式：一是编码体系，将要研究的观察点进行细化分类，赋予每个类别一个代码，采用时间抽样的办法在特定时间内（如每隔 1 分钟）按照上述分类记录下相应的编码，由此来对教学行为进行连续观察，表 4-9 列出了师生之间互动活动的类别编码；二是记号体系，或称为项目清单，预先列出一些可能发生的行为，观察者在每一种要观察的事件或行为发生时做出记号，来核查要观察的事件或行为有无发生及发生的频次，表 4-10 列出了教师有效提问次数的观察表；三是等级量表，即观察者按照预先设置的分类对观察点进行观察并对课堂上发生的目标行为进行评级，把数字等级作为描述观察对象的形式，表 4-11 是基于深度学习的教学设计评分系统。

表 4-9　弗兰德斯互动分类分析体系的类别[1]

教师说话	间接影响	1. 接受感情 2. 表扬或鼓励 3. 接受或使用学生的主张 4. 提问
	直接影响	5. 讲解 6. 给予批评或指令 7. 批评或维护权威性

---

[1]　陈瑶：《课堂观察指导》，45 页，北京，教育科学出版社，2002。

续表

	8. 学生被动说话
学生说话	9. 学生主动说话
	10. 沉默或混乱

表 4-10　教师有效提问次数[①]

序号		01	02	03	……	小计	百分比
问题类型	常规管理性问题						
	记忆性问题						
	推理性问题						
	创造性问题						
	批判性问题						
挑选回答方式	提问前，先点名						
	提问后，让学生齐答						
	提问后，叫举手者答						
	提问后，叫未举手者答						
	鼓励学生提出问题						
学生回答方式	集体齐答						
	讨论后汇报						
	个别回答						
	自由回答						
学生回答类型	无回答						
	机械判断是否						
	认知记忆性回答						
	推理性回答						
	创造评价性回答						

---

① 柯旺花：《基于课堂观察数据的有效性提问分析与反思——以初中地理"中国的行政区划"一课为例》，载《地理教学》，2016(7)。

表 4-11　基于深度学习的教学设计评分系统①

教学内容题目：	
教学设计	关键指标的评分 1　2　3　4　5　6　7
课的设计包含与探究式的教学相适应的任务、角色和互动	
课的设计体现了精心的设计和组织	
在课堂中所运用的教学策略和所开展的活动体现了对学生经验、准备、前期知识和学习风格的关注	
课堂中的可用资源对实现教学目标是充分且丰富的	
教学策略和活动反映了对学生的公平、多样性材料的易获得性的关注	
课的设计鼓励学生采用合作性的方法进行学习	
课上有充分的时间进行"意义的理解"	
课上有充分的时间专注于学习	

定性观察工具以非数字的形式记录下观察的内容，包括用书面语言记录的内容、用录音设备记录的内容、用视频或照片记录的内容等。定性观察工具主要有四种方式，包括：一是描述体系，在一定的观察框架下对观察目标进行除数字之外的各种形式的描述，是一种准结构的定性观察的记录方法，表 4-12 为用描述体系对教学过程进行的观察记录；二是叙述体系，没有预先设置的分类和框架，对观察到的事件和行为做详细真实的文字记录，如用教育日志、逸事记录、样本描述、田野笔记等方式进行观察记录，也可以进行现场的主观评价；三是图式记录，用位置、环境图等形式直接呈现相关信息；四是技术记录，用音频、视频、照片等电子形式对所需研究的行为事件做现场的永久性记录。

---

① 夏雪梅：《以学习为中心的课堂观察》 124 页，北京，教育科学出版社，2012。收入本书时有改动。

表 4-12　用描述体系对教学过程进行的观察记录①

活动主题	活动预设	学习行为及互动情况	实施过程及调整建议
演示实验一：用地球仪演示地球自转与公转现象	情境创设，引入新课。各小组用准备好的地球仪，分别从北极上空和南极上空观察地球自转方向；做好观察记录，可轮换体验	此演示实验难度较低，学生操作熟练、互动较好	课前准备工作要充分细致，指定一名组长负责维持秩序。教师注意把控时间
演示实验二：昼夜交替，观察晨昏线，区分晨线与昏线	①用象征太阳的平行光线（手电筒）先后照射透明球形灯泡及地球仪，观察现象，得出结论 ②再次照射自西向东旋转的地球仪，观察现象得出结论（昼夜更替的原因是地球自转）	由于实验器材（透明球形灯泡及地球仪）形象直观，因此很容易区别二者的差异，学生可以动手操作，极大地激发了学习热情，合作较好	注意要组织好课堂纪律，注意实验安全，预防可能发生的危险，如灯泡用完后由各小组事先指定的学生收好等
讨论晨昏线的概念及如何区分晨线与昏线	经过多次反复实验，得出结论：从暗到亮的界限是晨线，从亮到暗的界线是昏线，逆时针方向从晨线到昏线之间是白天，从昏线到晨线之间是黑夜	概念的得出和说明需要反复观察，不少学生缺乏耐心，但多数学生讨论积极、主动	由实验观察到归纳总结得出结论，能力要求较高，只有部分学生能够独立完成，多数学生需要及时引导和启发
演示实验三：地球上做水平运动的物体发生偏转现象	①将地球仪的北极点向上，当地球仪静止时，在北半球高纬度地区滴一滴红墨水，观察红墨水的轨迹 ②自西向东转动地球仪，滴一滴蓝墨水，观察蓝墨水的轨迹；再将地球仪的南极点向上，重复步骤①和②，但旋转方向与步骤②相反 ③解释观察到现象	学生能够按步骤做出实验，但如何解释实验结果有较大困难，部分学生甚至放弃思考，等待其他同学给出答案	在实验三中各小组学生应该可以得出与实验结果相同的结论：即北半球右偏，南半球左偏。解释原因较难完成，提醒学生先自主学习课本内容，再小组合作讨论、解释原因

① 张玉芬：《高中地理实验教学的"课堂观察"研究——以人教版必修一"地球的运动"一节为例》，载《中学地理教学参考》，2017(6)。

观察记录工具的开发要考虑的因素有以下三个方面。一是观察点的特点要依据观察对象的特征来确定。例如，同样是对课堂提问进行观察，选择的观察点不同，采用的观察记录工具就不同：如果观察"提问的数量"，需要采用定量观察记录工具；如果观察"问题的认知层次"，需要采用定性和定量相结合的工具。二是观察者自身的特征。观察者的价值观和观察视角不同，快速记录的能力等也具有差异，因此要根据自身情况来选择观察记录工具，尽量选择自己能够操作的观察记录工具。三是观察条件，如果观察教师的教态、语言，需要采用一些音像记录设备来进行。

总体来说，观察记录工具的开发与使用是依据观察目标，选择相应的观察点来确定的。观察记录工具的选择与使用可以沿用已有的观察表单，也可以自行开发，要根据观察点的特点、观察者自身的特征和观察条件等来确定。

3. 如何分析、阐释观察信息

观课收集到的信息需要进行分类整理，归纳总结出共性的成功的经验和做法，分析、阐释问题产生的原因，进而为提出改进意见和行动提供建议。

（1）观察信息的分类整理。

观察信息的分类整理是对观察记录工具所记录的信息建立分析框架并进行归类整理的过程。分类整理的过程对观察数据进行解释，发现识别出的问题，剖析问题发生的原因并提供相应的教学建议。

观察信息按观察记录工具分为定量观察记录和定性观察记录。在处理观察信息时，教师可以将定量和定性的方法结合起来使用，对课堂观察分析进行整体的把握。

定量观察信息的分析通常在课后采用统计方法来进行。定量数据可直接以统计图表的形式呈现出来，图 4-3 展示的是对表 4-10 量表的结果进行的统计分析，对教师的提问进行分类以对教师的提问行为提出改进建议。复杂的数据可以通过统计分析来建立起不同数据之间的关系，并对结果进行比较。但需要注意的是，由于课堂教学行为的复杂性，在进行推论时要格外注意合理性，不能随意得出相关的结论。

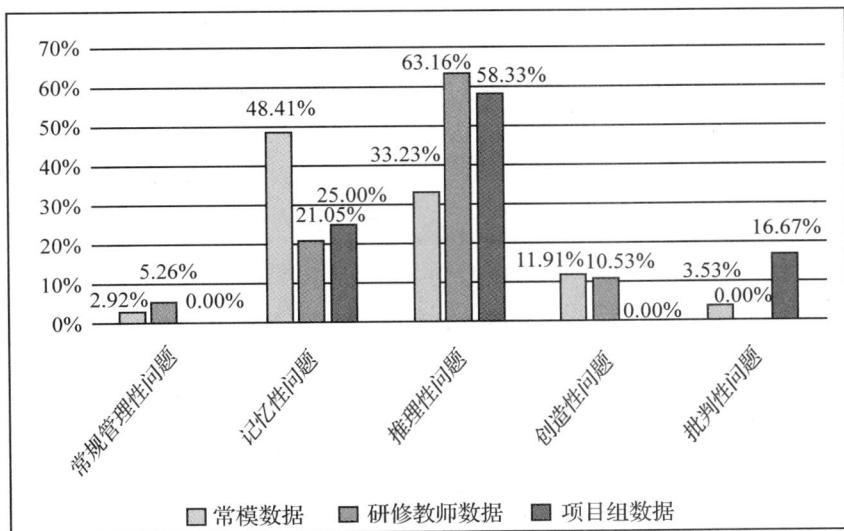

图 4-3　定量数据的可视化分析结果[①]

定性观察记录对记录的文字材料进行整理，通过简洁明了的语言表达，呈现出真实的课堂情境。定性观察记录可以记录下学生行为、教师行为、课程性质、课堂文化等多个方面的情况。比如，记录教师行为时可以观察教学过程中的各个环节，包括教材处理、教学思路等，也可以聚焦课堂教学过程中的问题与事件的发生过程和结果。

（2）观察信息的分析、阐释。

对观察信息进行分析、阐释是在对发现的问题或被观察者的教学特色进行剖析与反思的基础上，对观察记录背后的原因及意义做出解释，并提供相应的教学建议。

定量观察信息的分析要解释观察数据背后的原因和意义，在对教学数据进行分析的基础上找到教学改进点，能够针对行为的改进提供证据，为制定相关的改进策略提供依据。

---

① 柯旺花：《基于课堂观察数据的有效性提问分析与反思——以初中地理"中国的行政区划"一课为例》，载《地理教学》，2016(7)。

📎 | 案例 4-6 |

基于课堂观察数据的有效性提问分析与反思[①]

通过课堂观察和数据采集，获得"中国的行政区划"课例中关于"教师有效性提问"维度的一组课堂观察数据。

1. 问题类型

分析：从问题类型（图 4-3）来看，本课中，常规管理性问题和推理性问题高于常模数据，记忆性问题低于常模数据，创造性问题与常模数据大致相当，课堂没有提出批判性问题。

反思：常规管理性问题比重高，说明教师驾驭课堂能力强，注重调控学生的课堂学习状态，这与初中学生活泼好动的心理特点是相适应的。记忆性问题比重低，说明在课堂教学中教师不再以传统的知识灌输为主，而更加注重学生主体性的发挥。较为可喜的是提出了创造性问题，这说明教师关注到了学生创新性思维的激发与培养，能够引导学生应用新知识去解决真实问题。没有提出批判性问题，说明教师忽视了学生批判性思维的培养。在今后的教学中，教师要适当增加批判性问题，关注对学生进行地理逻辑思维和批判性思维等高阶思维的培养。

············

问题聚焦

Q1：你觉得案例中对于观察数据的分析和阐释是否与图 4-3 的分析结果相匹配？

Q2：你打算如何对图 4-3 的观察记录分析数据进行解释呢？

定性观察信息的分析着眼于综合观察教师的教学设计与教学实施情况提供改进建议。在进行分析时，教师可以通过构建模式，将课堂中看似无意识、彼此分离的行为，与背后可能由一定的文化或规则等所影响的原因

---

① 柯旺花：《基于课堂观察数据的有效性提问分析与反思——以初中地理"中国的行政区划"一课为例》，载《地理教学》，2016(7)。收入本书时有改动。

揭示出来，为教学改进提供依据。

（三）如何议课

议课是对课堂教学进行透彻的分析和总结的过程，通常结合课堂观察分析结果来进行。议课可以采用综合法、片段法等方法来进行。综合法即议课时先评析主要教学目标的完成情况，对整节课进行评析，再对某些细节和片段进行评点。片段法即对典型的教学片段进行针对性的评析，可以细致地对某一教学环节进行点评，也可以选取学生学习的某一方面进行点评。无论用哪种方法，议课都需要抓住着力点。在对观课中获得的信息和思考进行归纳分析后，选择体现的主要优点和问题作为议课的重点。

议课有如下注意事项：一是要以专业共同体成员的身份发表意见，保持良好的心态，新手教师不必畏缩，可以在议课时突出本节课的优点、经验、特色和亮点等，再提出有疑问的地方并进行探讨；二是议课时教师要特别注意用数据和事实说话，比如，通过观察记录工具将学生课堂行为描述出来，用于说明学生学习的状态和程度等。

议课通常带有很强的主观性，与个人的教学功底和课堂评价能力等因素相关，因此议课没有标准且呈现出多元特征。在议课时，教师要注意参与观课、议课的同行之间的平等关系，通过观课、议课，与同行分享经验，互相尊重、倾听，按需取舍意见即可。

二、如何说课

说课是教师同行之间进行展示交流的重要手段。通过说课，教师将个人对教学设计、教学研究课题的理解与同行进行交流和研讨。在集体智慧引领下探讨课程教学问题，不仅有利于提升团队整体教学研究水平，而且有助于实现教师专业成长。

（一）什么是说课

说课是教师以教育教学理论为指导，在精心备课的基础上，面对同行、领导或教学研究人员，主要用口头语言和有关的辅助手段阐述某一学科课

程或某一具体课题的教学设计与实施，并与听者一起就课程目标的完成情况、教学流程的安排、重难点的把握及教学效果与质量的评价等进行预测或反思，共同研讨进一步改进和优化教学设计的教学研究过程。

按照不同的划分标准可以将说课分为不同的类型。按照说课的时间来划分，说课可以分成课前说课和课后说课。课前说课主要是教师在完成教学设计的基础之上，通过说课来进行集体备课，借助集体的智慧来预测课堂教学的实际效果，达到改进和优化教学设计目的的一种说课形式。课后说课是教师按照既定的教学设计进行上课，并且在上课之后的集体研讨交流活动中向所有听课的教师同行阐述自己教学得失的一种说课形式，通过课后说课来对教学设计进行反思和研讨，对教学过程中的成败得失形成清晰的认识，为改进和优化教学提供可能。

按照说课的目的来划分，说课可以分为说—研型（集体备课）、说—评—研型（观摩教学研讨）、说—评型（竞赛）、示范型等几种形式。说—研型说课，常用于日常的集体备课研讨，探讨教学中的问题，集体研讨解决和改进策略。说—评—研型说课，常用在观摩教学研讨中，通过同行观摩教学的形式来就某个主题进行集体研讨。说—评型说课，将说课作为教师教学业务评比的形式用于教学竞赛评比中，来评价教师的基本功和对教育教学的理解。示范型说课，是请优秀教师来展示教学设计和教学实施过程，供同行进行交流。因此，说课目的不同，相应的说课内容也会有变化。

（二）怎么进行说课

1. 说课的主要内容

说课的主要内容为说清教学设计的思路，包括教学理念、教学目标、学情分析、教学内容、教学策略，以及实际教学活动和实施情况等，从而提炼出特色和亮点、不足和问题等。大体说来，说课需要说清楚三方面的内容：教什么、怎么教、为什么这么教。

教什么，指的是说课程标准分析、说教材内容、说学情分析、说教学目标，以及说清楚教学重点、教学难点及教学策略，通常这些内容也都包含在教学背景分析和教学目标设计里。在说课过程中，教师要注意对说课的内容进行归类，并且要注意有所侧重，不要面面俱到，而是需要重点将特色亮点说出来。

怎么教，主要包括说教学方法、说教学活动、说教学过程等。怎么教需要说清楚采用了什么教法和学法，采用了什么教学手段来完成教学目标；通过分析教学内容和学生学情，确定的重难点是什么；怎样制定教学策略来落实重点、突破难点；具体教学过程中设计了哪些环节；每个环节设计了什么样的教学活动来对应教学目标；等等。怎么教就是把教学过程中的做法说清楚。

为什么这么教，是说课过程中容易被忽略的内容，却是说课最为关键的内容。说课的对象是教师同行和教育研究者，目的是切磋教学设计技巧、共商改进策略，因此只有将背后的教学意图和教学理念说出来，才能有说服力。在说课过程中，教师需要就每个环节说清楚为什么这么教。例如，为什么这么处理教材内容，所选取的教学方法和教学策略的背后依据是什么；这样做了之后能达到什么样的效果等，都是说课的重点。此外，在说课最后的说教学反思中，教师要及时总结归纳出教学设计和实施过程中的亮点与不足，也要重点说清楚为什么提炼出来的内容是亮点，为什么会出现这样的问题等。

由此可以大体确定说课的主要环节，即包括教学背景分析、教学目标设计、教学活动设计和教学反思总结。

2. 说课的主要环节

（1）说教学背景分析。

说教学背景分析通常是说课的第一个环节，需要从总体上呈现出所有内容，包括指导思想、课程标准分析、教材分析、学情分析等内容。值得注意的是，教学背景分析涉及的内容很多，教师应当在说课中有所侧重，突出重点和特色做法即可。

说指导思想和理论依据，可以参考地理学科的思想、教育心理学的理论等，选取那些对教学设计有直接指导意义的思想和理论。这个环节最容

易出现的问题是指导思想与说课内容脱节，无法成为理论依据，因此教师一定要注意将所选取的指导思想体现在说课当中，能够体现出所选取思想理论的指导价值。如果指导思想不能跟说课内容紧密结合，那在选取指导思想时就需要再斟酌。

课程标准分析，是教学设计的直接依据。教师需要通过课程标准分析解读，提炼出这节课的重点。进行课程标准分析时，除了详细分析课标点的知识和能力要求之外，教师还需要将选取的课程标准放在整个体系中来看它的前后联系，说明本节教学设计的地位和作用。同时，也要突出教学内容的教育价值，如可以在课程标准分析时联系到核心素养，阐释本节课对培育地理核心素养的贡献。

教材分析重在说明教材与课程标准的对应关系，是看在选取的指导思想和课程标准要求之下，对内容有什么样的选择与取舍，以达到落实课程标准的要求、培育核心素养的目的。教学内容分析要说清楚两方面：一是从总体上对所教授的章节内容在教材中的地位和作用进行说明，说清楚这个内容的前后联系，以及对于学生的学习来说具有什么样的作用和价值；二是说清楚教学内容是如何体现和落实课程标准要求和核心素养要求的，为此对教材内容进行了怎样的取舍，取舍的依据是什么等。

📎 | 案例 4-7 |

"流域的综合开发"的教学背景分析[①]

本节教学设计的指导思想是贯彻落实立德树人，树立以学生为本的理念，以学习进阶理论为指导来把握学生的认知规律，并把它们作为本节课的指导思想和理论依据(图 4-4)。

---

① 本案例由北京市大成学校的张舜英老师提供，收入本书时有改动。

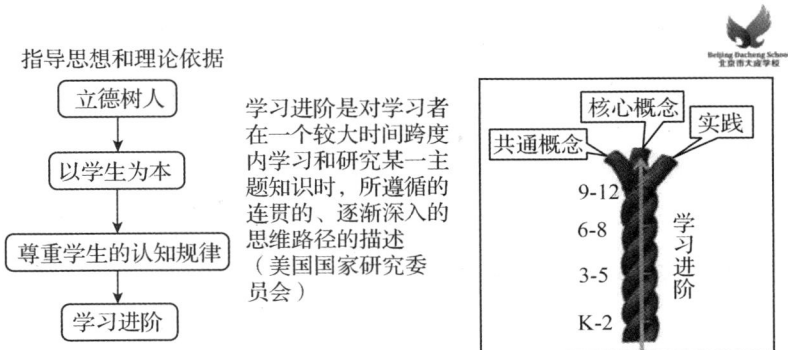

图 4-4　"流域的综合开发"一课的指导思想和理论依据

　　依据学习进阶理论，对"流域的综合开发"一节的学习内容、认知过程和地理学科核心素养进行学习进阶分析可以得到表 4-13。对本节内容起到统摄作用的地理核心概念是"区域"，对应的地理核心素养为区域认知。本节课落实区域认知素养的要求，体现在：一方面是对区域认知原理的应用解释；另一方面是通过田纳西河的案例能概括出区域认知的一般思路与方法，提升学生对区域认知原理的理解水平。因此，本节将在如下内容上落实区域认知素养的要求：一是从区域整体性的视角分析发展条件、综合开发内容和综合治理的对策；二是从区域差异性的视角审视田纳西河流域与其他流域综合开发的不同；三是为了培育学生分析这类问题的能力，本节课归纳出流域综合治理的一般方法。

表 4-13　"流域的综合开发"学习内容、认知过程和地理学科核心素养的学习进阶分析

学习进阶分析	学习阶段	
	初中地理	高中地理
课程标准要求	17 个	3 个	以某流域为例，分析该流域开发的地理条件，了解该流域开发的基本内容，以及综合治理的对策措施

续表

学习进阶分析		学习阶段		
		初中地理	高中地理	
学习内容		学习不同尺度区域：特征、差异、分布	学习区域概念和内涵，学习分析区域的一般方法：整体性(综合)差异性(区划)区际联系区域发展	运用对区域概念的理解和分析区域的一般方法分析特定区域的可持续发展
进阶定位		地理事实—建立概念—深化概念—初步综合—全面综合	建立概念、区域认知原理(模型)	应用原理(模型)
学习方法		归纳建构为主	演绎应用为主	
地理学科核心素养	区域认知	区域特征、区域差异	区域特征、区域差异＋区际联系、区域发展	
	综合思维	要素综合、时空综合	要素综合、时空结合＋地方综合	
	地理实践力	选择、使用工具收集信息	选择、使用工具收集信息＋分析和解决特定区域可持续发展问题的行为能力	
	人地协调观	地理环境和人类活动相互影响，建立正确的人地协调观	地理环境和人类活动相互影响，建立正确的人地协调观＋理解人们对人地关系的阶段性表现及其原因，以及高度认同人地协调观对可持续发展具有重要意义	

问题聚焦

Q1："流域的综合开发"是如何落实地理学科核心素养要求的？

Q2："流域的综合开发"是如何依据学习进阶理论来联系初、高中教学内容的？

学情分析，需要说清楚两个方面：一方面是学生学习这部分内容已有的基础是什么；另一方面是学生学习这部分内容，可能遇到的困难和学习障碍是什么。说课时，教师要对学生的情况进行详细分析并清楚直观地说出来。案例 4-8 对学生的学情分析得比较细致，分别从认知局限、已有基础和发展方向三个方面分析了学生学情，构建了学情分析的基本框架(图 4-5)。教师可以在进行学情分析的时候借鉴。

案例 4-8

"营造地表形态的力量"一节的学情分析①

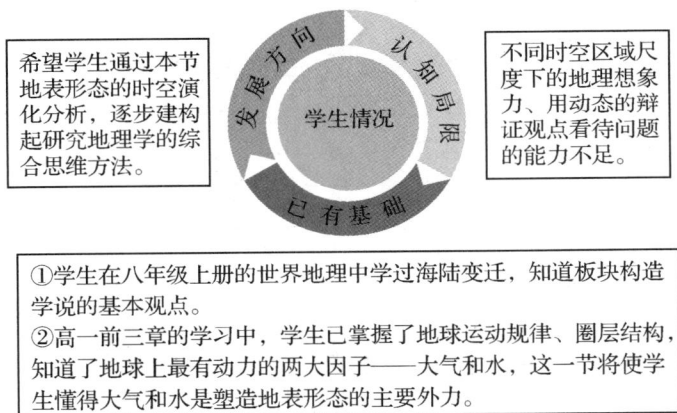

希望学生通过本节地表形态的时空演化分析，逐步建构起研究地理学的综合思维方法。

不同时空区域尺度下的地理想象力、用动态的辩证观点看待问题的能力不足。

发展方向　认知局限　学生情况　已有基础

①学生在八年级上册的世界地理中学过海陆变迁，知道板块构造学说的基本观点。
②高一前三章的学习中，学生已掌握了地球运动规律、圈层结构，知道了地球上最有动力的两大因子——大气和水，这一节将使学生懂得大气和水是塑造地表形态的主要外力。

图 4-5　学情分析的基本框架

(2)说教学目标设计。

说教学目标设计，要说清楚是如何根据课程标准、教学内容分析和学情分析清晰地确定教学目标的，也要说清楚由此确定的教学重点和难点是什么，是如何确定的，以及用什么方法和策略来落实重点、突破难点。

---

①　本案例由北京市第十二中学的杨静老师提供，收入本书时有改动。

✎ | **案例 4-9** |

"自然环境整体性"教学目标设计[①]

教学目标：

①通过图片资料说出组成自然地理环境的要素。

②通过实例分析自然地理要素在地理环境形成和演变中的作用。

③以具体区域为例，说明该区域内各自然地理要素是相互联系、相互制约的关系，构成该区域自然地理环境的整体性。

教学重点：说明自然地理要素之间相关联系、相互制约的关系。

> 该知识点是课程标准要求，为本节教学重点，对学生的认知结构起关键作用。

教学难点：自然地理要素在地理环境形成和演变中的作用。

> 较为抽象陌生，学生对此缺乏相应的知识基础。

案例 4-9 展示了这节课的教学目标设计，提出了层层递进的三条教学目标，从认识自然地理环境的组成要素，到解释要素之间、要素与整体之间的关系，再到以具体区域为例来分析阐释自然环境整体性原理，把握住了这节课的核心内容。这个案例在列出教学重点和教学难点的同时，将设计意图明确列出来，这样在进行说课时能够清晰明了地将其传递出来，值得借鉴。

（3）说教学活动设计。

说教学活动设计，主要包括说教法和学法、说教学过程和说板书设计等内容。说教学活动设计时教师要说清楚教学设计中采用了什么样的教法和学法，这些方法是否科学、合理、有效，重在说清楚依据和理由，并且通过运用这样的教法和学法，能否落实重点、突破难点，是否完成了教学目标等。

[①] 本案例由北京市大成学校的张舜英老师提供，收入本书时有改动。

案例 4-10

"营造地表形态的力量"教学活动设计①

"营造地表形态的力量"的教学将教学重难点和教学过程整合在一起说课，如图 4-6 所示。

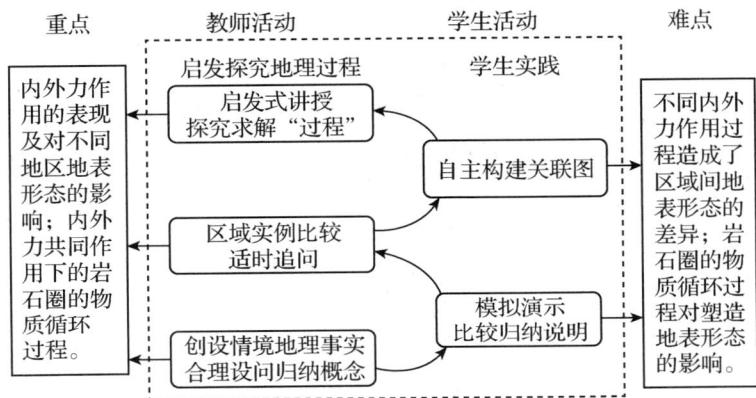

图 4-6　教学重难点和教学活动整合在一起说课

案例 4-10 将教学活动与教学重难点结合在一起说课，通过教师活动和学生活动的开展来逐步解决教学重点和教学难点，教学方法与教学目标环环相扣，构建了清晰的目标完成框架，非常具有说服力，是值得在说课中突出的亮点。

说教学过程，是要说清楚教学活动是以什么顺序来展开的。在说教学过程的时候教师要注意：首先，一定要有一个整体的展示环节，将整节课的整体教学思路展现出来，说清楚这节课由几个教学环节组成，每个教学环节大概时长、具体任务和内容是什么等；其次，精说重点环节，将教学活动中最具有亮点特色的教学环节进行重点说明，把设计意图展示出来。

---

① 本案例由北京市第十二中学的杨静老师提供，收入本书时有改动。

📎 | **案例 4-11** |

"流域的综合开发"的教学过程设计①

对"流域的综合开发"教学过程的整体顺序的说明如图 4-7 所示。

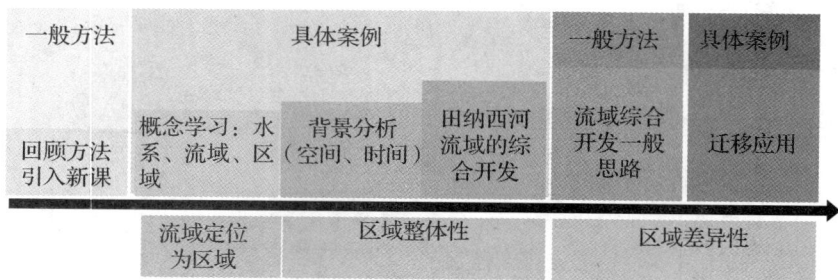

图 4-7　对教学过程的整体顺序的说明

案例 4-11 非常清楚地把教学过程的各个环节列出来了，每个环节有具体的任务和教学方法，指向明确的学习目标。同时，还揭示出每个环节逐级递升的进阶关系，它也能够点明教学过程是一个逐级递升的关系，清楚明了地将教学过程设计展现出来。

说板书设计，建议采用结构性板书，将一节课当中重要的概念及其之间的关系揭示出来，建立起这节课的知识结构。说板书设计要将板书的生成过程展现出来，说明是如何引导学生一步步建立起知识结构的。这些也是在说课时可以详细说明的内容。此外，注意将板书的设计意图清楚明白地说出来。

（4）说教学反思总结。

说教学反思总结，要说清楚两点：一是把亮点说清楚，在说课的最后进行小结，同时提炼出本节课的教学创新点，如方法创新、环节创新等；二是点出这节课设计和实施过程中总结出的问题，以及后续的解决办法等，并进行更高层次的展望。

---

① 本案例由北京市大成学校的张舜英老师提供，收入本书时有改动。

📎 | **案例 4-12** |

"流域的综合开发"的教学反思设计①

▶**亮点**

教学反思

1.将流域定位为区域进行学习进阶分析。

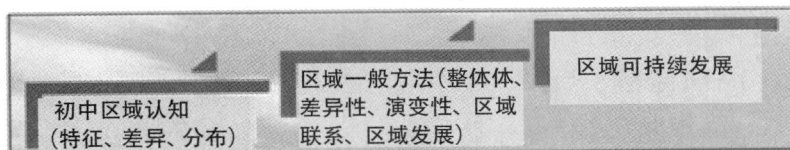

2.案例教学。（略）

3.问题设计：思维容量大，有阶梯有主干。

问题1：分析田纳西河流域可开发利用的自然资源。

问题2：归纳田纳西河流域的开发历史。

问题3：分析开发过程中出现的问题。

问题4：分析田纳西河流域的综合开发。

4.以人地关系为主线深入理解地理学科核心素养。

地理学科核心素养

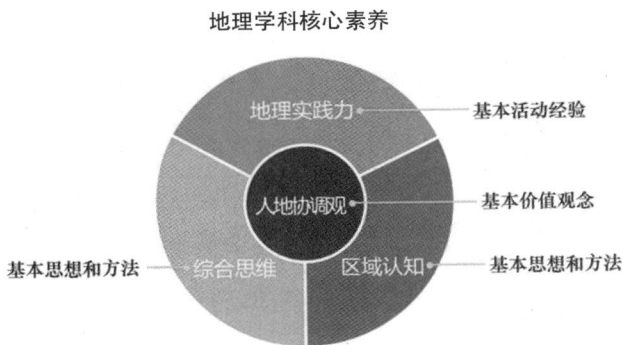

图 4-8 对教学反思的提炼与说明

---

① 本案例由北京市大成学校的张舜英老师提供，收入本书时有改动。

案例 4-12 中的教学反思设计提炼出四条亮点，而且将教学过程作为证据来充分展示亮点，呈现方式清晰明了也非常有说服力，这样的教学反思总结方式非常值得借鉴。

以上就是说课的基本内容和过程。总体来看，说课的重点要放在说清楚为什么要这么做，要让听众认可教师的做法是切中课程标准要求、符合学生实际的，因此，教师要在说课中将教学设计和教学实施的亮点与特色充分展示出来。

（三）如何评价说课

好的说课不仅展示出教师的教学设计理念和教学实施过程，而且能显示出教师的教学基本功及综合素养。借鉴说课评价标准，我们能够认识到说课的操作要点，以促进说课活动获得预期效果，也促进教师加强反思、不断提高教学研究的时效性。

以北京市新教师风采展示活动的说课评价标准来看（表 4-14），好的说课能在预定的说课时间内突出重点、详略得当地将教学设计展示出来，突出教学理念和亮点特色，展示出自己的优势和与众不同之处。从评价标准来看，说课评价分为教师基本功考察和教学设计考察两部分。新手教师说课时要注意语言清晰、准确、流利，教态得体，要有适当的肢体语言。教学设计要求内容明确、重点突出，还要突出教学实践与反思，突出教学特点和特色。在这样的评价标准指导下，说课有如下操作要点和常见问题。

表 4-14　北京市新教师风采展示活动的说课评价标准

说课 （5 分钟） 10 分	语言表达（3 分）	①说课语言清晰、准确、流利 ②适当得体的肢体语言
	内容明确、重点突出 （5 分）	①教学理念、目标、内容明确 ②教学活动意图清晰 ③教学重点、难点精准，教学方法和策略恰当
	实践与反思 （2 分）	①对教学实践中的"真问题"（优缺点）有思考 ②概要描述教学的特点、特色

说课要点明设计意图，重点在于把"为什么这么做"说清楚。要说好设计意图，还需要结合教学理念，将教学内容和学生学情分析到位，同时在说课时能够将设计意图在每个环节中都展示出来，把整个备课理念都展示出来。说课时不能念说课稿，要注重科学、准确、简洁地将教学设计内容和设计意图流畅地表达出来。

说课包括的环节很多，各个环节之间需要逻辑得当、详略得当，统一组织协调成一个整体。例如，在进行教学背景分析时，教师可以采用学科教学知识的框架，从这节课的核心内容是什么、它们之间有什么关联、学生的学习障碍和困难是什么、要采用什么策略进行落实等环节来进行详细分析。

说课，特别是说—评型说课，特别需要突出特色的做法，凸显教学亮点。说课比赛要求的基本水平是能够科学无误、思路清晰地将教学设计展示出来，良好水平是能够重点突出、表达流畅，优秀水平是能够特色鲜明，展现风采。

三、如何制定教师专业发展规划

教师专业发展规划是对一定时期内教师自身专业发展的目标、任务和措施等进行规划。教师专业发展规划对教师的成长发展有重要意义。制定教师专业发展规划能为新手教师规划出一条持续的专业成长之路，帮助教师明确各阶段的发展任务，促使教师寻找自身发展方向，形成专业发展能力，助力新手教师向成熟教师、骨干教师发展。

（一）教师专业发展规划路径

制定教师专业发展规划，一般遵循如下路径[1]（图4-9）：一是自我认识，根据自我反思从实际出发给自己一个符合实际又相对有挑战性的定位，包括对类型（如教育理论研究人才、学校管理人才、教育教学人才等）和对等次水平进行定位，对自己的长处短处、人格、智能等方面进行分析评价；

---

[1] 钟祖荣：《现代教师学导论——教师专业发展指导》第2版，112页，北京，中央广播电视大学出版社，2006。

二是发展环境分析，对当前教育发展背景，所处学校的特点、条件和工作环境等进行分析，还可以对有利和不利因素进行分析；三是目标定位，对自己将要成为什么样的教师进行界定，把需要具备的特点梳理出来，可以列出总目标和阶段目标；四是发展阶段分析，评估自己所处的发展阶段和水平，提出这一阶段要解决的主要问题；五是发展模式分析，对教师自身将按照什么模式来实现自我的发展，如自我发展模式、合作发展模式还是行动研究发展模式等进行分析；六是制定行动措施，打算参与哪些具体的专业发展活动，制定分阶段的目标与计划以及预期结果；七是判断发展条件，在发展计划中判断可行性，分析需要的内部条件和外部支持等。

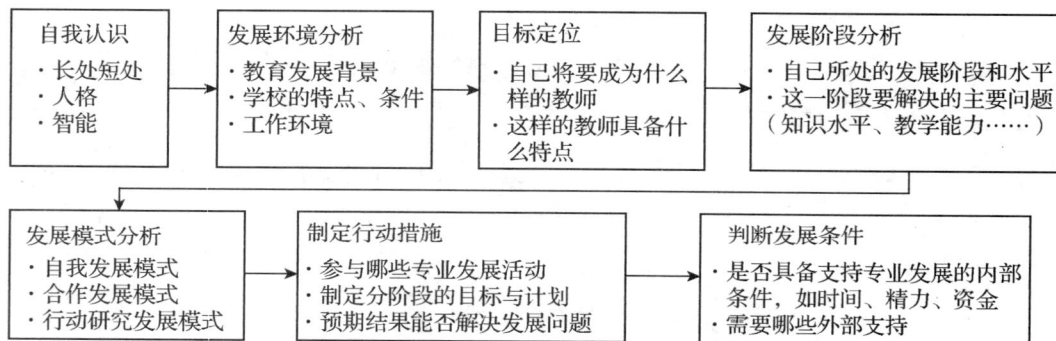

图4-9　教师专业发展规划路径图

（二）把握教师专业成长的重要任务

新手教师主要的发展任务是正确把握教材内容，学会备课和上课，能够了解学生。因此，在进行专业发展规划时，新手教师要把握住如上的重要发展任务。要想正确把握教材内容，新手教师就要熟悉课程标准的要求和教材内容，关注教学内容背后的学科思想方法，加深对学科基本概念和基本方法的理解，建立起中学地理学科概念体系。要想学会备课和上课，了解学生，新手教师就不仅要掌握学科知识，而且要掌握学科教学知识，把握基本的教学技能，能够结合学生实际特点运用适当的教学方法帮助他们掌握地理学科最核心的教学内容。因此，进行教师专业规划也要结合本阶段教师专业成长的重要任务来设定目标和任务。

✎ | 实践操练 |

1. 请结合本讲内容的学习，确定一个具体的观察点，选取某一优秀课例进行课堂观察，并对该课例进行简要议课。

2. 请结合本讲内容的学习，制定一份最近五年的、符合个人实际需求并可行的教师专业发展规划。

单元小结 ┈┈▶

地理教学反思是促进地理教师专业发展的重要途径。地理教学反思要基于《中学教师专业标准（试行）》的要求，针对教育教学工作中的现实需要与问题进行不断反思以改进教育教学工作。教师既可以积极反思日常工作，借鉴他人进行反思，也可以聚焦教育教学工作中的某个关键事件进行案例式教学反思，来达到解决问题、提升教育教学水平的目的。教师专业发展还需要借助教师同行和专家的力量，观课、议课和说课就成为集体研修的重要方式。观课、议课需要带着明确的目的和主题来进行，有针对性地进行课堂观察并根据观察结果进行议课讨论，集思广益促进教师教学水平的提升。说课需要明确说课的目的，聚焦教学意图来说清楚教学设计和教学实施背后的思考，提炼亮点和特色。教师专业成长有一定的规律性，新手教师结合个人实际情况制定出教师专业发展规划，能够明确发展目标和任务，为自身专业成长提供明确的路径。

单元练习 ┈┈▶

结合本单元所学，请你就地理教学过程中遇到的某一问题撰写教学反思，制定出包含原因剖析和解决措施的行动方案。

阅读链接 ……▶

1. 波拉德，布莱克-霍金斯，霍奇斯，等．反思性教学：一个已被证明能让所有教师做到最好的培训项目[M]．张蔷蔷，译．北京：中国青年出版社，2017.

2. 衣新发．教学反思能力实训[M]．北京：高等教育出版社，2019.

3. 王陆，张敏霞．教学反思方法与技术[M]．北京：北京师范大学出版社，2012.

4. 赵明仁．教学反思与教师专业发展[M]．北京：北京师范大学出版社，2009.